Millôres dias virão

Dados Internacionais de Catalogação na Publicação:
Bibliotecária Daiane Schramm – CRB-10/1881

S56m Serafini, Breno
Millôres dias virão. / Breno Serafini, ilustrações de Gilmar Fraga. – Porto Alegre: Libretos, 2013.
212p. (Libretos Universidade)

ISBN 978-85-88412-77-4

1. Crônica. 2. Humor. 3. História. I. Título. II. Série.

CDD 869

Millôres dias virão

Breno Serafini

Libretos
UNIVERSIDADE

Porto Alegre, 2013

Rua Pery Machado 222B/707
Porto Alegre/RS
CEP 90130-130

www.libretos.com.br
libretos@libretos.com.br

Coordenação Editorial e Edição de Arte

Clô Barcellos

Arte na capa

Gilmar Fraga

Caricatura de Millôr Fernandes

Revisão

Press Revisão

Fonte Perplexitiva

Claudio Rocha

Arte na capa

O selo "Libretos Universidade" adota as obras de artistas em suas capas. *Millôres dias virão* traz um trabalho de Gilmar Fraga, ilustrador, caricaturista e artista plástico premiado em salões de humor nacionais e internacionais. Já ilustrou mais de 20 livros, dezenas de histórias em quadrinhos e colaborou com publicações no Brasil e exterior. É publicitário de formação e ilustrador editorial por ofício.
Contato: fragadesenhos@gmail.com

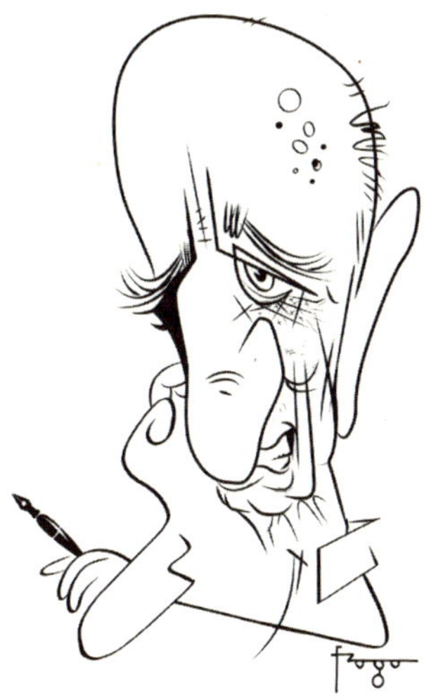

"Política é a mais antiga das profissões."

(Millôr Fernandes)

Um Millôr para a história da redemocratização brasileira

Maria da Glória Bordini
Professora Colaboradora do PPG-Letras da UFRGS

Há quem veja em Millôr Fernandes apenas um grande humorista, talvez o maior que o Brasil teve no século XX, com quem só se ombreia seu colega e amigo do peito, Luis Fernando Verissimo. Três características unem esses nomes, que têm alegrado e impressionado constantemente seu público com sua argúcia e talento. Uma delas é a capacidade invejável e raramente encontrada de surpreender na realidade cotidiana seus aspectos mais inesperados e frequentemente hilários. A segunda é uma nem sempre sutil ferocidade a castigar os costumes, especialmente na esfera pública. E a outra reside no domínio magistral, não só da forma do humor, mas de sua linguagem, em que o subentendido e o trocadilho imperam.

Pois esses dois exemplares cronistas da história recente do país foram, ambos, objeto de estudo e análise de Breno Serafini, com igual competência e habilidade crítica ao lidar com indivíduos tão consagrados na estima dos seus leitores. Luis Fernando foi tema de sua dissertação de mestrado, enquanto Millôr o foi de sua tese de doutorado, defendida com louvor na Universidade Federal do Rio Grande do Sul. A presente versão, agora entregue ao grande público, foi reescrita para atender a todos os níveis de admiradores do humorista.

Fartamente ilustrada por citações de Millôr, ela proporciona a quem se interessa por esse verdadeiro gênio do humor uma excelente aproximação ao homem e a uma parcela de sua vasta obra, uma parcela pouco lembrada, uma vez que privilegia as crônicas publicadas nas revistas *Istoé* e *Istoé/Senhor* durante o período de redemocratização do país. Aqueles foram anos de muita incerteza, com a sombra da ditadura militar pesando ainda sobre a vida nacional, mas foram também anos repletos de motivos para uma renovação da crítica dos humoristas, que, num clima já mais livre, podiam lançar de forma mais contundente seu olhar cético ao que estava ocorrendo na política e na economia.

Breno Serafini, neste livro, dá conta do recado sem que se possa reclamar por falta ou por excesso. Na justa medida, ele examina as tiradas de Millôr, que vieram a público nas valentes *Istoé* e *Istoé/Senhor*, situando-as no contexto histórico a que se referem e percebendo com agudeza a arte que as engendrou. Em capítulos que abordam as peculiaridades do humor e do riso milloriano, na sua levada pós-moderna, subsidiados por rigorosa pesquisa sobre o que se passava no país, ele consegue ao mesmo tempo traçar um retrato minucioso do trabalho excepcional do humorista, e conformar uma história bem-humorada de um Brasil recente, mesmo com a falta de estudos históricos sobre o período que pudessem lhe servir de base.

Além disso, para aqueles que gostariam de entender como ele é capaz de analisar essa fase milloriana com tanta destreza e graça, Breno oferece rápidas incursões aos teóricos que o orientam, tais como Fredric Jameson, para as questões sociológicas, Umberto Eco, para as semióticas, e Linda Hutcheon, para o que se refere à ironia, área em que Millôr excede a todos os de seu tempo. Breno consegue informar suas referências sem tornar-se acadêmico demais ou obscuro, de modo que o leitor ainda se beneficia com um texto límpido, apto a seduzi-lo e a fazê-lo querer mais. Não é de causar espanto: o ensaísta é também poeta, e sabe lidar com as palavras.

Eis um livro como Millôr merecia: leve, mas rigoroso, apaixonado, mas cheio de cautela, revelador, mas discreto. Os admiradores do humorista podem ficar tranquilos diante dele – aqui está um Millôr pouco lembrado, pois não é mais quem fustigava incansavelmente a ditadura, mas é aquele que estava de olhos muito vigilantes, desconfiado de que melhores dias talvez não viessem.

Millôres dias virão

A MILLÔR, *in memoriam*

Um agradecimento a Ivan Fernandes, filho do artista

E um agradecimento especial à Maria da Glória Bordini

Sumário

(Des)Considerações iniciais...

Este livro começa com uma nota de pesar. Pesar pela perda irreparável de um mestre que se dispôs a analisar a alma humana nos seus mínimos detalhes, a esquadrinhar contradições e destruir certezas sempre em busca da verdade, mesmo que soubesse que a mesma, em forma absoluta, não existe. Mas ele insistiu, pois, como diria Mario Quintana, em *Das utopias*: "Se as coisas são inatingíveis... ora!/ Não é motivo para não querê-las.../ Que tristes os caminhos se não fora/ A mágica presença das *estrelas*!"

Foi nessa busca que Millôr construiu uma obra extensa, dessacralizadora e provocativa, tendo por suporte o humor, humor que, ao fim e ao cabo, visava ao homem, este sim potencialmente produtor de algumas verdades, mesmo que provisórias.

Passado cerca de um ano da perda do multiartista Millôr Fernandes (27/03/12), que dizer? Um vago sentimento de orfandade misturado à certeza de que pelo menos sua obra persistirá, já que sua inteligência genial não habita mais entre nós. E na sua obra, construída com uma irreverência ipanêmica, desdobra-se mais que um estado de espírito, uma refinada linguagem (e ilustração) como forma de decifrar, julgar, corromper (no bom sentido) e dessacralizar qualquer tipo de dominação.

Aos que se julgam acima de eventuais críticas, suas frases, suas máximas são demolidoras, a dizer coisas como: "Existe alguém tão miserável que um dia não tenha explorado alguém mais miserável?" ou "Podem fazer a Constituição que quiserem. Por mais liberal, por mais igualitária que ela seja, sempre haverá pessoas que darão um jeito de se tornarem escravas das outras". Ideologicamente, então, a anarquia milloriana não perdoa: em tempos de cachoeiras e mensalões, sempre se faz atual a palindrômica "a mala nada na lama", que tanto pode ser lida "da esquerda para a direita como da direita para a esquerda". Isso, por si só, já bastaria, mas há mais: basta uma olhadela em seu *A bíblia do caos* (1994) para encontrar, no fundo, uma conversa muito séria: a dissecação da natureza humana, em diálogo com o leitor que não excluía qualquer possibilidade, o importante era (e é) questionar, subverter. Até porque, sabia ele, à maneira de Guimarães Rosa: "Um mentir é do que mente, mas outro é do escutador"[1].

Talvez nem todos concordem, mas Millôr, definitivamente, é um dos maiores pensadores brasileiros, não apenas da atualidade. Sua obra continuará necessária, pois o homem, de qualquer tempo, sempre será falho, frágil, e, na busca de uma saída heroica, repetidas vezes escorregará na tragédia, tragédia que pode ser vista com bom humor, ou beirar o desespero. Millôr escolheu a arma da ironia para retratar a sua (nossa) aldeia, sempre questionador, muito sério. Nesse sentido, ficam ainda como um recado suas palavras: "E se a vida for do outro lado?[2]".

E é na tentativa de refletir sobre o universo ficcional de Millôr que procuramos analisar, sob o prisma temático, a sua produção nas revistas *Istoé* (de 23/03/1983 a 29/06/1988 e de 15/04/1992 a 14/04/1993) e *Istoé/Senhor* (de 11/07/1988 a 08/04/1992), que perfaz um total de 524 textos, o equivalente a 1048 páginas. O universo pesquisado é o período de redemocratização no Brasil (de 1982 em diante), com análises ancoradas em Mikhail Bakhtin (carnavalização), passando por Fredric Jameson e Umberto Eco (obra aberta), além de utilizar vários outros autores, necessários para a análise de cada um dos aspectos a serem tratados aqui.

Dessa forma, na análise do todo, fazemos um retrato histórico do Brasil à época, englobando sutilmente as questões geopolíticas e mundiais, tendo como pano de fundo a condição humana. Nesse sentido, o cômico-sério é utilizado enquanto questionamento da realidade, tendo como hipótese principal a possibilidade da ficção derrisória, em um exercício de recriação e deformação dos acontecimentos, sob a forma de um mosaico crítico dessa mesma realidade.

---

1 *Istoé*, nº 552, p. 10, 1987 – 8729.
2 *Istoé/Senhor*, nº 1140, p. 07, 1991 - 9130.

Em termos de estrutura, a divisão do livro em cinco capítulos reproduz esse questionamento, a partir de blocos temáticos: *Abre-te, Sésamo* (apanhado geral da obra); *A era do fingimento* (contextualização histórica mais ampla); *Do riso que tudo arrasta...* (relações entre humor, arte e papel do intelectual); *Fal(h)ando a verdade ao poder* (relações entre poder, ideologia e economia); e *Uma história do Brasil pelo método confuso* (política institucional no contexto brasileiro). Os temas salientados compõem um quadro que permite examinar as formas com que se dá a leitura milloriana da realidade, em que, por trás de um discurso por vezes escrachado, por vezes sério, desponta com extrema ironia uma crítica dos fatos políticos e culturais de nosso tempo, desnudando um conjunto de características fundantes do homem, não apenas brasileiro, mas também universal. A crônica de Millôr Fernandes serve, então, como uma possibilidade de leitura da realidade nacional, na qual se pode aferir a força dessa dimensão transgressora que espelha o homem público através do seu espaço privado.

A análise incluiu uma etapa inicial bastante extensa de levantamento e localização das crônicas e a posterior reprodução das mesmas, constituindo-se, a partir daí, o universo de investigação (a classificação dos textos, para facilitar o acompanhamento da leitura, guarda uma sequência temporal, com o ano respectivo e a ordem da publicação naquele mesmo ano — por exemplo: 931 refere-se à primeira crônica de 1993; 932, à segunda crônica do mesmo ano; e assim subsequentemente).

Por fim, há de se dizer que a análise feita aqui de maneira nenhuma esgota as possibilidades de leitura e interpretação da obra milloriana. Muitos são os caminhos que levam a Millôr, mas pode-se afirmar que, pelo menos em parte, o objetivo foi alcançado, já que, em primeiro lugar, se tenta suprir uma lacuna analítica a respeito de uma obra pouco estudada, seja por preconceito, seja pela dificuldade implícita, dado o seu discurso estilhaçado (e nem se está referindo à ilustração — um mundo à parte, embora fazendo parte de) e extenso; em segundo lugar, por se ter corrido o risco, provocativamente, de tentar formular uma coerência baseada no completo caos. Se equívocos vierem a ser cometidos, a responsabilidade é toda nossa, embora o próprio Millôr afirme – corretamente –: "Olha bem no dicionário. Não há nenhuma palavra com um significado só"[3].

---

3 *Istoé*, nº 508, p. 10, 1986 - 8638.

Dessa forma, se a palavra, por si só, pode ser um manancial inesgotável de possibilidades, o que dizer de, na exposição da fragmentação, uma certa continuidade de microtextos, que exigem uma articulação ficcional colada à realidade? E se, além disso, a própria realidade (ou vida) pode ter também muitos sentidos, como dar conta do recado? São muitos recados a serem dados... E se, por último, quem profere o discurso opta pelo recurso irônico, mais ainda são abertas as possibilidades de interpretação. Advém daí o risco, a dificuldade.

Nesse sentido, aumenta em muito a responsabilidade. Millôr não está entre nós e nem sabemos, se estivesse, se quereria sequer saber do que é tratado aqui. Mas fica o seu discurso. Segundo ele: "Uma coisa é certa: se os animais falassem, não seria conosco que iam bater papo"[4]. E essa contrafábula parece ser a medida de sua obra, pois, em seu humanismo anárquico, para chegar ao essencial, ao cerne, ao humano, necessário é distanciar-se de um certo antropocentrismo. Mais do que viver, mais do que navegar, subverter o ponto de vista é preciso.

Se esta análise, em alguma instância, conseguir minimamente mostrar isso, não terá sido uma caminhada perdida. Que julguem os leitores, não o Millôr, mas este texto final.

O autor

---

4 *Istoé*, nº 1222, p. 09, 1993 - 939.

1
Abre-te, Sésamo

Esta análise procura explorar o universo ficcional de Millôr Fernandes a partir da sua produção em tempos ditos democráticos[1]. A análise de suas crônicas busca estabelecer inter-relações entre o texto e o contexto da realidade sociopolítica brasileira, tendo como pano de fundo a redemocratização pós-ditadura militar. Para isso, iremos investigar, sob o prisma temático, os artifícios ficcionais dos quais se vale o autor no sentido de oferecer uma visão multifacetada da realidade do país, sob a ótica do humor e da ironia, sem esquecer o fenômeno da globalização da cultura mundial.

Através de recursos como a paródia, a ironia e a ilustração, Millôr oferece um repertório de crônicas em que se pode vislumbrar um painel em que aparecem nítidas relações entre humor e ideologia. Nesse sentido, a análise proposta dar-se-á a partir da perspectiva jamesoniana[2], que discute o texto tendo em vista o contexto social, histórico e econômico, passando pelo dialogismo de Mikhail Bakhtin (1981) – paródia, ironia e carnavalização –, assim como pelos conceitos expressos por Umberto Eco em *Obra aberta* (1971), principalmente, tentando refletir sobre a costura entre os diferentes signos (ou linguagens) utilizados pelo autor, em forte diálogo com a ilustração. A intenção é demonstrar como se articulam essas relações

---

1 A utilização da expressão "dito democrático" insere-se no contexto a ser discutido aqui, que é o de tentar desvendar as estruturas autoritárias ainda presentes na jovem democracia brasileira. No caso específico, a primeira eleição para Presidência da República dar-se-á somente em 1989, sendo, portanto, a grande maioria das crônicas analisadas aqui, datando de 1983 a 1993, produzida em período de relativo autoritarismo.

2 Referente a Fredric Jameson, teórico e crítico literário norte-americano de viés marxista.

na obra em questão e delinear a função desses procedimentos do autor (a ironia e a fragmentação, por exemplo, e, em alguma medida, a ilustração) dentro de seu projeto estético-político mais global.

A hipótese principal é a possibilidade de leitura da realidade do período histórico tratado a partir da leitura das crônicas de Millôr Fernandes, podendo articular, através delas, a relação entre história e ficção. Isso se dá a partir de uma reflexão que tem como base a possibilidade de esse conjunto compor um mosaico, escorado no humor, que afere a realidade através do recurso ficcional.

O conjunto das crônicas analisado inicialmente tem como núcleo central as produções para a revista *Istoé*, de 23/03/83 (*Pra começar do começo*) a 14/04/93 (*O tabagismo na era do extremismo*). É desse extenso universo ficcional que foi feita a seleção dos fragmentos temáticos a serem analisados, com a inclusão incidental de publicações do autor em outros periódicos de circulação nacional, como o *Jornal do Brasil, O Dia, O Estado de S. Paulo, Correio Brasiliense* e *Zero Hora*, em diversos recortes temporais, assim como entrevistas e o próprio site do autor, com seu *Daily Míllor*, por exemplo.

A leitura do momento político brasileiro é feita através de um enfoque eminentemente sociológico da obra, em que, a partir da visão do autor, estão contempladas as mais variadas ideologias, em um embate que mostra o cerne da nossa formação cultural e, portanto, um perfil do homem brasileiro. É na análise das diversas crônicas, tanto unicamente como em conjunto, que poderemos mostrar como o autor constrói esse processo.

Consideramos que a crônica pode possibilitar a leitura de uma época, com seus componentes ideológicos, espelhando-a através do recurso ficcional, isto é, através da recriação do real. A ficção, enquanto metáfora da realidade, na minúcia do dia a dia, tem muito mais força para apreender o retrato daquilo que, percebido em seu movimento e visto em perspectiva, se oferece enquanto história viva. Dessa forma, embora saibamos que toda linguagem ficcionaliza a realidade e que o discurso não é igual ao real, conforme nos ensina Jakobson[3], o engenho milloriano, ao modificar essa realidade a partir de suas percepções, reitera o processo de ficcionalização da própria história, evidenciando-a enquanto trabalho de linguagem(ns).

---

3 JAKOBSON, Roman. *Lingüística e comunicação.* São Paulo : Cultrix, 1995.

Uma história genérica

Para chegarmos ao objetivo proposto, é importante que possamos situar a crônica dentro de uma perspectiva histórica quanto ao gênero. Como sabemos, ela acaba tendo uma delimitação específica, guardando em si o relato dos fatos passados, na historiografia, assim como atestando um presente que se perde no tempo. É justamente no resgate dessa memória, passando pelo cotidiano de uma sociedade que permite uma releitura desse passado, presentificando-o, que se estabelece o interesse de nossa investigação. O que era a tentativa de apreensão referencial de uma realidade histórica, o relato *ipsis litteris* dos acontecimentos passados, a partir de um determinado momento começa a se constituir em um espaço de reflexão das coisas miúdas, das pequenezas do dia a dia, permitindo, com isso, uma visagem pormenorizada das bases culturais de uma sociedade. A esse respeito, aliás, trata o livro *História em cousas miúdas*, organizado por Chalhoub e outros[4].

Historicamente, a crônica, que, com os cronistas coloniais – Caminha (1500), Pero Lopes e Souza (1530), Gândavo (1576) e outros[5] –, pretende ser o registro ou narração dos fatos em sua ordenação cronológica, tal como esses pretensamente ocorreram de fato, sem perder seu caráter de narrativa e registro, serve, na modernidade, como o mais simples exemplo daquilo que seria descartável e fútil, e, por isso mesmo, constitui-se em instrumento útil para uma análise mais aproximada do cotidiano de uma sociedade, quando sob a lente arguta de um escritor atilado. O que nascera colado ao tempo, em sua relação etimológica – *Chronus*/crônica (nos séculos XV e XVI) –, e, com o surgimento do jornal, ocupa o espaço

---

4 CHALHOUB, Sidney; NEVES, Margarida de S.; PEREIRA, Leonardo Affonso de M. (Orgs.) *História em cousas miúdas:* capítulos de história social da crônica no Brasil. Campinas: Editora da Unicamp, 2005.

5 Considerada de interesse obliquamente estético, segundo Bosi, na literatura de informação destacam-se os seguintes cronistas históricos portugueses (e suas respectivas obras): "a) a *Carta* de Pero Vaz de Caminha a el-rei D. Manuel, referindo o descobrimento de uma nova terra e as primeiras impressões da natureza e do aborígene; b) o *Diário de navegação* de Pero Lopes e Souza, escrivão do primeiro grupo colonizador, o de Martim Afonso de Souza (1530); c) o *Tratado da Terra do Brasil* e a *História da Província de Santa Cruz a que vulgarmente chamamos Brasil* de Pero Magalhães Gândavo (1576); d) a *Narrativa epistolar* e os *Tratados da terra e da gente do Brasil* do jesuíta Fernão Cardim (a primeira certamente de 1583); e) o *Tratado descritivo do Brasil* de Gabriel Soares de Sousa (1587); f) os *Diálogos das grandezas do Brasil* de Ambrósio Fernandes Brandão (1618); g) as *Cartas* dos missionários jesuítas escritas nos dois primeiros séculos de catequese: h) o *Diálogo sobre a conversão dos gentios* do Pe. Manuel da Nóbrega; i) a *História do Brasil* de Fr. Vicente do Salvador (1627)" (Bosi, Alfredo. *História concisa da literatura brasileira*. São Paulo: Cultrix, 2006, p. 16).

do *fait-divers* (no século XIX), e que irá, por sua vez, levar ao folhetim, adquire cada vez mais um espaço diferenciado ao longo dessa trajetória dentro daquele veículo em que renasce em sua feição moderna.

Presa ao tempo cronológico, na medida em que também ela, assim como o veículo que lhe dá suporte – o jornal – toma a si o papel de dar conta da realidade cotidiana, cada vez mais a crônica jornalística abre espaço em sua cobertura para a afirmação subjetiva do escritor, criando um espaço híbrido entre a dita realidade e a ficção. Intimamente ligados, crônica e jornal nem sempre trilharam caminhos comuns, mas, por isso mesmo, estabeleceram-se como complementos um do outro para uma possível investigação histórica, sob o ângulo das letras (ou da ficção). Amalgamadas, informação e literatura iriam por muito tempo incomodar os puristas, que viam na crônica uma literatura de segunda categoria, correndo atrás dos leitores tidos como objetivos, os quais procuravam somente a realidade na página dos periódicos.

Um gênero que renascera juntamente com a profissionalização do jornalismo, com a construção de um primeiro público de massa, aos poucos mostra a absorção dos meios técnicos na produção literária, para além da técnica como tema e da incorporação da linguagem e do estilo das inovações da época à própria escrita literária, o que acabaria por engendrar o *New Journalism*, por exemplo. O escritor aprende a utilizar-se de uma linguagem mais enxuta "[...] e passa a trabalhar com uma concisão maior e consciência precisa da urgência e do espaço jornalístico", segundo Süssekind[6].

O caráter ambíguo é referência constitutiva desse gênero, que prima pela hibridização na sua realização, meio jornalística, meio literária. Mas isso não impede que os componentes ficcionais tomem uma predominância que passa a ser determinante para a definição do gênero. O que é mero registro dos fatos, ao ser descrito recupera-se enquanto linguagem, em um salto que rompe a referencialidade, instaurando a ficção. Assim, Margarida S. Neves vai nos dizer que as crônicas "[...] recolocam a seus leitores a relação entre ficção e História", tendo como matéria-prima "[...] o cotidiano construído pelo cronista através da seleção que o leva

---

6 SÜSSEKIND, Flora. *Cinematógrafo de letras:* literatura, técnica e modernização no Brasil. São Paulo : Companhia das Letras, 1987, p. 10.

a registrar alguns aspectos e eventos e a abandonar outros"[7]. Enquanto Antonio Candido define o gênero como o que espelha "a vida ao rés-do-chão"[8], Dimas dirá que "[...] é matéria adstrita ao tempo enquanto narrativa factual", mas "[...] ultrapassada como relato histórico, ela metamorfoseou-se, instalou-se no periodismo, sem perder, entretanto, na essência, o traço fundamental de depoimento sobre o tempo circundante"[9].

Semelhante definição do gênero, embora de outra perspectiva, é a de Pongetti, quando estabelece o cronista como o historiador menor de sua época, mas, por isso mesmo, o que "[...] fornece aos maiores de épocas futuras o meio-ambiente de suas reconstituições"[10]. Reitera essa posição Raul Antelo, que considera o cronista um jornalista "[...] sem história fazendo história", colocando-o potencialmente ainda como porta-voz de um "[...] discurso de uma minoria sem história que tenta contar a História"[11], referindo-se aí a João do Rio.

Colocada assim a questão, é com Dimas que voltaremos ao centro do nosso propósito. Segundo ele, "[...] se a literatura não precisa, em princípio, de nenhum compromisso com a realidade histórica, o mesmo já não pode ocorrer com a crônica, cujo motor de arranque é o cotidiano"[12]. É através do exame da produção em que a premência do tempo do veículo a que está sujeita não permite um policiamento rigoroso do texto, nem mesmo uma reflexão prolongada, que aparece

---

7 NEVES, Margarida de S. Uma escrita do tempo: memória, ordem e progresso nas crônicas cariocas. In: CANDIDO, Antonio (Org.) *A Crônica:* o gênero, sua fixação e suas transformações no Brasil. Campinas, SP: Editora da UNICAMP; Rio de Janeiro: Fundação Casa de Rui Barbosa, 1992, p. 76.

8 CANDIDO, Antonio (Org.). *A crônica:* o gênero, sua fixação e suas transformações no Brasil. Campinas, São Paulo : Editora da Unicamp; Rio de Janeiro : Fundação Casa de Rui Barbosa, 1992, p. 13.

9 DIMAS, Antônio. Ambigüidade da crônica: literatura ou jornalismo? *Littera,* Rio de Janeiro: Grifo Edições , v. 4, nº 12, 1974, p. 48.

10 PONGETTI *apud* MARTINS, Dileta. *História e tipologia da crônica do Rio Grande do Sul.* 1984. Tese (Doutorado em Letras) – Pontifícia Universidade Católica do Rio Grande do Sul, 1984, p. 12.

11 ANTELO, Raúl. João do Rio = Salomé. *In*: CANDIDO, Antonio (Org.) *A Crônica:* o gênero, sua fixação e suas transformações no Brasil. Campinas, SP : Editora da UNICAMP; Rio de Janeiro : Fundação Casa de Rui Barbosa, 1992, p. 157.

12 DIMAS, *Op. cit.*, p. 49.

toda a riqueza do autor em seu artifício da recuperação do "[...] banal tornando-o excepcional"[13].

Da fotografia *in loco* do autor no momento em que ficcionaliza a própria história, podemos desnudar "[...] as idéias que, visceralmente, fazem parte da sua visão do mundo," [que] "[...] brotam, portanto com naturalidade e se despejam sobre o papel, sem o concurso retificador da autocensura". Ou ainda: "Com o desnudamento do autor perante o público e a partir de um exame severo de sua produção, perguntamo-nos se não seria possível o levantamento de determinadas linhas-mestras que informam sua ideologia, enquanto '*tomada de posição* filosófica, política, estética, etc., em face da realidade'?". E continua o crítico: "No seu relativo à vontade, não seria a crônica um veículo generoso para identificar as matrizes ideológicas que se ocultam sob sua retórica?"[14].

Esse pode ser considerado o caso da obra de Millôr Fernandes, que, mais do que ninguém, soube utilizar-se da máxima "do útil ao fútil" do discurso machadiano, aquele que se referia à crônica como "[...] o parto curioso e singular do sério com o frívolo"[15]. Machado, que, como poucos, soube traduzir em ironia fatos da vida social brasileira do século XIX, aparece refletido no tom áspero de uma crítica social e política embutida na crônica de Millôr Fernandes, embora de caráter bastante diverso. A referência de Antonio Candido[16] à crônica, classificando-a como um gênero em que "[...] o que quer salvar-se acaba por perder-se; e o que não teme perder-se acaba por se salvar", encaixa-se perfeitamente na crônica do autor em questão, que construiu um conjunto de textos basilares para um momento histórico de alta importância para a sociedade brasileira. Depois de um período em que foi referência nacional – juntamente com seus colegas de *O Pasquim* – na resistência à ditadura militar, o período de redemocratização da sociedade brasileira também encontrou na verve do autor uma crítica da mais alta qualidade e irreverência.

É justamente esse momento histórico que nos interessa, pois Millôr fotografa no concreto o instante de transição de uma ditadura – em que o humor,

---

13 ANDRADE, Ana Maria. Crônica fotográfica do Rio de Janeiro na primeira metade do século XX. CANDIDO, Antonio (Org.) *A Crônica:* o gênero, sua fixação e suas transformações no Brasil. Campinas, SP : Editora da UNICAMP; Rio de Janeiro : Fundação Casa de Rui Barbosa, 1992, p. 492.

14 DIMAS, 1974, p. 49.

15 ASSIS, Machado de. *Crônicas.* Rio de Janeiro : Jackson, 1974, p. 109.

16 CANDIDO, 1992, p. 15.

assim como outras expressões da cultura brasileira, teve um papel preponderante como forma de resistência da liberdade de expressão – para uma sociedade que se quer democrática. No meio, introduz-se o homem, com suas contradições e idiossincrasias que, mais uma vez, são exploradas à exaustão, em prol do seu desvendamento. Trata-se, pois, de um conjunto de textos que evidencia, de modo deformante, os estilhaços de um período da cultura brasileira em que, decididamente, só o riso parecia responder de forma séria à questão histórica que se colocava naquele momento: que tipo de nação poderia ser reconstruído depois dos escombros da ditadura? Que contradições estavam escondidas na couraça da luta comum contra o autoritarismo? Como se daria o papel do cidadão comum e de seus representantes (a classe política) na realização da vida republicana brasileira? Mais importante ainda é que, nesse conjunto de crônicas, obtém-se algo muito perto do ensaístico, pela forma como o autor analisa a realidade, escudado pelo sentido crítico do riso, trazendo em si toda a tradição deste, assim como o poder libertador da novidade insuflada nele mesmo. Assim, é explicitada toda a ambivalência não só da cultura brasileira, mas também do próprio homem universal, através da abertura para um riso reduzido, em que não há a "absolutização de nenhum ponto de vista, de nenhum pólo da vida e da idéia"[17], constituindo-se plenamente em sua biunivocidade.

Longe de perder vitalidade por sua referencialidade histórica, o que seria apenas decorativo adquire uma força maior justo no momento em que é mais datado. As crônicas do autor, espelho multifacetado da realidade (verdadeiro caleidoscópio), põem a nu o espaço público nacional através de um humor extremamente particular. Aqui, o olho do *flâneur* junta-se ao do historiador, configurando aquilo que, parafraseando Ana Maria de Andrade, poderíamos entender como a recuperação do "real tornando-o ficcional"[18].

Esse "historiador menor", ainda segundo Pongetti, e, por isso mesmo, sem o compromisso da apreensão do todo, consegue constituir um painel da sociedade brasileira que vai do particular ao social e ao político-institucional, desnudando as contradições de uma sociedade que, mesmo no seu período de redemocratização

---

17 BAKHTIN, Mikhail. *Problemas da poética de Dostoiévski.* Rio de Janeiro : Forense Universitária, 1981, p. 143.

18 A autora, ao referir-se ao artifício do cronista, assinala-o como a recuperação do "banal tornando-o excepcional". *In*: CANDIDO, Antonio (Org.) *A Crônica:* o gênero, sua fixação e suas transformações no Brasil. Campinas, SP : Editora da Unicamp; Rio de Janeiro : Fundação Casa de Rui Barbosa, 1992, p. 492.

– de 1984 em diante –, mantinha sua semente autoritária. Verdadeiro ensaísta de seu tempo, esse sábio e irreverente narrador e/ou ficcionista analisa os fatos "ao correr da pena da galhofa e da tinta da ironia", parafraseando Alencar e Machado ao mesmo tempo.

É isso que reforça o caráter emblemático da crônica, que, embora pareça descartável, acaba sendo um contraponto privilegiado ao propor uma voz autônoma e pessoal dentro de um universo dito extremamente objetivo (o jornal), em que o que aparece são apenas a voz e os feitos do outro. Assim, aquilo que um dia nasceu como rodapé dos jornais, o folhetim, que originou a crônica, com lugar marcado e assinatura em negrito, conquista um espaço diferenciado, com um caráter diverso do editorial.

Mas o que fazer quando essa coisa considerada subjetiva embrenha-se na cultura, questiona a política e mostra, com sua crítica virulenta, um olhar ciclópico sobre a realidade brasileira? É essa a perspectiva da crônica de Millôr Fernandes, que, apropriando-se do discurso político, começa a imiscuir-se no domínio da *polis*, ocupando um espaço em periódico nacional para fazer suas (des)considerações, utilizando-se, de forma muito particular, da crônica, aquela que, segundo Verissimo, "[...] está nessa terra de ninguém. Ou essa terra-de-muita-gente até, entre a literatura e o jornalismo"[19]. É nesse entremeio que se sustenta a crônica milloriana. O espaço anteriormente ocupado em *O Pasquim* e na revista *Veja* ganha agora destaque com duas páginas semanais na revista *Istoé*, palco onde o jornalista/cronista/ilustrador/humorista se especializa em passar os olhos sobre o momento político-cultural tupiniquim, acompanhando o processo de transição da ditadura para a nascente redemocratização brasileira.

Crônica ou craquelê?

Categorizar o texto milloriano como crônica talvez tenha as suas armadilhas. Embora utilize como veículo de sustentação a imprensa, a ocupação desse espaço midiático parece ser feita através da apropriação de alguns recursos da publicidade, rompendo, muitas vezes, com a lógica editorial da publicação enquanto

---

19 INSTITUTO ESTADUAL DO LIVRO. *Luis Fernando Verissimo*. Porto Alegre: IEL, 1986. (Coleção Autores Gaúchos).

ideologia e assenhorando-se das múltiplas formas sígnicas possíveis, que vão da ilustração à escrita.

A esse respeito, aliás, o próprio Millôr reconhece a anterioridade do traço gráfico à escrita em sua obra, sendo que, particularmente nesse caso, há uma fusão dos dois, já que a letra passa por um processo de elaboração plástica que sugere uma não hierarquização entre grafia e ilustração, configurando, no fundo, a mesma coisa. Aliás, em alguns momentos de sua obra, predomina o traço artístico, de que são exemplos a premiação na Exposição Internacional do Museu da Caricatura de Buenos Aires – juntamente com o romeno/norte-americano Saul Steinberg – (em 1955), por um cartaz da Anistia Internacional (em 1980), e as muitas e variadas ilustrações em que a paisagem é o Rio de Janeiro, com Ipanema ao fundo. Noutros, há a proeminência da escrita, também ela artística, que começou com um chamado – já aos 16 anos –, para preencher o espaço de quatro páginas da revista *A Cigarra* (a convite de Frederico Chateaubriand), por motivo de cancelamento da publicidade, com a seção "Poste-Escrito", sob o pseudônimo Vão Gôgo. O sucesso dessa empreitada fez com que se tornasse seção fixa e, mais tarde (em 1945), com o mesmo pseudônimo, estreasse em *O Cruzeiro* a seção "O Pif-Paf", ilustrada por Péricles. Dezenove anos depois (em 1964), já consagrado em sua atuação multimídia, que incluía o jornalismo, a tradução, o roteiro cinematográfico, a ilustração, o texto dramático, a poesia, o humor, etc., lançou uma revista quinzenal com o mesmo nome (*Pif-Paf*), considerada o início da imprensa alternativa no Brasil.[20]

Nesse caso, radicalmente, o que é conteúdo é forma: mais do que qualquer outro escritor e/ou cronista brasileiro de seu tempo, Millôr instaurou a primazia absoluta da fragmentação em seu discurso, compondo uma linguagem em mosaico que pressupõe um leitor disposto a se embrenhar no caleidoscópio da sua narrativa, uma vez que, nas amarras dessa escritura estilhaçada, não há indicação de fio a ser puxado para desfazer a verdadeira colcha de retalhos (*patchwork*) discursiva. Parece querer nos dizer, também ele, diante da crise de ideologias que passamos a viver: "Não me sigam, eu também estou perdido".

Um bom exemplo disso é a dificuldade de titulação para seus textos: como nominá-los, já que não há uma hierarquia clara e mesmo uma relação direta entre

---

20 CADERNOS DE LITERATURA BRASILEIRA: *Millôr Fernandes.* São Paulo : Instituto Moreira Salles, nº 15, jul. 2003.

a variedade de temas que são apresentados, muitas vezes articulados à ilustração?! Estruturalmente falando, a obra de Millôr Fernandes oferece-se como um prato riquíssimo para quem busca uma interpretação criativa do processo. As múltiplas possibilidades de leitura aparecem já na (in)definição desses títulos, o que demanda uma "tomada de decisão" do leitor, haja vista que o autor trabalha com a desacomodação da leitura habitual. Mas o que é dificuldade pode ser também o que mais torna sedutora a tarefa: conciliar forma (ou as diversas formas) com uma análise histórico-literária exige um olhar de quem tenta construir um caminho de leitura tateando no escuro, buscando uma brecha de luz que justifique o caminho a ser percorrido. Assim é a crônica de Millôr, que se enquadra perfeitamente na formulação de Eco ao referir-se à música atonal (ou ao dodecafonismo). Afirma ele que

> [...] as novas obras musicais, ao contrário, não consistem numa mensagem acabada e definida, numa forma univocamente organizada, mas sim numa possibilidade de várias organizações confiadas à iniciativa do intérprete, apresentando-se, portanto, não como obras concluídas, que pedem para ser revividas e compreendidas numa direção estrutural dada, mas como obras 'abertas,' que serão finalizadas pelo intérprete no momento em que as fruir esteticamente.[21]

Essa ordenação de leitura, que requer uma postura ativa do leitor, já que há necessidade de um novo olhar que processe uma nova decodificação – no fundo, vários códigos –, cabendo ao intérprete, a cada leitura, uma a ser legitimada, não quer dizer que o texto possa ser lido como cada um quiser. Muito pelo contrário: Millôr não só fala, mas *diz* algo.

A dificuldade para captar esse dizer fica a cargo do leitor, que, sem qualquer "chave de leitura" indicada, se pode perder no labirinto narrativo, ou, firmando posição, exercer o seu direito de sentir-se contrariado com isso, mas nunca o de ficar indiferente ao impresso na página. É um daqueles casos em que a costura entre produção e leitura pede uma ação proporcionalmente inversa, em uma lei da física newtoniana aplicada ao discurso.

Surpreende aos olhos do leitor também a riquíssima conjunção de formatos (gêneros) aplicados em sua escrita, que passam por aforismos, máximas, hai-

---

21 ECO, Umberto. *Obra aberta.* São Paulo : Perspectiva, 1971, p. 39.

-kais, fábulas, epigramas, citações de (falsa) erudição (geralmente em latim), poemas, etc., que, conjuntamente à ilustração, explodem os limites da página, ora em forma colorida, ora em preto e branco, revelando uma potência de síntese poucas vezes vista na literatura brasileira. Se somarmos a isso a forma como agrega esse conjunto anárquico, muitas vezes poluindo propositalmente o espaço, noutras deixando a página em branco, temos uma forma estética provocativa, que reforça a ideia de uma costura de texto como um campo minado, revelando mais dúvidas que certezas, mais labirintos que caminhos seguros.[22]

Ciente do que esse processo provoca, Millôr extrapola todos os limites, ao propor (ironicamente) a fragmentação enquanto postura estética. É assim que, ao referir-se à linguagem cinematográfica, parece estar falando de toda a sua obra:

> O trailer é a libertação da técnica e a superação da lógica discursiva. A coerência explode, a cronologia enlouquece, a seqüência se nega, a música pode ser cinicamente ensurdecedora, as cenas truncadas, perguntas ficam para sempre sem resposta, respostas dramaticíssimas surgem sem perguntas que as justifiquem, telas se partem, caras se fragmentam, cenas redemoinham em gigantescos carrosséis de letras desavergonhadas COLOSSAL! ÚNICO! INESQUECÍVEL!, cobrindo cenas de amor e sexo e tornando-se mais eróticas do que quando vistas por inteiro, tudo isso transformando o trailer em linguagem superior, metafísica (e metalinguagem sim senhor, por que não?) (*Istoé/Senhor*, nº 1022, p. 18, 1989 - 8916).

Essa fragmentação, podemos encontrar também na própria nominação do autor, que tem seu nome construído e desconstruído de diversas formas, em um espelhamento distorcido, em uma verdadeira decupagem que lhe é constitutiva, a partir do lúdico: assim se enxerga, assim enxerga o mundo.

Milton... Notlim... mil vezes Millôr...[23]

Curiosamente, Milton Viola Fernandes teve o registro de nascimento atrasado em quase um ano, registro, aliás, que, além disso, lhe reservou outras surpre-

---

22 Mais uma vez, é necessário relativizarmos uma definição fechada para seus textos; como comentador da história, Millôr ultrapassa em muito os limites da forma "crônica", fazendo da página de um periódico semanal o espaço de experimentação permanente.

23 A fonte para essa biografia resumida são os *Cadernos de Literatura Brasileira*, do Instituto Moreira Salles, 2003. Nela, deu-se prioridade apenas aos eventos mais significativos da vida do autor.

sas. De Milton a Millôr, um longo processo foi gestado, o que incluiria o anagrama Notlim e chegaria ao mil vezes Millôr atual. Nascido no Rio de Janeiro, em 16 de agosto de 1923 – e tendo como data oficial de nascimento o dia 27 de maio de 1924 –, o Guru do Meier veio a assumir o nome Millôr já na adolescência, graças ao registro impreciso do escrivão na sua certidão de nascimento, que, ao grafar o traço do "t" do nome Milton, deixou-o acima da letra "o", o que foi acrescido de uma incompletude da letra "n", sugerindo um "r". Talvez isso explique a verdadeira obsessão pela reescritura do nome, uma constante na obra do humorista e/ou jornalista, que pode ser resumida pelo livro *Um nome a zelar*[24].

Outro aspecto relativo à sua infância parece também ter tido influência marcante na sua produção artística: com as perdas do pai, aos três anos de idade, e da mãe, aos 12, em sua orfandade, cedo assumiu a posição filosófica da "paz da descrença", o que lhe permitiu uma reflexão da realidade escorada no ceticismo. Essa precoce condição "sem pai nem mãe" parece repercutir em sua obra através de um humor operado por um relativismo absoluto, centrado no dialogismo. A esse respeito, com a ajuda de Kupermann e Slavutzky[25], podemos buscar em Freud, de *Totem e tabu*, a explicação para tal característica. Conforme ele, se o humorista consegue identificar-se "[...] até certo ponto com o pai, é apenas na medida em que pode reconhecer sua orfandade, ou seja, a falência da pretensão de possuir qualquer garantia transcendente (idealizada) de onisciência e onipotência, atributos do pai da horda há muito ausente". Ou, dito em outras palavras e transposto para o caso de Millôr, "[...] tudo pode me acontecer, a mim que já perdi o que tinha para perder e que aprendi a rir com a vida".

Mas foi na escola pública Ennes de Souza, entre 1931 e 1935, por ele chamada de Universidade do Meier, que, segundo o próprio, aprendeu o principal, graças à sua professora, Isabel Mendes, depois diretora e hoje nome da Escola: o gosto pelo estudo. Avesso a instituições acadêmicas (o que, aparentemente, era recíproco), Millôr encontrou no autodidatismo a fórmula para produzir sua extensa obra, que, a começar com um desenho vendido a *O Jornal*, em 1934, seguiu com a premiação da revista *A Cigarra* – com o codinome Notlim –, tendo, a partir daí, uma ascensão vertiginosa, passando pelas principais publicações do país, pri-

---

24 FERNANDES, Millôr. *Um nome a zelar.* Rio de Janeiro : Desiderata, 2008.

25 KUPERMANN, D.; SLAVUTZKY, A. (Orgs.) *Seria trágico se não fosse cômico.* Rio de Janeiro : Civilização Brasileira, 2005, p. 34-35.

meiramente em *O Cruzeiro*, depois pelo *Pasquim*, pela revista *Veja* e pela revista *Istoé*, além, é claro, de ter trabalhado em diversos jornais, como o *Jornal do Brasil*, *O Globo*, etc.

Nesse (grande e vasto) ínterim, sempre autodidata, fez sua primeira tradução literária (em 1942), *Dragon seed*, de Pearl S. Buck (*A estirpe do dragão*); lança *Eva sem costela — um livro em defesa do homem*, em 1946; publica, como Vão Gôgo, *Tempo e contratempo*, além do roteiro cinematográfico *Modelo 19*, sobre a imigração europeia para o Brasil, em 1949; lança a revista *Voga*, em 1951, que durou apenas cinco números; em 1953, escreve sua primeira peça, *Uma mulher em três atos*, montada pelo Teatro Brasileiro de Comédia; em 1955, como já citado, divide a premiação, juntamente com Saul Steinberg, da Exposição Internacional do Museu da Caricatura de Buenos Aires e escreve as peças *Um elefante no caos* e *Pigmaleoa*; em 1954, faz sua primeira exposição individual, no Museu de Arte Moderna do Rio de Janeiro, e a premiada coreografia de *As guerras do alecrim e da manjerona*, peça de António José da Silva; em 1958, faz sua primeira tradução para o teatro: *Good people (A fábula de Brooklin — Gente como nós)*, de Irwin Shaw; em 1959, apresenta, na TV Itacolomi, de Belo Horizonte, uma série de programas intitulada *Universidade do Meier*, em que desenhava enquanto fazia comentários – atividade que, com o nome de *Treze lições de um ignorante*, foi transferida para a TV Tupi do Rio de Janeiro; em 1960, monta a peça *Um elefante no caos*; em 1961, expõe seus desenhos na Petite Galerie, no Rio; em 1962, passa a assinar, na revista *O Cruzeiro*, como Millôr, deixando de lado o codinome Vão Gôgo; em 1963, escreve *Flávia, cabeça, tronco e membros*, primeira peça não feita sob encomenda, e deixa a revista *O Cruzeiro*, tendo em vista a polêmica acerca de seu texto *História do Paraíso*, que mexia com dogmas religiosos; em 1964, lança a revista quinzenal *O Pif-Paf*, que durou oito números, deixando-o endividado, e passa a assinar uma coluna no *Diário Popular*, de Lisboa, o que durou 10 anos; em 1965, juntamente com Sérgio Porto e Luis Jatobá, apresenta, na TV Record, o *Jornal de Vanguarda* e estreia, no Teatro Opinião (Rio de Janeiro), o musical *Liberdade liberdade* (em parceria com Flávio Rangel); em 1966, monta, ao ar livre, no Largo do Boticário, no Rio, só com atores negros, a adaptação de *Memórias de um sargento de milícias*, que, posteriormente (em 1982), se tornaria um musical, e Nara Leão defende *O homem*, composição de Millôr, no II Festival da Música

Popular Brasileira, da TV Record – o mesmo que teria a premiação dividida entre *A banda*, de Chico Burque, e *Disparada*, de Geraldo Vandré; em 1968, juntamente com Elizeth Cardoso e Zimbo Trio, atua no musical de sua autoria *Do fundo do azul do mundo*, e inicia sua participação como cronista na revista *Veja*, que, em sua primeira fase, duraria até 1982; finalmente, em 1969, participa como um dos fundadores do seminal *O Pasquim*. Além disso, é pioneiro na imprensa brasileira, quando, em 2000, lança seu site Millôr Online, com grande sucesso, além de trabalhar em vários periódicos, como o *Jornal do Brasil*, e de voltar à revista *Veja*, de onde viria a sair novamente, por questões de direito autoral.

Dono desse extenso e multiperformático currículo, podemos perceber que Millôr vivenciou plenamente a história política do país, passando por períodos democráticos e também autoritários, convivendo com os dois lados da mesma equação com a mesma dignidade. Vistos em perspectiva, não foram poucos os momentos (ou governos) em que foi censurado. Assim aconteceu no Governo JK, quando, segundo depoimento do autor à revista *Época*[26], foi censurado por fazer críticas à primeira-dama, além da restrição ao título da peça *Um elefante no caos*, originalmente nominada *Por que me ufano do meu país*. No Governo Jânio Quadros, enfrentou problemas com a Igreja, por mexer com dogmas religiosos, em seu texto *História do Paraíso*, publicado em *O Cruzeiro*. Em 1964, teve a edição de sua revista *O Pif-Paf* boicotada, por suas críticas ao governador do Rio de Janeiro e ao presidente da República, sendo obrigado a fechar, por falta de anúncios. Isso sem falar na trajetória de *O Pasquim*, durante a ditadura militar.

Também no período mais moderno, não poucas vezes, sofreu e reagiu a pressões que iam muito mais além das questões artísticas, prova de que seu humor político incomodava e instava a uma reflexão nem sempre bem-vinda aos interesses dos poderosos de plantão. Assim foi no episódio da saída da re-

---

26 "Apresentei *Treze Lições de um Ignorante*, primeiro em Belo Horizonte, depois no Rio. Aí o grande liberal Juscelino Kubitschek mandou censurar o programa. Desagradei porque li a notícia do dia: 'A primeira-dama do país voltou de Paris depois de seis meses e foi condecorada com a Ordem do Mérito do Trabalho'. Fui conversar com o censor, o que nunca tinha feito antes, porque acho que a censura se exerce pela violência. De qualquer forma prometi ler a notícia sem entonação. Mas ele disse que não adiantava. JK nunca voltou atrás" (FERNANDES, Millôr. Quero posar nu. Entrevistador: Luís Antônio Giron. Época, nº 317, 14 jun. 2004. Disponível em: <http://revistaepoca.globo.com/Epoca/0,6993,EPT741449-1666-1,00.html>. Acesso em: 12 out. 2010).

vista *Veja*, em 1982,[27] assim foi no processo movido contra ele pelo deputado comunista Aldo Rebelo, em 2007.[28] Além disso, envolveu-se em polêmica com seu colega Ziraldo, acerca das indenizações pelo período da ditadura militar, quando retomou seu dizer "*Desconfio* de todo idealista que *lucra com seu ideal*" (*Istoé/Senhor*, nº 1047, p. 24, 1989 - 8941), e novamente (dessa vez sobre a questão de direitos autorais) com a *Veja*, pela disponibilização em meio digital de seu trabalho na revista.[29]

Dessa forma, quando de seu falecimento – em 27/03/12, aos 88/89 anos de idade –, Millôr Fernandes já gozava havia muito tempo de um reconhecimento como um dos maiores cronistas brasileiros e um dos de maior inserção na vida nacional, configurando-se, da mesma forma que Luis Fernando

---

27 A última crônica publicada na Revista foi no dia 08/12/82, onde anuncia, no título *Com essas páginas me despeço dos leitores de* Veja, sua saída. Na crônica, a respeito de ***1982***, afirma: "Atenção, multinacionais, tetas estatais, grandes empresas particulares, banqueiros de bicho e pessoas influentes de modo geral; repito, pela milésima vez, que sou um homem razoavelmente honesto. Mas, dada a situação econômica em que se encontra o país e a instigante posição ética adotada pelo sistema como um todo, estou sinceramente disposto a rever minha posição" (VEJA. São Paulo: Editora Abril, nº 744, 1982). A partir de então, foi substituído por Luis Fernando Verissimo.

28 Em entrevista à revista *Época*, esclarece Millôr: "O lugar-tenente Aldo Rebelo está me processando porque eu fui contra o projeto dele de proibir termos estrangeiros na língua portuguesa. É a mesma coisa o papa proibir que as mulheres dêem. Sua Santidade exigiu isso a vida inteira e as mulheres continuaram dando. A língua se transforma. Senão, estaríamos falando latim ou guarani. Escrevi que o Rebelo cometia uma idioletice. Ora, idioleto é um termo técnico para língua individual. Mas ele achou que eu o estava chamando de idiota. Veja bem: eu estava, mas ninguém pode me condenar. Ele me processou e está cobrando R$ 50 mil. Isso é intimidação para os jornalistas". Ver: <http://revistaepoca.globo.com/Epoca/0,6993,EPT741449-1666-1,00.html>. Acesso em 12 out. 2010.

29 Segundo o site de notícias R7, "O desentendimento com a revista ocorreu quando a *Veja* decidiu deixar disponível todo o seu conteúdo na *internet*. O contrato de Millôr com *Veja*, o último, previa a exposição digital da coluna para a edição em questão, mas não havia disposição semelhante sobre o primeiro período da colaboração do colunista para a publicação". O autor, na ocasião, fez um currículo especialmente para a causa, no qual expõe suas posições (trecho): "Assim, com o único fito de esclarecer, faço este pequeno introito, afirmando peremptoriamente que o jornalista Millôr Viola Fernandes – eu – se recusa a, sem que digam 'Água vai!', ser transformado em garoto-propaganda do Bradesco. Ainda mais valorizado de modo tão mesquinho. Por isso, repito, só para esclarecimento, apresento aos mentores da notável organização este meu pequeno currículo. Em tempo: homem civilizado, nada tenho, é claro, contra o sistema bancário moderno. Sistema que passou de gigantesco a universal. Assim como a natureza cria terremotos, furacões, vulcões, tsunames, o sistema bancário cria crises mundiais, consolida falcatruas assustadoras, encampa pirâmides-Madoff, conglomerados/falcatrua, mantém no mundo mais de uma centena de paraísos fiscais, e por isso mesmo, tem que ser encarado como uma das forças da natureza. Não há como ignorá-la" (MIKEVIS, Dayanne. Millôr processa revista e pede R$ 500 mil na ação. R7, Notícias, 18 nov. 2009. Disponível em: <http://noticias.r7.com/brasil/noticias/millor-fernandes-processa-veja-e-pede-r-500-mil-de-indenizacao-20091118.html>. Acesso em: 02 jun. 2010.

Verissimo, como um dos mais coerentes críticos do modelo neoliberal imposto pela globalização, ao mesmo tempo em que, à direita e à esquerda, beirando o anarquismo, construiu uma crítica visceral ao homem político de nosso tempo.

2
A era do fingimento (ou *Modem* idade)

> *"Como gansos alimentados à força com grãos até seus fígados explodirem para virar foie gras, somos uma geração nascida para consumir. Os gansos se apavoram quando o homem se aproxima pronto para lhes enfiar um funil de metal goela abaixo, enquanto lutamos por nossa vez de chegar ao cocho que nos fornece o dilúvio sem fim de objetos que constituem nosso mundo."* [1]

Que os tempos são outros, ninguém duvida. Mas outros em relação a quê? Nominá-los é que são elas. Então, para início de conversa, precisamos dar um pouco de ordem à desordem, tentar situar, minimamente que seja, essa época que alguns chamam de Pós-Modernidade[2]. Sobre esse tema, vários autores se debruçaram, cada um deles explorando alguns aspectos da questão, acordados de que algo se sucedeu, de que os paradigmas, como um castelo de cartas, se esboroaram

---

1 SUDJIC, Deyan. *A linguagem das coisas.* Rio de Janeiro : Intrínseca, 2010, p. 05.

2 Como Lyotard (LYOTARD, Jean-François. *A condição pós-moderna.* Lisboa : Gradiva, 1989), por exemplo. Outros autores referem-se ao período como Sociedade Pós-Industrial (DE MASI, Domenico. *A sociedade pós-industrial.* São Paulo : SENAC, 2000), Sociedade de Consumo (BAUDRILLARD, Jean. *A sociedade de consumo.* Lisboa : Edições 70, 2007), Sociedade do Espetáculo (DEBORD, Guy. *A sociedade do espetáculo***.** Rio de Janeiro: Contraponto, 1997), Modernidade Líquida (BAUMAN, Zygmunt. *Modernidade líquida.* Rio de Janeiro : Jorge Zahar, 2001), ou ainda, somente Modernidade, mas nos seus segundo ou terceiro estágios (JAMESON, Fredric. *Pós-modernismo:* a lógica cultural do capitalismo tardio. São Paulo : Ática, 2007).

no chão. A disputa pela face virada do baralho é que se tornou o *busílis*: para uns dando as costas ao passado, para outros guardando resquícios do que um dia se foi. Nesse embate, tentamos construir uma leitura que possa nos ajudar a desvendar o tempo histórico que vivemos, como podemos ver a seguir.

Essa leitura tem como referência inicial a teoria da *Sociedade do espetáculo*[3], de Guy Debord, livro originalmente publicado em 1967, de cunho eminentemente anarquista e que fazia uma crítica já à sociedade da mercadoria (*valor de troca* em detrimento do *valor de uso*, nas concepções de Marx), em suas formas espetacularizadas: difusa ou concentrada.[4] Para o autor, de acordo com a sua tese 1, "Toda a vida das sociedades nas quais reinam as modernas condições de produção se apresenta como uma imensa acumulação de *espetáculos*. Tudo o que era vivido tornou-se uma representação" (p. 13). Mas essa representação, segundo ele, "[...] não é um conjunto de imagens, mas uma relação social entre pessoas, mediada por imagens" – tese 4 (p. 14).

Mais tarde, em *Comentários sobre a sociedade do espetáculo*, publicado originalmente em 1988, reflete sobre a conjunção das duas formas, que teriam chegado ao espetacular integrado[5]. Conforme ele, "quando o espetacular era concentrado, a maior parte da sociedade periférica lhe escapava; quando era difuso, uma pequena parte; hoje, nada lhe escapa"[6]. O conflito entre a tradição liberalizante corporificada pelos Estados Unidos e a centralização do poder de desenvolvimento nacional pelo Estado, tanto na versão fascista quanto na stalinista, foi unificado na instauração da ordem mundial globalizada, aplicado o caráter imperativo da segunda sobre a "liberalização" prometida pela primeira. Liberalização esta que con-

---

3 DEBORD, 1997.

4 O tipo concentrado é essencialmente burocrático e ditatorial, tendo como exemplo os antigos regimes comunistas (URSS) e o nazismo, onde o Estado impunha a identificação popular através do espetáculo e, com isso, escondia a verdadeira realidade socioeconômica. O tipo difuso explora as noções de livre concorrência, de lei da demanda, de lei da oferta e da procura, que afirma o mercado como principal mediador das relações sociais, representado pelo modelo norte-americano.

5 Segundo o autor, à época, França e Itália seriam os melhores exemplos dessa situação, pela configuração de uma série de fatores históricos comuns: "[...] papel importante de partido e sindicatos stalinistas na vida política e intelectual, longa monopolização do poder por um único partido governamental, necessidade de acabar com a contestação revolucionária surgida de repente" (p. 172-173). Além disso, caracteriza esse tipo de sociedade pela combinação de cinco aspectos: "a incessante renovação tecnológica, a fusão econômico-estatal, o segredo generalizado, a mentira sem contestação e o presente perpétuo" (p. 175).

6 *Ibid.*, p. 173.

siste na concessão do monopólio planetário da mercadoria. O espetáculo difuso integrou o espetáculo concentrado em crítica ao sistema soviético: "A raiz do espetáculo está no terreno da economia tornada abundante, e é de lá que vêm os frutos que tendem finalmente a dominar o mercado espetacular". Da derrocada desse sistema, poder-se-ia antever "[...] o desaparecimento de uma sociedade mundial que, como se pode dizer agora, *será apagada da memória do computador*"[7]. Essa visão encontra correspondência temporal na terceira idade da máquina, conforme o postulado por Ernst Mandel[8]:

> A produção de motores a vapor a partir de 1848; a produção de motores elétricos e de combustão a partir dos anos 90 do século XIX; a produção de motores eletrônicos e nucleares a partir dos anos 40 do século XX – são essas as três grandes revoluções gerais da tecnologia, engendradas pelo modo de produção capitalista desde a revolução industrial "original" de fins do século XVII,

o que, por sua vez, é reiterado pela observação de Bauman[9], que faz uma distinção entre as sociedades mais primitivas (baseadas no *wetware*) e as pós-primeira revolução industrial (baseadas no *hardware*):

> Com o advento do vapor e do motor a explosão, a igualdade fundada no *wetware* chegou ao fim. Algumas pessoas podiam agora chegar onde queriam muito antes que as outras, podiam também fugir e evitar serem alcançadas ou detidas. Quem viajasse mais depressa podia reivindicar mais território – e controlá-lo, mapeá-lo e supervisioná-lo –, mantendo distância em relação aos competidores e deixando os intrusos de fora.

Esse processo relegará ao ser humano cada vez mais um papel subalterno diante de um novo deus que se tornará onipresente, além da própria mercadoria e do comércio imagístico, no caso, a tecnologia. E essa onipresença fará soçobrar aqueles que acreditavam na máquina como libertadora, em uma exaltação da técnica a serviço da liberdade humana. Pelo contrário, segundo Jameson[10],

---

7 DEBORD, 1997, p. 12.
8 Conforme JAMESON, 2007, p. 61.
9 BAUMAN, 2001, p. 130.
10 *Op. cit.*, p. 63.

> [...] nossa tecnologia não está representada pela turbina, ou pelos silos ou chaminés de fábrica de Sheeler, nem pela elaboração barroca das tubulações e das esteiras transportadoras, ou mesmo pelo perfil aerodinâmico dos trens – todos veículos de uma velocidade ainda concentrada e em repouso –, mas antes pelo computador, cuja forma exterior não tem nenhum apelo visual ou emblemático, ou então pelos invólucros das várias mídias, como o desse eletrodoméstico chamado televisão que não articula nada, mas implode, levando consigo sua própria superfície achatada. Máquinas como essas são, na verdade, máquinas de reprodução mais do que de produção e apresentam à nossa capacidade de representação estética exigências bem diferentes das apresentadas pela idolatria relativamente mimética das máquinas mais antigas no tempo do futurismo, de uma escultura de energia e velocidade.

A respeito desse processo histórico, encontraremos um paralelo nas palavras de Bauman[11] e Virilio[12]. Dessa forma, a própria expressão de Debord "*será apagada da memória do computador*" já diz muito dessa época, podendo ser a síntese de um processo de desumanização do homem, cada vez mais sobrepujado pela tecnologia – aliás, imerso em um mundo cada vez mais imagético –, com todos os riscos que isso implica. Mas esse achatamento do sujeito diante da tela plana é apenas a ponta do iceberg de toda uma estrutura social em aparente mutação. Afinal, que mundo é esse em que vivemos?

A afirmação de Jameson (2007) de que "é mais seguro entender o conceito do pós-moderno como uma tentativa de pensar historicamente o presente em uma época que já esqueceu como pensar dessa maneira" (p. 13), além de se coadunar perfeitamente com a expressão debordiana, procura começar a responder a essa questão. Já que aquilo sobre o que os homens se negam a refletir é delegado

---

11 Bauman (2001) afirma: "Essa parte da história, que agora chega ao fim, poderia ser chamada, na falta de nome melhor, de era do *hardware*, ou modernidade *pesada* – a modernidade obcecada pelo volume, uma modernidade do tipo 'quanto maior, melhor,' 'tamanho é poder, volume é sucesso" (p. 132-133), que coloca em oposição à era do software, onde a leveza, a instantaneidade é o parâmetro, a modernidade líquida.

12 Virilio (1999) assevera: "Depois da era da aceleração *energética* dos motores a vapor, a explosão ou ainda do motor elétrico, vem, pois, a era da aceleração *informática* dos últimos motores: motor da 'inferência lógica' do computador e de seu programa de busca da rede das redes [...]. A velocidade absoluta dos novos meios de transmissão telemáticos vem dominar, por sua vez, a velocidade relativa dos antigos meios de transporte, e a aceleração local dos veículos dá lugar à aceleração global dos vetores de uma informação em vias de globalização" (p. 117).

às máquinas, com o risco iminente de as mesmas, comandadas pelos próprios homens, deletarem o passado, condenando-nos a uma presentificação constante[13], ou, pior ainda, a uma idealização de um passado artificial, é preciso refletir cada vez mais sobre isso.

De acordo com Jameson (2007), essa perda de historicidade (uma surdez histórica) é uma das características da teoria pós-moderna ("[...] o esforço de medir a temperatura de uma época sem os instrumentos e em uma situação em que nem mesmo estamos certos de que ainda exista alguma coerência de uma 'época'" – p. 15). Outra seria a constatação de que se vive em uma época em que "[...] qualquer observação virtual sobre o presente pode ser mobilizada para se investigar o próprio presente" (p. 16), o que é complementado pela ideia "[...] [d]o sentido de 'cultura' como o que está tão colado ao econômico que é difícil destacá-la ou examiná-la em separado [...]" (p. 19).

Essas três características acabam atestando um momento histórico em que

> [...] a própria "cultura" se tornou um produto, o mercado tornou-se seu próprio substituto, um produto exatamente igual a qualquer um dos itens que o constituem; o modernismo era, ainda que minimamente e de forma tendencial, uma crítica à mercadoria e um esforço de forçá-la a se autotranscender. O pós-modernismo é o consumo da própria produção de mercadorias como processo (2007, p. 14).

Embora aqui a crítica se faça pela alienação do próprio processo, o homem sequer questionando a estrutura produtiva – relação capital/trabalho –, cabe fazermos um paralelo com o exposto por Bauman em *Modernidade líquida*, que relata justamente a perda da centralidade do trabalho como ordenador das nossas vidas: "Como afirmei em *Life in fragments*, a sociedade pós-moderna envolve seus membros primariamente em sua condição de consumidores, e não de produtores. A diferença é fundamental"[14].

---

13 Esse fenômeno pode ser pensado inclusive enquanto linguagem. Usando as palavras de Goytisolo (considerado por ele um dos maiores escritores espanhóis vivos), Bauman (2001) faz uma analogia entre a condição estrangeira do ficcionista como um fator de enriquecimento da própria língua espanhola (pelo distanciamento crítico) e a necessidade de articulação entre passado, presente e futuro, já que: "Se vivemos apenas no presente, arriscamo-nos a desaparecer juntamente com o presente" (p. 235).

14 BAUMAN, 2001, p. 90.

Nessa análise, Jameson expõe o que considera os elementos constitutivos do pós-moderno:

> [...] uma nova falta de profundidade, que se vê prolongada tanto na 'teoria' contemporânea quanto em toda essa cultura da imagem e do simulacro; um conseqüente enfraquecimento da historicidade tanto em nossas relações com a história pública quanto em nossas novas formas de temporalidade privada, cuja estrutura "esquizofrênica" (seguindo Lacan) vai determinar novos tipos de sintaxe e de relação sintagmática nas formas mais temporais de arte; um novo tipo de matiz emocional básico – a que denominarei de "intensidades" –, que pode ser mais bem entendido se nos voltarmos para as teorias mais antigas do sublime; a profunda relação constitutiva de tudo isso com a nova tecnologia, que é uma das figuras de um novo sistema econômico mundial; e, após um breve relato das mutações pós-modernas na experiência vivenciada no espaço das construções, algumas reflexões sobre a missão da arte política no novo e desconcertante espaço mundial do capitalismo tardio ou multinacional.[15]

Assim, o que ele se dispõe a discutir é justamente o papel do homem nesse processo. Em um mundo caracterizado cada vez mais pelo visual, em que o sentido de obra é substituído pelo de texto[16] (também visual), pouco espaço resta ao ser humano para afirmar-se enquanto subjetividade. Pelo contrário, há um esmagamento dessa condição, já que tudo é filtrado pela imagem, numa inversão de perspectiva que relega ao homem um papel cada vez mais secundário. Isso remete ao conceito em voga da "morte do sujeito ou do fim da mônada", uma das possíveis teorizações sobre a constituição do homem contemporâneo, em que há um descentramento de sua psique e, por extensão, da sua própria figura. Dessa forma, a fragmentação é a marca desse sujeito alienado, cada vez menos autônomo e relegado a um mundo também fragmentado, em que o tempo é visto cada vez mais em sua acepção sincrônica, do instante, em troca do modelo anterior, modernista, diacrônico.

Nesse processo, a memória se perdeu, e o que ganhou predominância foi a noção de espaço. Juntamente com isso, diante da desaparição desse sujeito indivi-

---

15 JAMESON, 2007, p. 32.

16 Jameson, ao justificar a impossibilidade de seu livro ser um panorama do pós-moderno, refere-se à natureza desses textos, assim considerados em oposição à noção moderna de obra, o que, por sua vez, seria um dos postulados do propalado "fim da arte".

dual, a consequência natural será a impossibilidade (ou inviabilidade) de um estilo pessoal, ganhando relevância a noção de pastiche, que, diferentemente da paródia (que mantém algum vínculo com alguma forma a ser dessacralizada), passa a ser "uma estátua sem olhos", isto é, comparativamente à última, "[...] é uma prática neutralizada de tal imitação, sem nenhum dos motivos inconfessos da paródia, sem o riso e sem a convicção de que, ao lado dessa linguagem anormal que se empresta por um momento, ainda existe uma saudável normalidade lingüística" (2007, p. 44-45).

Ao lado disso,

> Com o colapso da ideologia do estilo do alto modernismo [...], os produtores culturais não podem mais se voltar para lugar nenhum a não ser o passado: a imitação de estilos mortos, a fala através de todas as máscaras estocadas no museu imaginário de uma cultura que agora se tornou global (p. 45).

O momento histórico, também chamado de globalização (ou mundialização, como preferem os franceses), passa a ser o tempo que é o "[...] [d]esse apetite, historicamente original, dos consumidores por um mundo transformado em mera imagem de si próprio, por pseudo-eventos e por 'espetáculos'" (p. 45), que redundaria, aos poucos, na noção platônica do simulacro – a cópia idêntica de algo que jamais existiu –, constituindo uma "cultura do simulacro", uma sociedade em que "[...] a imagem se tornou a forma final da reificação[17]", nas palavras de Debord.

É a partir desse inventário inicial que podemos pensar a expressão milloriana *A era do fingimento*[18], na seção *As maravilhosas maravilhas do nosso mundo.* Segundo ele:

---

17 O conceito, além da noção do fetichismo da mercadoria, como exposto por Marx em *O Capital* (a alienação de determinadas propriedades humanas e a respectiva atribuição às coisas – o ser humano enquanto coisa), também recebeu conotações que envolviam a troca do sujeito pelo objeto, através dos símbolos (de que é exemplo o fetiche sexual, por exemplo) ou ainda uma visão ampliada de Lukács, que o associava a uma falsa consciência em relação ao mundo (perda do sentido da totalidade, separação da parte em relação ao todo, a-historicidade, etc.).

18 Podemos encontrar aqui ressonâncias da obra do historiador marxista Eric Hobsbawm, autor de uma série de livros que faz um panorama da história humana com base na política e na economia. À epoca da crônica, já havia publicado *A era dos impérios* (1989), tendo, posteriormente, seguido o ciclo com *A era das revoluções* (1999), *A era do capital* (1996) e *A era dos extremos* (2004).

> A diminuição dos espaços habitacionais não só trouxe a permissividade sexual – como manter em casa a filha virgem, ou como manter virgem a filha fora de casa? – como inventou o faz-de-contas. Você compra um rema-rema e faz de conta que rema. E pra não ficar solitário compra também uma bicicleta estática e põe a mulher pedalando junto pra fingir que anda de bicicleta. Com um computador ao lado fingindo que joga xadrez você pode convidar algumas pessoas pra fingir que assistem a uma disputa, [...]" (*Istoé*, nº 1183, p. 09, 1992 -9222).

A afirmação casa-se perfeitamente às noções de uma sociedade cada vez mais espetacularizada, em que o homem é mera figura (ou figurante) de uma cena construída artificialmente. Aqui se percebe, conforme Jameson, a noção do "[...] aparecimento de um novo tipo de achatamento ou de falta de profundidade, um novo tipo de superficialidade no sentido mais literal, o que é talvez a mais importante característica formal de todos os pós-modernismos [...]"[19].

A noção de simulação pode ser complementada com a ideia de que "somos filhos de uma época de tecnologia desvairada, de ciência sem ética, de burocracia exacerbada, uma época neurótica e violenta, é, filhos de um tempo definitivamente sem mãe"[20] (*Istoé/Senhor*, nº 1019, p. 18, 1989 - 8913), que, além de expressar uma inconformidade com o mundo em que vive, reafirma, do ponto de vista milloriano, aquilo que Jameson chama de configuração da cultura como uma segunda natureza, já que "[...] o processo de modernização está completo e a natureza se foi para sempre"[21].

Isso pode ser confirmado em: "Pela primeira vez na história os bárbaros têm a seu dispor uma gigantesca reserva de tecnologia" (*Istoé*, nº 527, p. 10, 1987 - 8704). Os bárbaros, no caso, são os próprios homens, aos quais Millôr se inclui, pois, de acordo com ele, "É só a gente considerar o número de invenções, descobertas, pesquisas e criações do mundo moderno pra ficar espantado com a vastidão da inteligência humana. Algumas vezes eu chego mesmo a admitir que a inteligência humana é quase tão grande quanto a estupidez" (*Istoé*, nº 491, p. 12, 1986 - 8621).

---

19 JAMESON, 2007, p. 35.

20 Curiosa, aqui, a relação com o matriarcado de Pindorama (proposta antropofágica que, passando por Oswald de Andrade, faz uma revisitação a Engels).

21 *Ibid.*, p. 13.

Dessa forma, consciente da natural estupidez humana, o autor esclarece: "A imaginação, a disciplina, a paixão da pesquisa, criaram a luz elétrica, a água encanada, o trem a vapor, o computador, as artes plásticas, a literatura variada e profunda. A mediocridade à deriva, no bloco de sujos da 'liberdade de criação', criou o pós-moderno" (*Istoé/Senhor*, nº 1005, p. 16, 1988 - 8850). Criticamente, então, mas já referencialmente inscrito na nova designação de sua época, seu olhar denuncia: "Sou um homem feliz por viver em nossa época, a única que vai assistir ao fim do mundo" (*Istoé*, nº 529, p. 11, 1987 - 8706).

E é essa época que Ernst Mandel irá nominar como capitalismo tardio[22] (ou terceiro estágio do capitalismo), a instauração de um momento em que,

> Além das empresas transnacionais acima, suas características incluem a nova divisão internacional do trabalho, a nova dinâmica vertiginosa de transações bancárias internacionais e das bolsas de valores (incluindo as imensas dívidas do Segundo e do Terceiro Mundo), novas formas de inter-relacionamento das mídias (incluídos os sistemas de transportes como a conteinerização), computadores e automação, a fuga da produção para áreas desenvolvidas do Terceiro Mundo, ao lado das conseqüências sociais mais conhecidas, incluindo a crise do trabalho tradicional, a emergência dos *yuppies* e a aristocratização em escala agora global.[23]

Na percepção de Millôr, não servirá ele como assistente desse processo histórico à beira da ruína; pelo contrário, e apesar de, assim como todos, imerso no mar da informação, assistirá (pela TV?) criticamente ao declarado e vindouro fim do mundo. A ecologia aparece aí como uma questão a ser discutida, pois "Quando a idade da ética terminou, tinham surgido na planície desolada os sofistas, os ciberneticistas e os tecnoburocratas. Daí ao Holocausto Nuclear seria um passo" (*Istoé*, nº 377, p. 10, 1984 – 8411). Em um mundo em que os projetos coletivos cada vez menos se configuram como uma alternativa plausível, vivendo uma vida de sombras, cada vez mais o homem estaria preso em sua caverna tecnológica, representada por dois ícones dessa mediação entre ele e a realidade lá fora – as "máquinas de reprodução", no dizer jamesoniano.

---

22 Segundo Jameson, tendo em vista a falta de clareza do termo, opta ele por uma variação proposital: "capitalismo multinacional", "sociedade do espetáculo ou da imagem", "capitalismo da mídia", "sistema mundial", ou até o próprio "pós-modernismo" (2007, p. 21).

23 *Ibid.*, p. 22-23.

As máquinas de reprodução

A partir desses dois elementos – a televisão e o computador –, mais do que qualquer outra coisa, é preciso investigar o homem, ou, ao menos, entender a sua participação nesse processo.

O computador

Assim, diferentemente de imaginar a tecnologia em uma fronteira neutra, Millôr afirma dialeticamente:

> Hoje só se fala em computadores e, conseqüentemente, em inteligência artificial. Mas a inteligência, por sua própria natureza, só pode existir em relação à sua contrapartida, seu espelho, seu côncavo – que é a sua estupidez. E assim como só conhecemos a inteligência humana comparando-a com a estupidez humana, só podemos ter uma inteligência artificial se houver uma correspondente estupidez. Mas isso realmente não falta ao computador. Aliás uma estupidez tremendamente mais rápida do que a de qualquer ser humano. [...] (*Istoé*, nº 488, p. 13, 1986 – 8618).

Curiosamente, homem de seu tempo, ele utiliza-se da ferramenta para fazer uma crítica à própria ferramenta ou, mais que isso, em contra-ataque que se utiliza da tecnologia como suporte para uma contrarresposta à mesma tecnologia, sabendo que seu uso, em certos casos, pode ser libertador.[24] E o faz tendo como próprio comparativo o homem, até porque, reconhece ele, nada mais ela é do que expressão amplificada – mesmo que em versão mais acelerada – daquilo que temos de humano, pois criado por nós: "Não há nenhum computador mais inteligente do que o dono" (*Istoé*, nº 403, p. 13, 1984 – 8437). Mais que isso: "Um computador, afinal, funciona exatamente igual a um tecnocrata altamente especializado. Não usa a inteligência humana" (*Istoé/Senhor*, nº 1023, p. 24, 1989 – 8917). Além da crítica à burocracia, há implícita a noção de desinteligência, já referida, no fundo, própria à humanidade. Dessa forma, reitera: "Sempre que ouço falar do computador, ele está adulterando contas bancárias, resultados de eleições, revelando segredos de Estado

---

24 A esse respeito, aliás, é importante que façamos uma distinção: a própria obra de Millôr é a comprovação da possibilidade, imersa nesse mar de informação espetacularizada, de se criar uma resistência efetiva a esse estado de coisas, uma brecha que seja, que sirva como um contraponto qualificado, uma contra-hegemonia a essa padronização, ou seja, uma voz pessoal e única.

ou fazendo serviços sectários de escuta. Estou desconfiado de que o computador só adquiriu e ampliou a falta de caráter do ser humano" (*Istoé*, nº 404, p. 12, 1984 – 8438). Ou ainda, complementarmente: "O pôquer eletrônico é apenas um computador corrompido pelo sistema" (*Istoé*, nº 510, p. 15, 1986 - 8640).

Quer dizer, por detrás da máquina, ocultam-se o homem, e sempre, inexoravelmente, o assujeitamento de que não estariam livres as novas gerações, pois, "Com o advento do computador, hoje são os jovens que vivem se queixando de falta de memória" (*Istoé/Senhor*, nº 1027, p. 25, 1989 – 8921). A referência à memória é propositalmente dúbia, tanto os *gigabites* que possam dar conta do amontoado de informação *pixel*, quanto a falta de perspectiva histórica, expressão mesma da época. Nesse caso, os velhos, longe de reclamarem pelo esquecimento das coisas (e deles mesmo, talvez), parecem querer deletar o passado, em uma presentificação hedonista que não se preocupa em "amarrar" passado, futuro e presente, prenunciando, inclusive, a dificuldade de imaginar um futuro, quanto menos um projeto coletivo de futuro, como já referido – sintoma da época.

Mas isso não poderia ser instaurado sem também uma construção que desse conta de um passado igualmente em forma de simulacro, uma idealização, uma vasta coleção de imagens modificadas a serviço de um *revival* – que tem sua expressão cultural nos filmes de nostalgia. Segundo Jameson (2007):

> [...] tudo no filme conspira para borrar sua contemporaneidade oficial e possibilitar ao espectador uma recepção da narrativa como se ela fosse ambientada em uns anos 30 eternos, para além do tempo histórico real. Essa abordagem do presente através da linguagem artística do simulacro, ou do pastiche do passado estereotípico, empresta à realidade presente, e à abertura da história presente, o encanto e a distância de uma miragem reluzente. [...] uma situação em que parecemos cada vez mais incapazes de produzir representações de nossa própria experiência do corrente (p. 48).

Esse artificialismo da representação do passado (crise de historicidade), na verdade, confirma a impossibilidade histórica – pelo amontoado de fragmentos – de uma amarração do presente (ou a garantia de esquecimento do mesmo), dada a perda da capacidade humana para organizar o tempo. Nas palavras de Jameson:

> Se, de fato, o sujeito perdeu sua capacidade de estender de forma ativa suas protensões e retensões em um complexo temporal e organizar seu passado e seu futuro como uma experiência coerente, fica bastante difícil perceber como a produção cultural de tal sujeito poderia resultar em outra coisa que não "um amontoado de fragmentos" e em uma prática da heterogeneidade a esmo do fragmentário, do aleatório.[25]

E isso remete à noção lacaniana da ruptura da cadeia dos significantes – a esquizofrenia. Baseado "[n]a proposição de que o significado não é uma relação unívoca entre o significante e o significado, entre a materialidade da língua, entre uma palavra ou um nome, e seu referente ou conceito. [...] é gerado no movimento do significante ao significado"[26], como atestava o estruturalismo saussureano, Lacan construiu uma teoria em que esse processo é visto como "um efeito-de-significado" – "[...] a miragem objetiva da significação gerada e projetada pela relação interna dos significantes". Nesse caso, além da miragem e/ou ilusão de uma possível interpretação objetiva a partir da linguagem (o que, por si só, já é uma construção), encontramos um sujeito em uma posição claramente fragilizada, já que, conforme Jameson, "se somos incapazes de unificar passado, presente e futuro da sentença, então somos também incapazes de unificar o passado, o presente e o futuro de nossa própria experiência biográfica, ou de nossa vida psíquica"[27]. Assim, presa a humanidade à individualidade do instante, nenhuma interpretação é possível diante de um sujeito enfraquecido, imerso em "uma série de puros presentes, não relacionados no tempo"[28], preso à sua condição de "fragmentação esquizofrênica".

Em uma sociedade desse tipo, em que cada vez mais há uma antropomorfização da máquina, a ela sendo delegada a ordenação do real, Millôr questiona esse "estar no mundo" degradado, esse sequestro da humanidade, refém da tecnologia. Segundo ele, "o computador chegou ao estágio em que resolve todos os problemas. Exceto, claro, os fundamentais" (*Istoé*, nº 516, p. 23, 1986 – 8646). Novamente, onde se lê um, lê-se o outro, em um espelho autorreflexivo. Desse modo, a estrutura social – questionada cada vez menos – esconde para baixo do tapete suas imperfeições em troca de uma utopia cada vez mais tecnificada. Mas a ilusão da utopia irá gerar

25 JAMESON, 2007, p. 52.
26 *Ibid.*, p. 53.
27 *Ibid.*, p. 53.
28 *Ibid.*, p. 53.

a sua contramedida, a distopia[29], já que "na era do computador, errar é desumano" (*Istoé*, nº 516, p. 23, 1986 – 8646). A ironia milloriana cobra o preço da infalibilidade da máquina, pois ele sabe que aquilo que temos de mais precioso — o erro, a falha, a imprevisibilidade –, e, por isso mesmo, nossa capacidade de surpreender e de nos reinventarmos, perder-se-ia com a hegemonia da mesma. Nas palavras do autor: "'O computador não erra!' Primeiro, não acredito. Segundo, se não erra, esse é o seu maior erro. A humanidade, o pouco que avançou, avançou porque o cérebro humano não tem certezas, é imperfeito, segue descaminhos – *experiência e erro* é o seu destino" (*Istoé*, nº 412, p. 17, 1984 – 8446). Além disso, essa primazia talvez só se justificasse se a serviço da libertação do homem, o que, até aquele momento, não parecia ser o caso.

Millôr não se ilude, reconhece que não há garantias... e, humanamente, critica e escancara a binariedade constituinte da engenhoca processante: "Um computador tem duas operações básicas. O input – tudo que entra – e o output – tudo que sai. O que o input e o output fazem lá dentro é todo o mistério da informática (*Istoé/Senhor*, nº 1044, p. 25, 1989 – 8938). Dessacralizado o mistério, em *Mais algumas pequenas coisas que um computador não faz*, destaca: "Sentir nostalgia do tempo em que não havia computadores" (*Istoé*, nº 471, p. 06, 1986 – 861). Nesse caso, a nostalgia do narrador – diferentemente da artificialização construída à época – deixa implícitos uma crítica e um distanciamento da máquina, embora, em contrapartida, ele mesmo afirme: "Alô, isto é uma gravação. O MILLÔR não está. Só o computador" (*Istoé/Senhor*, nº 986, p. 18, 1988 – 8831). Assume ele a voz metálica da máquina, para poder decodificá-la. Esconde-se por detrás dela, para poder desmistificá-la, uma vez que "a informática trouxe uma coisa espantosa: erros cada vez maiores cometidos em espaços cada vez menores" (*Istoé/Senhor*, nº 1028, p. 24, 1989 – 8922).[30]

---

29 Essa distopia pode ser aquela prognosticada por Virilio (1999), quando afirma: "Mas quando houver cinco milhões de *live* câmeras espalhadas pelo mundo e várias centenas de milhões de internautas que possam observar simultaneamente seus consoles, assistiremos ao primeiro CRASH VISUAL e a chamada televisão dará lugar à televigilância generalizada de um mundo em que a famosa bolha virtual dos mercados financeiros terá dado lugar à bolha visual do imaginário coletivo, com o risco combinado da explosão da BOMBA INFORMÁTICA, anunciada já nos anos 50 por ninguém menos que Albert Einstein" (p. 109).

30 Aqui é inevitável a relação com o risco proveniente do botão eletrônico, das consequências de um simples clique, que pode ocasionar a destruição, senão total, em grandes proporções, como em uma guerra nuclear, por exemplo.

A televisão

O outro elemento em questão é a televisão, aqui apresentada em versão originalmente livre do latim, dirigida aos constituintes brasileiros: "Vídeo meliora proboque – a televisão melhora os bobocas" (*Istoé*, nº 562, p. 14, 1987 – 8739). Ou ainda: "Com o uso que a tevê faz dela, dentro em breve o português vai ser uma língua morta com excelente padrão de qualidade" (*Istoé/Senhor*, nº 1141, p. 09, 1991 – 9131). Em uma cultura que valoriza cada vez mais a imagem, essa, muitas vezes, acaba tendo um destaque muito maior do que o conteúdo, a língua sofrendo um enfraquecimento, ditado pelos padrões de homogeneização da programação das TVs.

Segundo ele, "[...] a Televisão foi inventada pelo Homem Medíocre para ser utilizada pela Mediocridade para a Mediocridade. Deveria se chamar Médiovisão" (*Istoé/Senhor*, nº 999, p. 16, 1988 - 8844). Principal instrumento da mídia, cuja função de entretenimento e informação suplanta, aos poucos, o lugar do rádio, em um processo de popularização/massificação crescente, sabe ele que, sem filtro, só poderia servir à manipulação, pois "o pior cego é o que vê tevê" (Istoé, nº 505, p. 18, 1986 – 8635).[31] Assim, enxerga a magia do visual como "[...] magia negra" (*Istoé/Senhor*, nº 1212, p. 13, 1992 – 9251), ou ainda, "[...] TeVê quer dizer apenas terror visual" (*Istoé*, nº 538, p. 14, 1987 – 8715).

Dessa forma, do seu ponto de vista, somente a educação poderia reverter esse processo, atestado em "só com os óculos dos livros pode-se ler a ignorância da televisão" (Istoé, nº 557, p. 11, 1987 – 8734), pois, embora saiba que, *a priori*, não seja garantia de espírito crítico, "é inegável que a leitura melhora fundamentalmente o ser humano. Desde que, claro, ele seja alfabetizado. Já a televisão piora até o analfabeto" (*Istoé*, nº 479, p. 12, 1986 – 8609). A conotação negativa é reforçada, no fundo, pela certeza de que a superficialidade do uso do veículo cria um embotamento em que uma coisa reforça a outra: enquanto, de um lado, pode ser uma *Maldição bíblica* ("Aqueles a quem os deuses querem destruir fazem brilhar na TV") – (*Istoé*, nº 381, p. 13, 1984 – 8415),[32] principalmente porque o *wide-screen* suporta tudo, afinal, "se você não tem nada a dizer dê uma entrevista na televisão" (*Istoé/Senhor*, nº 1133, p. 09,

---

31 A mesma afirmação encontramos na ed. 590 (*Istoé*, p. 10, 1988).

32 Exemplo clássico disso são as estrelas de Hollywood "[...] como Marilyn Monroe – que se tornam mercadoria e se transformam em sua própria imagem" (JAMESON, 2007, p. 38). É o exemplo através das figuras humanas do esmaecimento do afeto, com um componente muito forte de fetichismo.

1991 - 9123), de outro, o espectador imobilizado assiste a tudo, acriticamente, já que "[...] nós, vendo televisão o dia todo, sabemos cada vez menos sobre cada vez mais" (*Istoé/Senhor*, nº 1130, p. 09, 1991 - 9120).

Claramente, a crítica se dá pela quantidade redundando na superficialidade, como um moedor de carne que aniquila os dois lados da equação, assistente e assistido. No fundo, o papel reservado ao veículo seria o de, cada vez mais, afastar os homens, tendo em vista que "o ser humano ainda não tinha aprendido a amar o próximo e já tinha inventado a televisão, que ensina a desprezar o distante" (*Istoé/Senhor*, nº 999, p. 17, 1988 - 8844). Para Millôr, a questão é a cidadania, pois "a televisão aumenta o número de telespectadores na proporção em que diminui o número de cidadãos" (*Istoé/Senhor*, nº 1148, p. 06, 1991 - 9131).[33]

Assim, inebriado pelo "lixo de informações da sociedade da mídia", e, talvez por isso mesmo, sem saber o essencial, o homem espectador, antes de dominar, é dominado pelo brilho ofuscante da TV[34]. A respeito disso, Millôr anuncia (*Istoé*, nº 513, p. 15, 1986 - 8643):

> LE JOUR DE GLOIRE C'EST ARRIVÉE
>
> 'No ano 2000 todo mundo será famoso durante 15 minutos.'
>
> Andy Warhol – pintor americano de latas de sopa.
>
> ANTECIPAMOS 2000
>
> Na tela, em cada programa,
>
> Notoriedades da hora –

---

33 Acrescente-se a isso, segundo Virilio (1999): "A aceleração tecnológica operou, em primeiro lugar, a transferência da escrita para a palavra falada – da carta e do livro para o telefone e o rádio... – e hoje é a palavra (o verbo) que logicamente perece diante da instantaneidade da imagem em tempo real. Com o iletrismo e o analfabetismo, delineia-se a época dos micros silenciosos, do telefone mudo, não mais em pane técnica, mas em pane de sociabilidade, porque logo não teremos mais nada a nos dizer, nem realmente tempo de dizer – pois, antes de tudo, não saberemos mais como fazer para escutar ou dizer alguma coisa, assim como já não sabemos bem o que escrever, apesar da revolução do fax, que deveria, por assim dizer, reativar a atividade epistolar" (p. 73-74).

34 Conforme observa Bauman (2001): "Essas pessoas são, como a maioria delas, dominadas e 'remotamente controladas'; mas são dominadas e controladas de uma maneira nova. A liderança foi substituída pelo espetáculo: ai daqueles que ousem lhes negar entrada. Acesso à 'informação' (em sua maioria eletrônica) se tornou o direito humano mais zelozamente defendido e o aumento do bem-estar da população como um todo hoje é medido, entre outras coisas, pelo número de domicílios equipados com (invadidos por?) aparelhos de televisão" (p. 178).

> Desconhecidos de ontem,
>
> Famosíssimos de agora.
>
> [...]

A referência ao artista *pop* norte-americano não é gratuita. Verdadeiro ícone da época, é a partir de sua obra que Jameson se interroga acerca da possibilidade, refutada, de uma arte política pós-moderna:

> [...] a obra de Andy Warhol é realmente centrada em torno da mercantilização, e as grandes imagens de *outdoors* da garrafa de Coca-Cola ou da lata de sopa Campbell, que explicitamente enfatizam o fetichismo das mercadorias na transição para o capitalismo tardio, deveriam constituir forte crítica política. Se não o são, então é claro que queremos saber por que e podemos começar a nos interrogar sobre as efetivas possibilidades de uma arte política, ou crítica, no período pós-moderno do capitalismo tardio.[35]

A famosíssima frase sobre os 15 minutos de fama a que cada um terá direito no ano 2000, prenunciando o papel visceral da mídia no cotidiano globalizado, do "pintor de latas de sopa" – em irônica metonímia milloriana – é, reconhecidamente, aquela que sintetizou mais perfeitamente essa fusão.

O homem: de espectador a consumidor

Desse modo, cada vez mais o homem espectador seria refém de uma imagem, dos outros e de si próprio, pois aquilo que não é mediatizado não pareceria existir, e, mais ainda, só existiria enquanto imagem, além do mais, comercializável. O homem espectador torna-se homem consumidor.

A glória, nesse caso, é feita em cima de uma instantaneidade em que a aparência[36] vale mais do que a coisa em si. Assim, para retratar esses tempos, Millôr se vale da clássica afirmação: "Na incipiente mídia romana, à mulher de Cesar

---

35 JAMESON, 2007, p. 35.

36 O conceito dialético da essência e da aparência (bem como os correlatos de ideologia ou de falsa consciência), juntamente com a noção fenomenológica de fora/dentro (implementado pelo quadro *O Grito*, de Munch), é um dos quatro modelos fundamentais da profundidade repudiados pela teoria contemporânea, segundo Jameson (2007). Os outros seriam o modelo freudiano do latente e do manifesto, ou da repressão; o modelo existencialista da autenticidade e da inautenticidade; e a oposição semiótica entre significante e significado (p. 40).

não bastava ser honesta, precisava parecer". A novidade instaurada por ele, além da constatação do fenômeno, mesmo que em menor escala, já que "a propaganda é a alma do negócio" desde tempos imemoriais, é uma inversão, como se dissesse que ela não precisava ser honesta, precisava apenas aparentar ser. Para ele: "Antigamente tinha o médium. Hoje tem a mídia. Mudou só o sexo. A função é a mesma" (Istoé, nº 591, p. 10, 1988 - 8816).

Isso parece ser confirmado pelas palavras de Jameson, ao se referir à materialidade da cultura:

> [...] uma palavra que vem substituindo a linguagem mais antiga dos gêneros e das formas –, que é, por certo, a palavra médium, e em especial seu plural media [mídia], uma palavra que hoje evoca três signos relativamente distintos: o de uma modalidade artística ou forma específica de produção estética, o da tecnologia, geralmente organizada em torno de um aparato central ou de uma máquina, e, finalmente, o de uma instituição social.[37]

Se, por um lado, a expressão "médium" pode ser a representação do próprio meio, em uma ampliação hiperbólica que substitui o conteúdo pela forma, de que falava McLuhan[38], por outro, pode se referir à comunicação entre dois mundos, o dos vivos com o dos mortos, a quem o homem sempre rendeu tributos, inclusive espiritualmente. Em tempos de pouca ou quase nenhuma reverência a qualquer tipo de ancestralidade, em que o diálogo, senão entre esses dois mundos, pelo menos entre gerações ou entre períodos históricos, sofre cada vez mais um apagamento, pode ele afirmar, como um demiurgo: "Eu vim trazer para vocês o castigo de deus: a *mass mídia*" (*Istoé/Senhor*, nº 1088, p. 12, 1990 – 9030).

Ciente de que "o mundo não ficou pior. A mídia é que progrediu demais" (*Istoé/Senhor*, nº 1081, p. 12, 1990 – 9023), de que "os fatos, na verdade, já não acontecem. São fabricados nas poderosas oficinas da comunicação de massa" (*Istoé*, nº 589, p. 10,

---

37 JAMESON, 2007, p. 91.

38 McLUHAN, Herbert M. *A Galáxia de Gutemberg*: a formação do homem tipográfico. São Paulo : Companhia Editora Nacional, Universidade de São Paulo, 1972. Segundo ele, o meio, o canal, a tecnologia em que a comunicação se estabelece não apenas constitui a *forma* comunicativa, mas determina o próprio *conteúdo* da comunicação. Distingue ele três períodos, culturas ou galáxias: a cultura oral ou acústica (sociedades não alfabetizadas – palavra oral), a cultura tipográfica ou visual (Galáxia de Gutemberg – escrita e leitura) e a cultura eletrônica (instantaneidade).

1988 – 8814)[39], reserva ao homem o papel – nesse momento da história – de potencializador dos seus instintos mais baixos, rodeado de informações por todos os lados ("Vão me dando notícias, vão me mandando revistas, jornais, cada vez chegam mais livros, cada vez me informo mais, leio mais, vejo mais cassetes. E cada vez fico mais inculto" – *Istoé*, nº 584, p. 12, 1988 – 8809), em um excesso que não o exime de sua natureza passiva, ao contrário, rendendo-se, cada vez mais acriticamente, a esse novo deus.

E o cenário de que faz parte o homem espectador pós-moderno pode ser exemplificado, segundo Jameson, pela

> [...] obra de Nam June Paik, em que telas de televisão empilhadas são colocadas no meio de uma vegetação exuberante, ou aparecem piscando para nós de uma abóbada feita de estranhas estrelas de vídeo; todas mostram sempre as mesmas seqüências ou conjunto de imagens, que retornam sempre as mesmas seqüências ou conjuntos de imagens, que retornam em momentos não sincrônicos nas várias telas.[40]

Nessa verdadeira colagem imagética, de que é exemplo o filme *O homem que caiu na terra* (1976), com David Bowie (em que o personagem mutante assiste a 57 telas de tevê ao mesmo tempo), "o espectador pós-moderno [...] é chamado a fazer o impossível, ou seja, ver todas as telas ao mesmo tempo, em sua diferença aleatória e radical"[41], o que exigiria uma nova configuração receptiva, impossível ao ser humano. Dessa impossibilidade de se situar nesse novo espaço a uma incapacidade de mapeamento global até a alienação tecnológica é só um passo. Se conjugarmos isso às câmeras que captam as imagens[42], teremos um moto-contínuo aprendido virtualmente que marca, nas palavras de Sartre, uma "*desrealização* do mundo circundante da realidade cotidiana"[43], uma vez que "[...] o mundo momentaneamente perde sua profundidade e ameaça se tornar uma película brilhante, uma ilusão es-

---

39 Encontramos a mesma informação na ed. 1085 da *Istoé/Senhor* (p. 13, 1990 - 9027).

40 JAMESON, 2007, p. 57.

41 *Ibid.*, p. 57.

42 Outro aspecto que potencializa essa discussão é o apontado em VIRILIO, Paul. *A bomba informática*. São Paulo : Estação Liberdade, 1999, onde o autor, ao discutir a mundialização, ao lado da redução das distâncias, pela compressão temporal, aponta como um segundo aspecto a televigilância: "Visão nova de um mundo constantemente 'telepresente', 24 horas por dia, 7 dias por semana, graças ao artifício dessa 'ótica trans-horizonte' que mostra o que antes estava fora do alcance da visão" (p. 22).

43 JAMESON, *Op. cit.*, p. 58.

tereoscópica, um apanhado de imagens cinematográficas sem nenhuma densidade"[44]. Diante disso, pergunta Jameson: "Mas será que essa experiência é hilariante ou aterrorizante?"[45].

Para ele, a consequência disso é a perda da memória, uma vez que, no fluxo total das imagens (o conteúdo da tela passando diante de nós o dia inteiro), vivemos um hipnotismo autômato de duas mãos: ao mesmo tempo em que lemos, somos lidos pela imagem. Dessa realidade opaca que se faz diante de um espelho turvo, o homem se realiza ao expor o que tem de mais íntimo em frente a uma tela que absorve, capta, e devolve em imagem aquilo que é representado na vida cotidiana. Do ato humano de espiar, há um processo de expiação, rendendo graças a um outro que se fez em máquina. Desse modo, um ato de contrição reverencial é feito junto à telinha, como é ilustrado por Millôr em *A confissão chega à mass-mídia*:

> Foi a televisão que veio mostrar a inesgotável compulsão do ser humano para se expor. [...] Desprestigiado o confessionário da Igreja, substituiu-o o divã da psicanálise. [...]
>
> Foi a tevê que possibilitou ao ser humano se abrir para multidões, desavergonhadamente, em qualquer local ou circunstância.
>
> [...] Andy Warhol pressentiu algo quando fez sua previsão de que, com a tevê, no fim deste século toda pessoa teria seus 15 minutos de glória. Não pressentiu que seriam 15 minutos de masturbação psicológica.
>
> [...]
>
> Não há limitação de idade, sexo, classe social, nível intelectual. Todos querem aparecer, contar tudo, aproveitar os 15 minutos a que têm direito.
>
> (*Istoé/Senhor*, nº 1069, p. 22, 1990 – 9011).

Novamente a tecnologia, representada pela televisão, serve de suporte para uma exposição sem precedentes daquilo que o humano teria de mais íntimo – cioso ao mesmo tempo de brilhar no espetáculo televisivo, assim como de assistir

---

44 JAMESON, 2007, p. 58.
45 *Ibid.*, p. 58.

às maiores (e menores) mundanidades[46]. A referência novamente a Andy Warhol é necessária, tendo em vista que a chance de se mostrar é rápida, assim como é superficial a aparente profundidade dos seres humanos na telinha, quando não mostrados em seu caráter pornográfico, em uma mostra excessivamente interior, mas nem por isso sem perder o imagético predominante, quase descolado da essência das coisas e das pessoas. Assim, aquilo que a tecnologia permite é uma mera reprodução, mera repetição, mera padronização de um "homem unidimensional"[47], na definição de Marcuse, também o indivíduo um simulacro, como a assertiva a seguir, sintomática de uma época: "O disco laser é a vitória final do eco" (*Istoé*, nº 500, p. 17, 1986 – 8630).

Dessa forma, a medida de todas as coisas se dá por uma instrumentalização em que a máquina constitui-se, ao mesmo tempo, em sujeito e objeto: "Quando acabaram os cavaleiros andantes apareceram logo os canalhas supersônicos" (*Istoé*, nº 545, p. 16, 1987 – 8722), em um mundo cada vez mais quixotesco, mas sem espaço para quixotes, uma vez que o único gigante a ser derrubado é o próprio fabricante dos moinhos, em versão virtual, é claro. Agora, "a natureza é uma deturpação da fotografia" (*Istoé*, nº 593, p. 10, 1988 – 8818), ou "o fim do século XIX conseguiu impor ao mundo uma nova forma de arte – a pintura não-figurativa. Mas o século XX vai terminar legando ao mundo uma coisa ainda mais radical – natureza não-figurativa" (*Istoé*, nº 422, p. 12, 1985 – 8504).

Aqui, é importante fazermos um contraponto, a partir da visão de Walter Benjamin, que, em *A obra de arte na era de sua reprodutibilidade técnica*, enxerga aspectos positivos na nova relação homem-máquina que se dá com o advento das formas mais primitivas de reprodução, a começar pela xilografia, passando pela litografia e pela reprodução do som e culminando na fotografia – processo que traz em si uma aproximação implícita entre indivíduo e obra, favorecendo a demo-

---

46 Além disso, Bauman (2001) afirma: "A vida desejada tende a ser a vida 'vista na TV'. A vida na telinha diminui e tira o charme da vida vivida: é a vida vivida que parece irreal, e continuará a ser irreal enquanto não for remodelada na forma de imagens que possam aparecer na tela. (Para completar a realidade de nossa própria vida, precisamos passá-la para videotape – essa coisa confortavelmente apagável, sempre pronta para a substituição das velhas gravações pelas novas)" – p. 99.

47 Na sociedade unidimensional postulada por Marcuse, tudo é mediado por uma falsa euforia, fruto de uma alienação centrada na mercadoria, em um processo de reificação que exclui das possibilidades o questionamento das questões de poder; assim, os consumidores se identificam nos objetos que consomem, a ideologia e o sistema social são impingidos pela mídia. *In*: MARCUSE, Herbert. *A ideologia da sociedade industrial.* Rio de Janeiro : Zahar, 1982.

cratização do conhecimento e da imagem. Como exemplo supremo dessa "perda da aura" da obra de arte, a qual propicia um abalo na tradição, ao aproximar das massas a cópia de um original antes inacessível aos olhos de muitos, elege o cinema como o espaço preponderante de plena obtenção dessa nova síntese, a partir da relação entre ator e aparelho.[48]

Para Millôr, mesmo utilizando-se da técnica a serviço da propagação de seu ideário democratizante, esse não é o aspecto principal a ser considerado, já que constata uma artificialização cada vez maior da vida, em que aquilo que era natural sofre um processo de homogeneização que lhe rouba o que tem de mais original, a sua essência, perdendo a sua naturalidade. Temos instaurado um entrechoque entre dois mundos, restando uma caricaturização da própria vida, cada vez mais um signo distanciado do seu referente. Em um mundo em processo de destruição, inclusive do planeta"[...] basta olhar com atenção as pessoas na rua pra verificar que não só os gordos mas a totalidade da humanidade é uma caricatura" (*Istoé*, nº 519, p. 14, 1986 – 8645),[49] o simulacro é o modelo, uma vez que tudo é provisório. E, nas palavras de Jameson, "[...] não restam dúvidas de que a lógica do simulacro, com sua transformação de novas realidades em imagens de televisão, faz muito mais do que meramente replicar a lógica do capitalismo tardio: ela a reforça e a intensifica".[50] Assim, voltando a Millôr, vivemos em um mundo em que "a era da ética terminou. A era do humanismo está definitivamente ameaçada. Entramos nos tempos do pragmatismo, do casuísmo. Em suma: época do *prêt-à-porter* moral, dos batedores de carteira ideológicos" (*Istoé/Senhor*, nº 1011, p. 18, 1989 – 8905).[51]

No relativo tudo falso do capitalismo tardio, "sinceridade? Não existe. Mas, se o senhor quiser, temos um simulacro extremamente parecido" (*Istoé*, nº

---

48 Essa mesma relação encontra respaldo também na exposição do político profissional, por exemplo, em sua atuação no parlamento. Na definição de Benjamin (1994), "Assim, a descrição cinematográfica da realidade é para o homem moderno infinitamente mais significativa que a pictórica, porque ela lhe oferece o que temos o direito de exigir da arte: um aspecto da realidade livre de qualquer manipulação pelos aparelhos, precisamente graças ao procedimento de penetrar, com os aparelhos, no âmago da realidade" (p. 187).

49 Aqui cabe fazer uma relação com a noção bergsoniana do riso "como o mecânico aplicado ao vivo" (BERGSON, 1978), só que em um patamar mais ampliado, já que todos os homens, pela proximidade com a máquina, seriam a caricatura deles mesmos.

50 JAMESON, 2007, p. 72.

51 A mesma informação encontramos na ed. 1024 (*Istoé/Senhor*, p. 16, 1989 - 8918).

537, p. 10, 1987 – 8714), ou "Probidade verdadeira tem muito pouca no mercado. Mas tá assim de xerox!" (*Istoé*, nº 538, p. 14, 1987 – 8715). Dessa forma, o homem (pós-moderno?) vive em uma época em que "a maior transformação do mundo foi a facilidade com que o mundo passou a aceitar qualquer transformação" (*Istoé/Senhor*, nº 1035, p. 17, 1989 – 8929), já que "hoje em dia só há uma coisa realmente durável: o efêmero (*Istoé/Senhor*, nº 1026, p. 24, 1989 – 8920).

Efêmero em essência, efêmero na forma, "nunca tantas pessoas, em tantos veículos, trafegaram em tantas vias, em tantas direções, com tal velocidade, indo a tantos lugares – sem objetivo algum" (*Istoé/Senhor*, nº 1149, p. 09, 1991 – 9139). A cultura da velocidade, do turismo, esconde um deslocamento a esmo, mostrando um desenraizamento inclusive espacial, um ir e vir constante e irreflexivo, que não leva, efetivamente, a lugar algum: "O século XX encheu as cidades de sinais, de números, de siglas, de logos – indicando, esclarecendo, organizando, orientando. Pra quê? Pra onde?" (*Istoé/Senhor*, nº 1173, p. 16, 1992 – 9212).[52]

Quanto maior a sinalização, maior a possibilidade de desorientação, a pressa sendo a medida, o homem cada vez mais perdido, em busca de uma explicação que satisfaça a sua necessidade de ser enganado, tendo em vista que, segundo Millôr, "no dia em que se souber que realmente estamos sós no Universo, e a ciência ampliar cada vez mais o nosso desconhecimento das coisas, vamos todos nos suicidar. A ciência já é, na verdade, a responsável pela instabilidade psicológica do ser humano" (*Istoé/Senhor*, nº 1052, p. 24, 1989 – 8946).

Ciente de estar vivendo no abismo, pois, conforme ele, "se houver uma guerra nuclear, meu amigo, nem Deus te salva. Pior, nem Deus se salva" (*Istoé*, nº 516, p. 23, 1986 – 8646), Millôr afirma a existência de deus como uma criação do homem, invenção humana aos poucos trocada por um "big brother". O ateísmo milloriano expressa-se também em: "Olha aqui, se deus existisse mesmo, com tantos milhões de turistas japoneses tirando fotografia de todo o mundo em

---

52 A respeito disso, Jacques Attali refere-se aos que "vivem numa sociedade 'de valores altamente voláteis, despreocupada com o futuro, egoísta e hedonista'. 'Tomam a novidade como boas novas, a precariedade como valor, a instabilidade como imperativo, e a hibridez como riqueza. Ainda que em graus variados, todos dominam a arte de 'viver no labirinto': aceitação da desorientação, disposição a viver fora do espaço e do tempo, com vertigens e tonturas, sem indicação da direção ou duração da viagem em que embarcaram" (*In*: BAUMAN, 2001, p. 176).

todo o mundo o tempo todo, algum já tinha fotografado **ele** distraído" (*Istoé/ Senhor*, nº 1109, p. 16, 1990 – 9051).

À técnica Millôr responde com a técnica, pois, segundo ele, mais que um deus, "o Big Brother está te vigiando. Felizmente é incompetente" (*Istoé*, nº 585, p. 30, 1988 – 8810). Em um mundo em que a fixação pela imagem fotográfica é uma das maiores obsessões, a captação da mesma é onipresente, mas, em sendo também humana, falha. Mesmo assim, proclama: "Última hora: George Orwell era um otimista!" (*Istoé*, nº 575, p. 23, 1987 – 8752). A afirmação vai muito além das previsões sombrias de um estado totalitário controlando tudo e todos: agora parece o homem assistir satisfeito, como elemento protagonista, a um processo de aniquilamento sem nenhuma possibilidade de reversão[53]. Ou não? Volta o questionamento jamesoniano: hilariante ou aterrorizante?

O certo é que, em tempos de perigo nuclear, colocando em risco o planeta, sabe Millôr que a única maneira de evitar o acidente fatal é: "[...] a paz" (*Istoé*, nº 406, p. 12, 1984 – 8440). Ou ainda, humanisticamente falando, da mesma forma como em vida, a igualdade (inclusive de oportunidades) deveria ser um valor: "Artigo primeiro da Constituição da era nuclear: 'Todos os homens morrem iguais'" (*Istoé*, nº 516, p. 23, 1986 – 8646).

Assim, decreta seu *Alarme geral*:

> A cada dia que passa há mais e mais câmeras fotográficas e lentes de cinema e televisão (são milhares, daqui a pouco serão centenas de milhares) que arrancam a maravilhosa cor da nossa paisagem e a transferem para álbuns de recordações, cartões-postais, videoteipes comerciais e reportagens de revistas ilustradas.
>
> Se os ecologistas não tomarem medidas enérgicas, dentro de poucos anos seremos um país totalmente em preto e branco
>
> (*Istoé*, nº 514, p. 15, 1986 - 8644).

---

53 Como exemplo disso, podemos citar Bauman (2001), quando afirma que em um mundo deliberadamente cambiante "[...] a poderosa metáfora do Panóptico de Bentham e de Foucault não dá conta dos modos em que o poder opera. Mudamo-nos, agora, de uma sociedade do estilo Panóptico para uma sociedade do estilo *sinóptico*: as mesas foram viradas e agora são muitos que observam poucos. Os espetáculos tomam o lugar da supervisão sem perder o poder disciplinador do antecessor" (p. 101). Conforme Virilio (1999), "[...] não se poderá compreender nada da *revolução da informação* sem perceber que ela alimenta, também, de maneira puramente cibernética, a revolução da delação generalizada" (p. 64).

Aquilo que serviria para o Brasil serve para o mundo. Como nos museus e nas igrejas, fotos só sem *flash*... para não estragar a paisagem, esmaecida cada vez mais pelo espocar das luzes artificiais, encapsulada, substituindo a vida real. Desse modo, "as florestas estão desaparecendo porque os homens não se contentam apenas em desfrutar dos frutos" (*Istoé*, nº 1228, p. 09, 1993 – 9315).

Sem esquecer a questão ecológica, a relação com a fotografia aparece aqui de forma significativa, pois

> [...] é como se a superfície externa colorida das coisas – aviltada e previamente contaminada por sua assimilação ao falso brilho das imagens da propaganda – fosse retirada para revelar o substrato mortal branco e preto do negativo fotográfico, que as subtende.[54]

Dessa forma, não é estranha a percepção de que:

> Temos então a máquina de ambos os lados, a máquina como sujeito e como objeto, indiferentemente: a máquina da aparelhagem de fotografia apontada, como um cano de revólver, para o sujeito, cujo corpo está amarrado a seu correlato mecânico em algo como um aparelho de registro/recepção. Os indefesos espectadores do tempo do vídeo estão assim tão imobilizados, neutralizados e integrados à força quanto os velhos modelos fotográficos, que se tornaram, por instantes, parte da tecnologia do medium.[55]

Está aí configurado o tempo do tédio, congelado, simulacro do tempo ficcional, um tempo que é encurtado, tendo como principal excelência – por sua proximidade com o computador e com a informação – o vídeo experimental,

> [...] a única forma de arte, ou medium, na qual a junção do tempo e do espaço é o *locus* exato da forma, e também porque sua aparelhagem domina e despersonaliza de forma única tanto o sujeito quanto o objeto, transformando o primeiro em um aparato quase material de registro do tempo mecânico do segundo, e da imagem, ou "fluxo" total, do vídeo.[56]

---

54 JAMESON, 2007, p. 97.
55 *Ibid.*, p. 97.
56 *Ibid.*, p. 99.

Por esse caminho, o que predomina é o tempo da máquina, "[...] que pontua o fluxo da televisão comercial por meio dos seus ciclos de programação de uma ou de meia hora, entremeados, como por uma pós-imagem fantasmática, pelos ritmos mais curtos dos comerciais"[57]. Ou ainda: "Penso que a despersonalização mecânica (ou descentramento do sujeito) vai ainda mais longe nesse outro medium, onde os próprios *auteurs* são dissolvidos do mesmo modo que o espectador"[58].

Outro aspecto a ser considerado é que, em um mundo assim construído, não parece estranho que o fotorrealismo tenha adquirido um caráter tão representativo da época. Tentando fugir do abstracionismo, a pintura "hiper-realista" nada mais é do que "[...] fotos do mundo real, agora transformado em imagens, de cujo 'realismo' a pintura fotorrealista é agora o simulacro"[59], o que vai encontrar o seu paralelo na "colorização" dos filmes de época, como se o preto e branco do passado se tornasse insuportável para o homem que vê o mundo cada vez mais de forma artificial. A respeito disso, Jameson afirma: "[...] o que pensamos ser a cor no mundo exterior real nada mais é que a informação de um programa de computador interno, retraduzindo os dados e marcando-os com o matiz apropriado, como na colorização dos filmes clássicos de Hollywood"[60]. E é nesse interregno entre fotografia e pintura que se estabelece uma conexão interessante: a pincelada passa a reproduzir um real inventado obsessivamente, minuciosamente, em forma de *pixel*. Se ligarmos isso à memória que pode ser apagada de um computador... cada vez mais estaremos à mercê dessa condição, como se nosso cérebro fosse um chip que pudesse ser descartado a qualquer momento, como autômatos, o que é confirmado pelo fato de – no atenuamento do sistema de signos – o significante ter se tornado "[...] pouco mais do que uma vaga memória de um signo anterior, e da função formal desse signo agora extinto"[61]. Tênue conexão essa é a constatação de um sistema cada vez mais icônico, guiado pela lógica do logotipo, "[...] algo como a síntese de uma imagem de propaganda e de uma marca; ou melhor, é uma marca que foi transformada em uma imagem, em um signo ou emblema que traz em si a memória de toda uma tradição de anúncios anteriores

---

57 JAMESON, 2007, p. 99-100.
58 *Ibid.*, p. 97.
59 *Ibid.*, p. 57.
60 *Ibid.*, p. 121.
61 *Ibid.*, p. 106.

de forma quase intertextual"[62]. Nesse caso, a própria memória foi reificada, tornada coisa, objeto de um objeto.[63]

Para responder para além da questão da artificialidade da representação da natureza, Millôr sabe que o que está em causa é a própria sustentabilidade do planeta, o que envolve a dimensão humana das coisas, uma vez que nada existe sem anuência do próprio homem. Ele manda o seu recado em *Olhaí, ô verdes*, aqui podendo ser lidos enquanto ecologistas ou enquanto imaturos: "só se controla a natureza controlando a natureza humana" (*Istoé/Senhor*, nº 1069, p. 23, 1990 – 9011). Ou ainda em *Sem esperança*:

> Muitos e muitos séculos antes de Esopo já havia lobos vestidos na pele de cordeiros; muito tempo antes do homem se organizar em Estados opressores, já existiam lobos proibindo os carneiros de beberem água do ***seu*** rio. O Homem ainda não tinha inventado as cidades quando raposas finórias e sem escrúpulos arrancavam queijos do bico de corvos ingênuos. Apesar disso, quando o último homem estiver apertando o último botão nuclear ou provocando a derradeira tragédia ecológica, ainda haverá sapos coaxando nos pântanos, cantando as glórias e a sedução do lodo. Falei, bicho, falei (*Istoé/Senhor*, nº 1072, p. 12, 1990 – 9014).

O sentido fabular, reiterado pela expressão "falei, bicho, falei", encerra a visão milloriana sobre o homem: enquanto, de um lado, as potencialidades da raça humana são muitas, por outro, a necessidade de mistificação (que tanto pode ser de um deus ou mesmo da própria tecnologia, presa cada vez mais à imagem – em oposição ao conteúdo – ou em relação aos outros homens mesmo, configurando as relações de poder) o faz frágil, presa fácil de uma presentificação sem passado e sem futuro.

Diante disso, para ele, só o homem consciente de seu papel no mundo, fugindo da reificação da especialização excessiva, poderia evitar sua transforma-

---

62 JAMESON, 2007, p. 108.

63 Virilio (1999) irá citar como exemplo desse processo, a partir das transmissões instantâneas, os: "[...] drogados das redes multimídias, os net-junkies, os webaholics e outros ciberpunks acometidos pela doença IAD (Internet Adidiction Disorder), cuja memória se torna um bricabraque, um monturo em que se acumulam imagens de todas as procedências, símbolos gastos, empilhados de qualquer jeito e já em mau estado" (p. 43).

ção em "[...] um sujeito em quem alguma coisa se especializou" (*Istoé/Senhor*, nº 1104, p. 13, 1990 – 9046). Mais ainda, o novo materialismo iria mantê-lo preso a uma nova religião: "Honrarás pai e mãe e o American Express" (*Istoé/Senhor*, nº 1068, p. 16, 1990 – 9010). Temos aí instaurado, além do homem espectador, o já referido homem consumidor, o qual, curiosamente, é consumido pela própria engrenagem que justifica a mercadoria enquanto fetiche a ser atingido a qualquer custo.[64]

Diferentemente do proferido em sua época, homem histórico, reconhece Millôr que "o passado não passa" (*Istoé*, nº 395, p. 16, 1984 – 8429)[65], ou, mais ainda, que "o futuro está no passado" (*Istoé/Senhor*, nº 1049, p. 24, 1989 – 8943), o que é reiterado por "a nostalgia não tem futuro" (*Istoé*, nº 1204, p. 08, 1992 – 9243). A articulação entre as três afirmações permite uma resistência a um período em que, no fundo, desconsideradas algumas diferenças culturais e tecnológicas, estruturalmente – em sua matriz sociológica – continua o mesmo. Aqui, o narrador reitera sua condição de sujeito do presente, com olhos que miram passado e futuro, mas com os pés no chão: a representação desses tempos históricos funcionando como metáforas de uma contemporaneidade, condição histórica de que não abre mão. Assim, ele se pergunta na seção *Os tempos mudaram. Ou não?*, quando afirma:

> Não se fala de outra coisa hoje em dia. Basta você ligar a televisão, abrir um jornal ou uma revista e a coisa está lá, mostrada e discutida em todos os detalhes, sem nenhum pudor, como se fosse muito natural, tivesse sido sempre assim. Me perguntam o que é que eu acho disso (*Istoé*, nº 411, p. 17, 1984 - 8445).

Quebrando a expectativa inicial, o texto remete, em vez de ao sexo, ao dinheiro. Como sempre, a economia é o motor. Para alguns críticos, a cultura pós-moderna, no caso, apagaria indelevelmente qualquer concretude da vida humana. Na verdade, o apagamento é necessário para justificar o preço da perda aos homens daquilo que lhes custa muito caro – a liberdade.

---

64 Sobre isso, Virilio (1999) expõe: "Não se contentando, de modo algum, com os cartazes clássicos nem com a interrupção dos programas de televisão ou de rádio, a publicidade global exige, além disso, impor seu 'meio' à contemplação de uma multidão de telespectadores que, nesse meio tempo, se tornaram teleatores e telecompradores" (p. 23).

65 A mesma citação aparece na ed. 1022 (*Istoé/Senhor*, p. 18, 1989 – 8916).

Não se engana ele: a grande questão continua sendo a natureza humana, como o retratado em *Ambos* (*Istoé/Senhor*, nº 1052, p. 25, 1989 – 8946), perfeita síntese de uma época, que comporta, além dos vários conceitos discutidos anteriormente, o termo, também dúplice, "duplicata":

> Gêmeos, direito-avesso,
> Casal ou bifurcação,
> Plágio, fraude, duplicata,
> Eco e simulação,
> Duplo, traslado, sombra,
> O dobro ou outra porção,
> Par, xifópagos, cópia,
> Num espelho-traição,
> Micro, fax, xérox,
> Viver é repetição.

Daí para o clone, estaríamos a um passo. E esse passo já estava sendo dado, nas experiências que resultariam na ovelha Dolly (1996), por exemplo. Tecnologicamente, o homem estava habilitado a reproduzir-se... enquanto manequim dele mesmo, mas manteve a milenar incompetência para resolver o mais básico: a constituição de uma sociedade minimamente igualitária, com a construção de redes de solidariedade que valorizassem cada vez mais o homem, o desenvolvimento tecnológico como ferramenta de libertação. Nesse ponto, poderíamos fazer um paralelo com o filme *Blade Runner – O caçador de andróides* (1982), de Ridley Scott, quando o planeta, completamente tecnificado e poluído, deixou de ser o abrigo da humanidade. Em outras galáxias, o homem criou outros seres para fazerem o serviço pesado, réplicas de si mesmo. Nesse mundo, os assim chamados replicantes que ousaram se rebelar são caçados justamente por buscarem explicações básicas do que ninguém queria mais saber: De onde viemos? Para onde vamos? Quanto tempo temos de vida? Quem é (se é que o temos) o nosso criador?

A analogia com a raça humana do momento histórico analisado, nesse caso, se faz perfeita, inclusive pela questão da dupla ausência, da memória e da rebeldia (falta de um projeto coletivo alternativo), embora esquecesse o básico, o componente econômico. Desse modo, podemos perceber a perfeita combinação entre duas formas estéticas, o casamento entre o filme de ficção científica e o de nostalgia. Nos dois, o imperativo é o esquecimento do tempo presente. Segundo Jameson, "[...] a ficção científica corresponde igualmente ao esmaecimento ou bloqueio dessa historicidade e, em especial, em nossa própria época (a era pós-moderna), à sua crise e paralisia, ao seu enfraquecimento e repressão"[66].

Preso entre os dois tempos ficcionalizados, o homem pós-moderno seria incapaz de "[...] imaginar qualquer tipo de futuro – seja utópico, seja catastrófico [...]"[67], quanto menos um presente. Nesse circuito, em que especificamente o computador tomou uma proeminência cada vez maior nas nossas vidas, "[...] o processador de textos substitui a linha de montagem na imaginação coletiva"[68]. Dessa forma, esse vazio atemporal e cada vez mais individualizado pode ser exemplificado pela obra *A vida: manual do usuário*, de Georges Perec, que relata

> [...] a paixão do milionário Bartlebooth de se distrair do vazio da falta de significado da existência através de um programa de vida rigorosamente computadorizado: visitar quinhentos portos do mundo inteiro, um a cada duas semanas durante vinte anos, pintar em cada um deles uma aquarela a ser depois aplicada em madeira, segmentada em forma de quebra-cabeça e guardada em uma caixa, que será então reaberta no período dos vinte anos seguintes após as viagens, cada quebra-cabeça remontado, a madeira inteiramente recolada, o papel, de alguma forma mágica, também recolado, a aquarela removida e as folhas em branco postas de volta na pasta original.[69]

Para esse homem, então, tudo parece ser uma experiência de laboratório, individualizada, uma bricolagem de pedaços de realidade na ilusão da construção de um real. Em um mundo em que tudo é cambiante, tudo é visual, tudo é provisório, inclusive o próprio eu, só resta o vazio, a solidão do não compartilhamento his-

---

66 JAMESON, 2007, p. 290.
67 *Ibid.*, p. 292.
68 *Ibid.*, p. 386.
69 *Ibid.*, p. 165.

tórico, e, mais que isso, do descentramento do sujeito, que Jameson irá relacionar ao desaparecimento da segurança newtoniana, como no filme *2001: uma odisséia no espaço* (1968), de Stanley Kubrick. Novamente a máquina (no caso, o computador) é metáfora do homem, ocupando o seu lugar.

Em um tempo em que cada vez menos a humanidade parecia se importar com aqueles que não tiveram (e nem teriam) os seus 15 minutos de fama, a afirmação de Ken Russell de que, no século XXI, nenhum filme iria durar mais do que 15 minutos, além de reportar-se à fragmentação, também pode se referir a um homem que, sem memória, talvez não tivesse história nenhuma para contar nem para compartilhar. Resta o chip da memória do computador, que poderia remeter ao homem, enquanto automatismo – em um processo de modulação/demodulação visceral que apagaria a nossa humanidade, revelando uma nova configuração constitutiva, cada vez mais alienada de nós mesmos. Nesse caso, a *Era do Fingimento* milloriana poderia ser pensada, além da discussão modernidade ***versus*** pós-modernidade, como uma *modem* idade.

3
Do riso que tudo arrasta...

"Entre sem bater"
Barão de Itararé

A figura (nos dois sentidos) de Millôr Fernandes todo estropiado (*Istoé*, nº 326, p. 14, 1983 – 8301), na primeira crônica na revista *Istoé* remete – apesar das críticas do primeiro ao segundo[1] – ao humorista Barão de Itararé, que sofreu, literalmente, na carne, durante o período getulista, as consequências do seu humor corrosivo, criando, com isso, o slogan acima. Também ele, Millôr, ao apoiar Brizola na primeira eleição de governador pós-ditadura, foi "convidado" a se retirar da revista *Veja*.[2] Por esses acontecimentos, percebe-se que o humor, quando mexe com as estruturas do real (ou do político), pode provocar reações bem concretas. Assim é que, em entrevista ao programa *Roda Viva*, a respeito daquele incidente, Millôr relatou:

---

1 Em comentário no programa *Roda Viva*, afirmou: "Agora, querer fazer com que eu engula o Barão de Itararé, porque está engolido há 50 anos, é um idiota. [...] Faz uns trocadilhos bons, meia dúzia de trocadilhos imbecis, e eu pedi, e o Fortuna por acaso era admirador dele, eu disse: "Fortuna, pelo amor de Deus, levanta a obra do Barão de Itararé". Pedi aos meus amigos da LPM, 'levanta a obra de Itararé'. Afinal de contas, a L&PM Editora fez, há um ano atrás, um álbum luxuoso do Barão de Itararé, em que prova, mas prova que é um idiota" (*In*: FERNANDES, Millôr. [*Programa Roda Viva*]. São Paulo, 02 abr. 1989. Entrevista concedida à TV Cultura).

2 O incidente mostra os dois lados da mesma moeda – por um lado, o cronista na defesa de suas convicções; por outro "[...] os guardiões de visões ou textos sagrados, cujas depredações são enormes e cuja mão pesada não tolera o desacordo e, certamente, nenhuma diversidade. A liberdade de opinião e de expressão é o principal bastião do intelectual secular: abandonar sua defesa ou tolerar adulterações de qualquer dos seus fundamentos é, com efeito, trair a vocação do intelectual" (*In*: SAID, Edward W. *Representações do intelectual*: as Conferências Reith de 1993. São Paulo : Companhia das Letras, 2005. p. 92).

> Agora da *Veja*... eu apoiei o Brizola por razões razoáveis, não por uma admiração, já não tinha idade para ter admirações, e havia algum grande interesse que não sei qual seja, da *Veja,* em que isso não continuasse. [...] o Roberto Civita me fez as maiores declarações de amor, [...], me pedindo para não sair, mas não abriu mão do ponto de vista dele que durante aquelas seis ou sete semanas só, que faltavam para as eleições, eu não escrevesse mais. E aí eu fui embora.[3]

Entre as duas afirmações aristotélicas "O homem é o único ser vivente que ri"[4] e "O homem é um animal político"[5], há um longo caminho a ser percorrido. E esse caminho é traçado por Millôr nessa primeira crônica, em que, fazendo uma verdadeira genealogia do humor, assim declara: "Dedico estas primeiras páginas de ISTOÉ aos humoristas, meus companheiros de ofício, que vieram ao mundo pra revelar a verdade da milanesa, artifício culinário pra esconder um mau pedaço de carne" (*Istoé*, nº 326, p. 15, 1983 – 8301). Desse modo, com a simplicidade de quem conhece muito bem o riscado (com direito a duplo sentido), faz um rol universal de humoristas, explorando a questão inclusive na forma (a listagem é rompida abruptamente, como a indicar falta de espaço para nomear tantos). Constitui, dessa forma, um marco zero nessa nova retomada em um novo veículo de comunicação impressa, no qual ele se inclui, com certeza. Nessa lista, bastante eclética, a começar com Aristófanes, aparecem nomes como os de Gregório de Matos, Cervantes, Machado de Assis, Ionesco, "os do Pasquim", Luis Fernando Verissimo, George Grosz, Bocaccio, "de La Fontaine a mim", Chaplin, Steinberg, Magritte, Bosch, Alfredo Jarry, Irmãos Marx, Os Trapalhões, Eça, Santiago, Moliére e "[...] tantos outros que só não entraram por absoluta falta de espa" (*Istoé*, nº 326, p. 15, 1983 –8301).

Dessa maneira, dentre tantas vertentes a respeito do humor, é importante fazer um recorte que indique o caminho trilhado. A primeira referência é a tese de doutorado de Cordovani, em *Millôr Fernandes, uma voz de resistência*[6], a qual dissecou a obra do "Guru do Meyer" desde os seus primeiros escritos até o ano de 1984, envolvendo as suas produções em *O Cruzeiro, Pif-Paf, O Pasquim, Veja* e *Istoé*. Examinando os textos produzidos durante a ditadura militar, a au-

---

3 FERNANDES, 1989.

4 ARISTÓTELES. *Da alma (De anima).* Lisboa : Edições 70, 2001.

5 ARISTÓTELES. *A política.* 2ª ed. São Paulo : Martins Fontes, 1998, p. 4.

6 CORDOVANI, Gloria Maria. *Millôr Fernandes, uma voz de resistência.* 1997. Tese (Doutorado em Letras) – Universidade de São Paulo, 1997.

tora analisa alguns aspectos do humor e de suas relações com o contexto histórico e busca a identificação de temas recorrentes, articulados ao tema maior da resistência. Segundo ela, isso espelharia o compromisso do autor com um bem maior: a democracia.

Ao justificar o porquê da escolha da temática do humor, destaca a diferença entre diversas produções de mero entretenimento (e de alienação e conivência, por que não dizer?) e a chamada "quintessência da seriedade", que, na prática milloriana, aguça o senso crítico e se presta "[...] a iluminar o caminho da cidadania na restauração da civilidade"[7]. Já quanto ao autor, insere-o na tradição picaresca da literatura, com todo o fascínio que esses anti-heróis carregam. Especificamente em relação ao Brasil, Leonardo Pataca e Macunaíma seriam os exemplos dessa linha na tradição cultural, que, conforme ela, teria como expoente atual o próprio cronista[8], pois

> Tudo que Millôr escreve tem um pouco a sua cara: olhos cínicos, nariz atrevido, calvície do subdesenvolvimento, magreza do abandono. Seu caráter de interlocutor que se coloca entre o regime e o leitor tem um lugar privilegiado na história da malandragem contra os poderosos.[9]

É assim que, de um projeto inicial de "[...] estudar, através das crônicas, o compromisso, a meu ver deliberado, do escritor em luta e resistência contra a ditadura militar que se implantou no Brasil em 1964 e prolongou-se até 1982, quando tivemos eleições para governadores de Estado", aos poucos "[...] o trabalho foi incluindo a observação de que Millôr entende literatura e jornalismo como uma pedagogia em favor da ética e da civilidade"[10].

Dessa forma, no desvelar dessa resistência contra a ditadura militar, configura-se o seu projeto estético e ideológico, que, nas palavras de Cordovani, se faz valer literariamente pela construção de seu projeto poético. Ou seja, no manejo e no estilo da utilização dos instrumentos de denúncia – portanto, na sua configuração literária (na forma) – também o autor imprimiria sua marca.

---

7 CORDOVANI, 1997, p. 09.

8 A esse respeito, necessário um contraponto, já que, do nosso ponto de vista, o narrador milloriano opera com um ceticismo construído em cima de paradoxos, em uma postura combativa que o aproxima mais do discurso machadiano, embora com algumas diferenças.

9 *Ibid.*, p. 09.

10 *Ibid.*, p. 11.

E essa filiação é importante para a nossa análise, mesmo que identificada a partir de um *corpus* temporalmente datado – o período da ditadura militar brasileira (1964-82). Questões como resistência, civilidade e busca da democracia continuariam a servir de suporte, em um período transicional que não se esgotaria com a configuração formal da democracia. Assim, a "quintessência da seriedade", com seu caráter anárquico de questionamento da realidade, continuava sua nova mirada, sempre irreverente, sempre questionadora.

Nesse sentido, a definição de Lúcia Helena[11], ao estabelecer uma linha evolutiva da literatura brasileira a partir do humor, encaixa-se perfeitamente aqui. A denominação "muito riso e pouco siso" pode ser explicada, conforme a autora:

> [...] no primeiro caso, o da constrição, o trabalho de produção textual investe sobre uma *parole* socializada, cujos textos, literários ou não, reportam-se a uma tradição – da qual são herdeiros – que remetem ao estatuto do sagrado, à palavra do poder e ao problema do homem prisioneiro do *logos*, condenado por Deus a conviver com a Babel da linguagem, isto é, com os códigos que escapam ao seu poder de decisão e ao seu livre arbítrio. No segundo caso, o da infração, o texto é uma escritura jamais terminada, através da qual se escreve a história das roturas e das transgressões dos símbolos-chaves que regulam a estrutura maniqueísta (vale dizer binária e opositiva da metafísica ocidental). Neste caso, o texto [...] torna-se uma *parole* da marginalidade, um discurso clandestino através do qual o homem ocupa um lugar importante na cisão e na decisão histórica.[12]

A partir dessa definição, em minha dissertação de mestrado[13], ao ampliar essa orientação, identificando-a como a ponta de um iceberg de uma longa tradição de leitura da realidade brasileira através do cômico-sério, denomino-a "muito sarcasmo e pouco marasmo". Exemplos dessa linhagem aparecem na obra de Antônio Vieira (*Sermão do bom ladrão*), em Gregório de Matos (*Descreve o que era naquele tempo a cidade da Bahia*), em Tomás Antônio Gonzaga (*Cartas chilenas*) e na sátira inconsequente e juvenil de Álvares de Azevedo. Além disso, pode-se

---

11 HELENA, Lúcia. Clarice Lispector: a função desalienante da sua criação literária. *Encontros com a Civilização Literária*, Rio de Janeiro, nº 5, p. 193-200, 1978.

12 *Ibid.*, p. 199.

13 SERAFINI, Breno Camargo. *O último vagão versus a locomotiva:* a crônica de Luis Fernando Verissimo e a eleição presidencial do ano de 1989. 2000. Dissertação (Mestrado em Letras) – Universidade Federal do Rio Grande do Sul, 2000.

citar o Sargento de Milícias, de Manuel Antônio de Almeida; o refinado humor de Machado de Assis; o Policarpo Quaresma, de Lima Barreto; o Jeca Tatu, de Monteiro Lobato; o Macunaíma e, em versão mais moderna, o Barão de Drummond, o próprio Barão de Itararé e, mais recentíssimo ainda, dentre vários, João Grilo, Luis Fernando Verissimo e o próprio Millôr Fernandes.

Em um fim de século que muitos autores definiriam como a Era do Vazio[14], outros como "o século da ironia"[15], outros ainda como "a era da ansiedade"[16], nessa questão, a literatura brasileira estaria muito bem representada, inclusive pelo estabelecimento do humor como um componente cultural de um povo, uma vez que, aqui, o carnaval se faz enquanto manifestação popular e espetáculo, além de instaurar-se na versão bakthiniana em suas origens medievais. Também a isso parece Millôr se reportar, ao, retrospectivamente, identificar-se enquanto humorista. Parece afirmar ele uma tradição sempre renovada, em que o caráter do sério teria sua contramedida na espirituosidade, no escárnio e, principalmente, na crítica aos micro e macropoderes.

Mesmo sem querer esgotar a questão do humor e/ou cômico-sério, importa balizarmos a questão, mesmo que minimamente. Para isso, voltamos a Aristóteles, ou, mais precisamente, a Umberto Eco, que, em *O nome da rosa*[17], construiu uma narrativa brilhante, questionadora do poder na Idade Média – a partir do que seria o segundo livro da *Poética* do filósofo grego. Na narrativa, uma série de crimes

---

14 "O humor que se instala suprime o negativo característico da fase satírica ou caricatural. [...] O humor na publicidade ou na moda não tem vítima, não troça, não critica, esforçando-se somente por prodigalizar uma atmosfera eufórica de bom humor e de felicidade sem reverso" (*In:* LIPOVETSKY, Gilles. *A era do vazio:* ensaio sobre o individualismo contemporâneo. Lisboa : Relógio Dágua, 1983, p. 131). Ou: "O humor dominante já não se acomoda com a inteligência das coisas e da linguagem, com essa superioridade que o espírito se arroga; precisa de um cómico *discount* e *pop* que já não sugira qualquer eminência ou distância hierárquica. Banalização, dessubstancialização, personalização, encontramos todos estes processos entre os novos sedutores dos grandes media [...]" (p. 132).

15 "[...] o nosso século se junta a todos os outros ao querer se intitular 'o século da ironia', e a recorrência dessa reivindicação histórica por si só poderia confirmar a alegação de teóricos contemporâneos, de Jacques Derrida a Keneth Burkke, de que a ironia é inerente à comunicação, por seus diferimentos e por suas negações" (*In:* HUTCHEON, Linda. *Teoria e política da ironia.* Belo Horizonte : Editora da UFMG, 2000, p. 25).

16 JAMESON, 2007, p. 38.

17 ECO, Umberto. *O nome da rosa.* Rio de Janeiro : O Globo ; São Paulo : Folha de São Paulo, 2003.

tem sua origem na tentativa de manter a interdição à obra julgada perdida daquele nominado O Filósofo. O fragmento hipotético, em criação de Eco, diz o seguinte:

> No primeiro livro tratamos da tragédia e de como ela suscitando piedade e medo produz a purificação de tais sentimentos. Como tínhamos prometido, tratamos agora da comédia (ainda mais da sátira e do mimo) e de como suscitando o prazer do ridículo ela chegue à purificação de tal paixão; quanto tal paixão seja digna de consideração já o dissemos no livro sobre a alma, enquanto – único dentre todos os animais – o homem é capaz de rir. Definiremos portanto de que tipo de ações é mimesis a comédia, em seguida examinaremos os modos como a comédia suscita o riso, e esses modos são os fatos e o elóquio. Mostraremos como o ridículo dos fatos nasce da assimilação do melhor ao pior e vice-versa, do surpreender enganando, do impossível e da violação das leis da natureza, do irrelevante e do inconseqüente, do rebaixamento das personagens, do uso de pantomimas bufonescas e vulgares, da desarmonia, da escolha das coisas menos dignas. Mostraremos por conseguinte como o ridículo do elóquio nasce dos equívocos entre palavras semelhantes para coisas diferentes e diferentes para coisas semelhantes, da loquacidade e da repetição, dos jogos de palavras, dos diminutivos, dos erros de pronúncia e dos barbarismos [...][18].

Tal definição do riso, quase no desfecho da narrativa, justifica a preocupação do guardião do saber, zeloso de que o conhecimento da obra pudesse "virar de cabeça para baixo a imagem de Deus". Segundo a personagem Jorge:

> Se este livro se tornasse... tivesse se tornado matéria livre de interpretação, teríamos ultrapassado o último limite. [...] O riso é a fraqueza, a corrupção, a licença para o embriagado, mesmo a igreja em sua sabedoria concedeu o momento de festa, do carnaval, da feira, essa ejaculação diurna que descarrega os humores e retém de outros desejos e de outras ambições... Mas desse modo o riso permanece coisa vil, defesa para os simples, mistério dessacralizado para a plebe. Dizia-o também o apóstolo, ao invés de abrasar, casai-vos. Ao invés de rebelar-se contra a ordem desejada por Deus, ride e deleitai-vos com vossas imundas paródias da ordem, no fim do pasto, após terdes esva-

18 ECO, 2003, p. 449.

ziado os cântaros e os frascos. Elegei o rei dos tolos, perdei-vos na liturgia do asno e do porco, representai as vossas saturnais de cabeça para baixo.[19]

Ratificando, então, o caráter corrosivo do riso, muito além da chalaça descomprometida e bufona, teríamos um processo em que, como adverte Jorge dirigindo-se a Guilherme de Baskerville:

> [...] a função do riso é invertida, elevada à arte, abrem-se-lhe as portas do mundo dos doutos. Faz-se dele objeto de filosofia e de pérfida teologia... Tu viste ontem como os simples podem conceber, e pôr em prática, as mais túrbidas heresias, desconhecendo quer as leis de Deus, quer as leis da natureza. Mas a igreja pode suportar a heresia dos simples, que se condenam sozinhos, arruinados por sua ignorância. O inculto desatino de Dulcino e de seus pares nunca porá em crise a ordem divina. Pregará a violência e morrerá pela violência, não deixará traço, consumir-se-á do modo como se consome o carnaval, e não importa se durante a festa produzir-se-á na terra, e por pouco tempo a epifania do mundo ao avesso. Basta que o gesto não se tome em desígnio, que este vulgar não encontre um latim que o traduza. O riso libera o aldeão do medo do diabo, porque na festa dos tolos também o diabo aparece pobre e tolo, portanto controlável. Mas este livro poderia ensinar que libertar-se do medo do diabo é sabedoria. Quando ri, enquanto o vinho borbulha em sua garganta, o aldeão sente-se patrão, porque inverteu as relações de senhoria; mas este livro poderia ensinar aos doutos os artifícios argutos, e desde então ilustres, com que legitimar a inversão. Então seria transformado em operação do intelecto aquilo que no gesto irrefletido do aldeão é ainda e afortunadamente operação do ventre. Que o riso é próprio do homem é sinal do nosso limite de pecadores. Mas deste livro quantas mentes corrompidas como a tua tirariam o silogismo extremo, pelo qual o riso é a finalidade do homem! O riso distrai, por alguns instantes, o aldeão do medo. Mas a lei é imposta pelo medo, cujo nome verdadeiro é temor a Deus. E deste livro poderia partir a fagulha luciferina que atearia no mundo inteiro um novo incêndio; e o riso seria designado como arte nova, desconhecida até de Prometeu, para anular o medo.[20]

---

19 ECO, 2003, p. 454.

20 *Ibid.*, p. 454-455.

O diálogo, construído com maestria pelo autor, sintetiza várias discussões sobre o caráter do riso. Reporta-se justamente à era medieva, período em que, do ponto de vista ocidental, apresenta a realidade dividida em dois mundos, o terreno e o celeste, e consegue estabelecer as várias possibilidades de entendimento de tal fenômeno.

Para aprofundarmos a questão, é importante uma diferenciação, sem esgotar o assunto, entre humor, riso, ironia e cômico. Vários autores têm tentado estabelecer esses conceitos irmanados em um campo comum, que poderíamos designar como o satírico. Aristóteles via a comédia como "[...] imitação de pessoas inferiores; não, porém, com relação a todo vício, mas sim por ser o cômico uma espécie de feio. A comicidade, com efeito, é um defeito e uma feiúra sem dor nem destruição; um exemplo óbvio é a máscara cômica, feia e contorcida, mas sem expressão de dor"[21]. Bergson retoma a citação inicial deste capítulo – do próprio Aristóteles – e complementa-a com a ideia de que o homem, além de ser definido como o único animal que ri, também poderia ser tomado como "o único que faz rir". Além dessas, muitas outras leituras da questão já foram feitas.

Bergson entende como cômico tudo aquilo que pode provocar o riso:

> Que significa o riso? Que haverá de comum entre uma careta de bufão, um trocadilho, um quadro de teatro burlesco e uma cena de fina comédia? Que destilação nos dará a essência, sempre a mesma, da qual tantos produtos variados retiram ou o odor indiscreto ou o delicado perfume?[22].

Para se chegar à essência (em curiosa analogia sobre o santo saber, encontrada em *O nome da rosa*), muitos já construíram um conjunto de teorias que nem sempre apresentaram resultados conclusivos sobre o assunto. O que foi apontado por Aristóteles encontraria ainda, na definição de Bergson, o riso como "o mecânico calcado no vivo"[23]. Também Freud, pelo viés psicanalítico, ampliaria a definição – através da sua teoria do excedente de energia —, distinguindo o chiste do cômico e do humor e vinculando-os ao prazer. Segundo ele, enquanto o chiste (gracejo, trocadilho) provoca o riso por meio de um jogo de palavras ou ideias, o cômico refere-se a eventos ou objetos lúdicos, alegres, ridículos, implicando a percepção

21 ARISTÓTELES, 1998, p. 35.
22 BERGSON, 1978, p. 11.
23 *Ibid.*, p. 27.

de um contraste. Já o humor se evidencia nas situações em que a pessoa (ou personagem) dá pouca importância à sua má sorte e está disposta a ver o lado engraçado da sua própria situação.[24]

É ainda Bergson quem estabelece o cômico e o riso como expressões da insensibilidade humana, tendo como inimigo a emoção – exige uma "certa anestesia momentânea do coração para produzir todo o seu efeito. Ele se destina à inteligência pura"[25]. De acordo com ele, esse distanciamento permite criar o efeito humorístico, necessitando o contato com outras inteligências, caracterizando-se, assim, como eminentemente social.

Estabelece, ainda, uma distinção entre:

> [...] o cômico que a linguagem exprime e o que ela cria. O primeiro poderia, a rigor, traduzir-se de uma língua para outra, sob pena, entretanto, de perder grande parte do seu vigor ao transpor-se para uma sociedade nova, diferente por seus costumes, literatura e sobretudo por suas associações de idéias. Mas o segundo é em geral intraduzível. Deve o que é à estrutura da frase e à escolha das palavras. Não consigna, graças à linguagem, certos desvios particulares das pessoas ou dos fatos. Sublinha os desvios da própria linguagem. No caso, é a própria linguagem que se torna cômica.[26]

Igualmente, constata uma diferença entre humor e ironia, a partir das seguintes definições:

> Ora se enunciará o que deveria ser fingindo-se acreditar ser precisamente o que é. Nisso consiste a ironia. Ora, pelo contrário, se descreverá cada vez mais meticulosamente o que é, fingindo-se crer que assim é que as coisas deveriam ser. É o caso do humor. O humor, assim definido, é o inverso da ironia. Ambos são formas da sátira, mas a ironia é de natureza retórica, ao passo que o humor tem algo de mais científico. Acentua-se a ironia deixando-se arrastar cada vez mais pela idéia do bem que deveria ser. Por isso a ironia pode aquecer-se interiormente até se tornar, de algum modo, eloqüência sob pressão. Acentua-se o humor, pelo contrário, descendo-se cada

---

24 FREUD, Sigmund (1905). *Os chistes e sua relação com o inconsciente.* Rio de Janeiro : Imago, 1995, p. 171. (Edição Standard Brasileira das Obras Psicológicas Completas de Sigmund Freud, v. 08).

25 BERGSON, 1978, p. 13.

26 *Ibid.*, p. 57.

vez mais baixo no interior do mal que é, para lhe notar as particularidades com mais fria indiferença. [...] O humorista é no caso um moralista disfarçado em cientista, algo como um anatomista que só faça dissecação para nos desagradar; e o humor, no sentido restrito que damos à palavra, é de fato uma transposição do moral em científico.[27]

Tal discussão é complementada por Brait, ao reportar-se ao assunto:

> Um exemplo imediato pode ser tirado das diferenças existentes entre o riso e o cômico, [...], especialmente se levada em conta a separação feita por vários estudiosos que colocam o riso como um fenômeno fisiológico e o cômico como uma construção de linguagem. Esse é também o caso da ironia, se tomada de um ponto de vista da retórica clássica, lugar em que vai fazer par com outras figuras de linguagem, ou da sátira, se vista como forma teatral. Considerados esses dois pontos de vista como pertinentes, sátira e ironia estarão excluídas de uma mesma série.
>
> Contudo, por um outro prisma, ainda próximo ao de Denise Jardon [[28]] e sem desprezar os aspectos lingüísticos, a ironia pode ser enfrentada como um discurso que através de mecanismos dialógicos oferece-se basicamente como argumentação indireta e indiretamente estruturada, como paradoxo argumentativo, como afrontamento de idéias e de normas institucionais, como instauração da polêmica ou mesmo como estratégia defensiva. É possível, assim, abandonar a série caracterizada como sendo a das figuras de linguagem, da frase de efeito que compõe um texto, e mesmo da comicidade, delineando-se o horizonte de uma outra perspectiva.
>
> Esta, concebendo a ironia como uma forma de discurso, pode compreender o humor, a paródia, a intertextualidade, a interdiscursividade e outros elementos elencados no universo anteriormente mencionado, como mecanismos que participam, ao mesmo tempo ou não, da estruturação de um discurso irônico, ou que se oferecem como efeito de sentido provocado pela ironia.[29]

---

27 BERGSON, 1978, p. 68.

28 Denise Jardon estabelece uma tipologia do cômico, colocando, lado a lado, ironia e sátira, humor e paródia, em sua obra *Du comique dans les textes litteraires*, Bruxelas, De Boeck-Wesmael; Paris, Éditions J. Ducolot, 1988.

29 BRAIT, Beth. *Ironia em perspectiva polifônica.* Campinas : Editora da Unicamp, 1996, p. 58.

Essa ironia, segundo Bakhtin[30], é o recurso que permite a destruição do peso enfático de qualquer discurso, propiciando ao narrador a estilização, a paródia e a dessacralização dos gêneros nobres, a que a literatura pode incorporar em sua luta cotidiana contra o tom único da palavra. Sabendo da não separação entre aquele que fala, o contexto e a palavra proferida por ele, muitas vezes a simulação desse papel estabelece o riso como libertador, a festa em lugar do sério. Se incluirmos o leitor e/ou interpretador aqui, em papel proeminente em um circuito decodificador em que o mesmo, a partir de sua visão do mundo, também atribui significados, podemos ver que a complexidade do conceito se amplia ainda mais, pois, conforme Hutcheon, o papel transideológico da ironia propicia isso:

> [...] os *interpretadores* "têm intenção" tanto quanto os *ironistas*, e freqüentemente em oposição a eles: atribuir ironia onde ela é intencional – e onde ela não é – ou recusar-se a atribuir ironia onde ela poderia ser intencional é também o ato de um agente consciente"[31].

Voltando a Bakhtin, segundo ele, a instauração da polifonia se dá à medida que várias vozes são confrontadas no texto, em que se revelam individualidades em processo enquanto travam intermitentes diálogos. Associado a essa posição, temos o papel do cronista e/ou jornalista, o qual vivencia as questões que podem ser resolvidas na sua contemporaneidade, que participa de um diálogo que pode passar à ação, a qual pode se converter em fato empírico. Temos aí a "esfera onde a 'palavra pessoal' é possível"[32].

Dentro dessa concepção, podemos entender a linguagem prosaica da crônica brasileira contemporânea, que luta com as palavras na busca da linguagem familiar, a língua das ruas – com todas as suas variantes –, compondo uma comunicação em que impera a multitonalidade e há um apagamento das fronteiras entre o que dá medo e o que faz rir nas imagens da cultura popular – entre o trivial e o terrível, o comum e o maravilhoso, o pequeno e o grandioso.

Pela junção desses polos, podemos explorar a ligação da crônica com a sua tradição, reportando-nos à influência da literatura carnavalizada, isto é, à influên-

30 BAKHTIN, Mikhail. *Estética da criação verbal.* São Paulo : Martins Fontes, 1992.
31 HUTCHEON, 2000, p. 29.
32 BAKHTIN, *Op. cit.*, p. 393.

cia do folclore carnavalesco sobre a literatura, configurando o campo que Bakhtin denomina "o cômico-sério".

Importa, pois, reconhecermos a tendência à estabilidade de qualquer gênero literário, que, segundo Bakhtin, sempre conserva as características da Antiguidade – ou *archaica*, como prefere, derivando dessa peculiaridade a sua atualização –, o gênero renasce e se renova em cada nova etapa do desenvolvimento da literatura e em cada obra individual. Nisso consiste a sua perenidade. Assim, a arcaica é viva porque possui a capacidade de se renovar. O gênero, vivendo no presente, termina por refletir o seu passado, o seu começo, assegurando a unidade e a continuidade do desenvolvimento literário.[33]

Entender esse processo significa compreender a importância do carnaval, que, ao ser transposto para a literatura, revela-se em múltiplos aspectos. No campo do cômico-sério, verifica-se a evolução da linha carnavalesca da literatura, calcada no "diálogo socrático" e na "sátira menipeia".

Bakhtin relaciona o carnaval com as raízes mais profundas da sociedade primitiva. Considera-o um dos problemas mais complexos e interessantes da história da cultura, pois sua essência se manifesta no pensamento primitivo do homem e se mantém no desenvolvimento da sociedade de classes. O sincretismo como espetáculo é a forma encontrada pelo rito para se expressar em manifestação carnavalesca, em uma complexidade que apresenta matizes e variações, dependendo da diferença de épocas, de povos e de festejos particulares. O carnaval não é um fenômeno literário, só posteriormente ocorrerá a sua transposição para a linguagem da literatura, ou seja, a carnavalização da literatura, como explica Bakhtin:

> O carnaval criou toda uma linguagem de formas concreto-sensoriais simbólicas, entre grandes e complexas ações de massas e gestos carnavalescos. Essa linguagem exprime de maneira diversificada e, pode-se dizer, bem articulada (como toda a linguagem) uma cosmovisão carnavalesca una (porém complexa), que lhe penetra todas as formas. Tal linguagem não pode ser traduzida com o menor grau de plenitude e adequação para a linguagem verbal, especialmente para a linguagem dos conceitos abstratos, no entanto é suscetível de certa transposição para a linguagem cognata, por caráter concretamente sensorial, das imagens artísticas, ou seja, para a linguagem

33 BAKHTIN, 1992.

> da literatura. É a essa transposição do carnaval para a linguagem da literatura que chamamos carnavalização da literatura.[34]

Assim, apesar de, condizentemente com as ideias de Hutcheon, considerarmos as várias possibilidades interpretativas que a ironia (com suas arestas cortantes) propicia, podemos inferir um caminho a ser trilhado por Millôr no conjunto de sua produção cronística. Faz-se isso não sem o reconhecimento de uma atribuição que possa vir a ser questionada – embora, nesse caso, a interpretação não fuja do contexto histórico e das várias pistas presentes na sua linguagem, o que, não necessariamente, seja garantia de "certeza" –; aliás, certeza que nem o autor a terá nunca, o que constitui o mistério e a delícia da literatura, ou da arte, por sua polifonia interpretativa.[35]

Com relativa tranquilidade, nesse caso, vale o que afirma D. J. Enright, sobre a incerteza, o que pode esclarecer um dos princípios da obra milloriana:

> [...] "não rejeita ou refuta ou vira de cabeça para baixo: não é evasão ou falta de coragem ou convicção, mas uma admissão de que há ocasiões em que não conseguimos ter certeza, não tanto porque não sabemos o suficiente quanto porque a incerteza é intrínseca, essencial"[36].

Dessa forma, radicalizando o ceticismo que lhe é inerente, Millôr, transgressivamente, assim define: "Humor é puxar o tapete da dignidade debaixo dos pés de uma entidade consagrada (*Istoé*, nº 387, p. 12, 1984 – 8421). Se somarmos a isso a sua afirmação, ao "resumir a questão", "*Sic semper tirannis*" (*Istoé*, nº 394, p. 13, 1984 – 8428), é fácil constatarmos uma postura combativa contra o autoritarismo, ao lado

---

34 BAKHTIN, Mikhail. *Problemas da poética de Dostoiévski.* Rio de Janeiro : Forense Universitária, 1981, p. 105.

35 Aliás, curioso acontecimento, que comprova a complexidade da tarefa, ao mesmo tempo em que potencializa a discussão, inclusive pela astúcia do narrador e/ou escritor, é-nos relatado por Luis Fernando Verissimo: "Já contei mais de uma (vez) que um dia vi o Millôr arrancar aplausos entusiasmados de uma platéia, durante a Jornada Literária de Passo Fundo, com a leitura de um magnífico discurso em defesa das liberdades democráticas. Quando terminaram os aplausos o Millôr revelou que acabara de ler o discurso de posse do general Garrastazu Médici, que inauguraria o período mais duro do arbítrio militar no governo. Só para lembrar que se deve dar importância relativa a discursos de posse..." (VERISSIMO, Luis Fernando. *Detalhes*. O Globo, São Paulo, 6 jan. 2011. 1º Caderno, Opinião, p. 7). Nesse caso, temos materializada, às avessas, a própria natureza transideológica da ironia, conforme Hutcheon (2000).

36 ENRIGHT, 1986, p. 6 *apud* HUTCHEON, 2000, p. 82.

da maioria da população: "MF, o humorista do povo, apresenta o início de sua obra ciclópica" (*Istoé*, nº 397, p. 16-17, 1984 – 8431), o que, reforçando a possibilidade irônica da afirmação, se, por um lado, apresenta-o enquanto o rei de uma terra de cegos – em apropriação parodística do conhecido ditado popular[37] –, por outro, coloca-o em uma situação delicada, sabedor de que "em terra de cego quem tem um olho é muito malvisto" (*Istoé*, nº 418, p. 30, 1984 – 8452), ou, pior ainda, "em terra de cego quem tem um olho tem pavor de ser rei" (*Istoé*, nº 563, p. 14, 1987 – 8740).

Nessa convicção, é o primeiro a antecipar-se à crítica à sua própria obra, como em *As grandes tragédias subdesenvolvidas – o banqueiro de bicho morreu subitamente, deixando a mulher e três delegados de polícia totalmente ao desamparo:*

> MILLÔR FERNANDES, 'O MAIOR HUMORISTA' DO MEYER (DE 29 DE ABRIL DE 1959 A 3 DE MAIO DO MESMO ANO), DEPOIS DE FAZER O DESENHO AO LADO, RESOLVEU TAMBÉM SE AUTOCRITICAR. ANTES QUE ALGUM CRÍTICO MAIS ERUDITO O FAÇA.
>
> [...] As cores das roupas, em nuances do violáceo ao preto, contrastando com o tom mais "alegre" do caixão, criam o que poderíamos chamar a técnica nitidamente millôriana do desacordo. Que é consumada de maneira mais simples e mais facilmente apreensível nas letras. Aqui o autor não usou a sua forma habitual de *lettering* (a perspectiva com projeção múltipla de letra para letra ou até na própria letra) mas preferiu a Meyer-grotesca (também de sua invenção e desenvolvimento), uma letra completamente sem equilíbrio, nem qualquer respeito a tamanho, forma ou mesmo divisão precisa na palavra – dessa maneira jogando sobre o espectador-leitor a desagregação mesmo das vidas que retrata. (*Istoé*, nº 413, p. 12-13, 1984 – 8447).

O fragmento, que analisa a ilustração do enterro de um bicheiro, elucida aspectos tanto do pleno domínio da técnica quanto de aspectos ideológicos em questão, misturando elementos do grotesco, do social, os quais, por fim, remetem ao humor. A referência à Universidade do Meyer não é gratuita, lembrando talvez as 13 lições de um ignorante, autointitulando-se ironicamente o autor como "o maior humorista do Meyer" – por cerca de cinco dias. "Antes que um aventureiro o faça", define a sua obra como "a técnica do desacordo", que joga sobre o leitor

---

37 "Em terra de cego, quem tem um olho é rei".

"[...] a desagregação mesmo das vidas que retrata". Reafirma Millôr aí a conotação dúplice de seu humor, beirando o trágico, embora sem os componentes heroicos atribuídos a tal gênero, ou melhor, revelando a condição tragicômica cotidiana de um herói em versão *gauche*.

Curioso ainda que, para fazer uma crítica, possivelmente ao Brasil, a partir do senso comum de que o mesmo é um país pacífico, portanto, sem espírito de luta, no sentido reivindicativo ou mesmo revolucionário, refira-se a ele denominando-o Itararé, justamente o humorista por quem nutre especial desprezo:

> ITARARÉ: [...] é um dos menores países do mundo, pois em nenhum ponto excede mais de 30 cm de largo, donde seus 40 habitantes terem que tomar muito cuidado quando andam nas ruas, de 20 cm de largura, para não caírem em outro país mais embaixo. [...]. Um dos motivos porque inúmeras guerras não se iniciaram nos últimos anos é que ITARARÉ, como o RUBICÃO, de César, não deve ser cruzado. Daí o extraordinário *per capita* de ITARARÉ onde nenhuma batalha pode ser travada. [...]. (*Istoé/Senhor*, nº 1030, p. 25, 1989 – 8924).

Reiterando criticamente sua condição de humorista, afirma: "Vocês aí, companheiros de profissão, uma coisa é ser o rei dos palhaços, outra coisa é ser o palhaço dos reis" (*Istoé*, nº 1093, p. 12, 1990 – 9035). Nesse jogo, melhor ser o melhor dos melhores no seu ofício a ser considerado o bobo da corte – e talvez aí aparecesse a sua crítica – mesmo que exagerada – ao colega desprezado.

Outro aspecto a ser analisado é a partir de "Constatação: quando descobri que humor não é arte. Apenas uma espécie imoral de hipocondria. O humorista é um dardo que não dardeja sem atingir mais fundo a alma de quem fere, antes da do ferido" (*Istoé/Senhor*, nº 1137, p. 07, 1991 – 9127). Temos aqui outra duplicidade, a do ironista que, ao fazer a crítica – seja ela qual for, pelo viés do humor – também é atingido pela mesma, sabedor de que a quem critica não deixa de ser, pelo menos em arte, um pouco dele mesmo, pois humano também.

Certo de que só a desordem constrói, em um antipositivismo que é constitutivo de sua irreverência habitual, Millôr dessacraliza o ditado do código de Hamurabi, ao propor:

> 9) Ah, e nada de olho por olho e dente por dente! Isso é fazer o jogo do inimigo. No máximo, olho por dente, dente por orelha, língua por unha. Como no velho princípio aristotélico, respondam sério a ironia e na galhofa à acusação dramática (*Istoé*, nº 327, p. 16, 1983 – 8302).

E é em Aristóteles que ele irá buscar novamente o parâmetro – em um exercício de falsa legitimidade –, ao postular, paradoxalmente, uma contrarresposta do sério à ironia, da ironia ao sério, ciente de que "entre o riso e a lágrima há apenas o nariz" (*Istoé/Senhor*, nº 1139, p. 09, 1991 – 9129), relativizando, portanto, a diferença entre os dois gêneros, o que encontra paralelo nas palavras de Luis Murat: "A História, sendo cômica, é também trágica"[38]. Nesse interregno, sempre o ser humano; a esse respeito, segundo Ortiga[39], Millor diria: "O homem é o único animal que ri e é rindo que ele mostra o animal que realmente é".

Justamente o diferencial do ser humano em relação aos animais, fruto do polegar opositor e do telencéfalo altamente desenvolvido, é a manifestação artística. Desde tempos imemoriais, o homem teve a necessidade de expressar em imagens situações vividas, de que são exemplos as pinturas rupestres. Assim, a arte é um elemento central na vida humana.

E essa centralidade nos é dada por Millôr ao afirmar que "a arte é a mais antiga profissão"[40] (*Istoé*, nº 469, p. 14, 1985 – 8551), o que, se, de um lado, confirma essa ancestralidade, por outro, pode mostrar o seu aviltamento. Dessa forma, diante das muitas "bienais da vida", fenômeno relativamente recente à época, com suas instalações & alhures – marca de um tempo que cada vez mais anunciava um outro tipo de arte, mais interativa ou conceitual –, reflete ele, em disposição anárquica junto às páginas, na forma de legendas de quadrinhos:

---

38 MURAT, Luiz. Resposta a Humberto de Campos. In: CAMPOS, Humberto. *Antologia da Academia Brasileira de Letras.* Rio de Janeiro : W. M. Jackson, 1951, p. 371.

39 ORTIGA, Odília Carreirão. *O riso e o risível em Millôr Fernandes:* o cômico, o satírico e o "humor". 1992. Tese (Doutorado em Letras) – Universidade de São Paulo, 1992, p. 68.

40 O que encontra paralelo em outra afirmação do autor, epígrafe deste livro, "A política é a mais antiga das profissões" (*Istoé*, nº 1216, p. 09, 1993 – 9303), irmanadas as duas na clássica relação com a prostituição.

MILLÔR NA BIENAL:

Arte é diversão?

A arte tem alguma coisa a ver?

Arte é imitação de outra arte?

Arte é ilusão?

Arte é mercadoria?

A arte é uma fuga da realidade?

Arte é conflito?

: é reflexo?

Arte é negócio?

(*Istoé*, nº 469. p. 14-15, 1985 – 8551).

Perguntas pertinentes, em uma época na qual, segundo Jameson, "[...] a produção estética [...] está integrada à produção das mercadorias em geral"[41], ou, melhor dizendo, em que "[...] a própria 'cultura' se tornou um produto, o mercado tornou-se seu próprio substituto, um produto exatamente igual a qualquer um dos itens que o constituem [...]"[42].

Arte é intriga

Diante dessa constatação, marca da terceira característica do pós-moderno,[43] Millôr não tem dúvida: "ARTE É INTRIGA.... (sorry, peceferia!)" (*Istoé*, nº 560, p. 10, 1987 – 8737). O termo 'intriga', depositário de toda uma tradição de questionamento da realidade, com suas marcas de desestabilização, é definido desse modo pelo *Dicionário Aurélio*:

> [Do fr. *intrigue*] S.f. **1.** Enredo, bisbilhotice, mexerico. **2.** Cilada, insídia, perfídia, traição. **3.**V. enredo (5). **4.** Teat. Na estrutura dramática [q. v.] de uma peça, elemento que se segue à exposição e culmina no clímax e no desenla-

41 JAMESON, 2007, p. 30.

42 *Ibid.*, p. 14.

43 "[...] o sentido de 'cultura' como o que está tão colado ao econômico que é difícil destacá-la ou examiná-la em separado é, ele mesmo, um fenômeno pós-moderno [...]" (*Ibid.*, p. 19).

ce, e durante o qual se desenvolvem os caracteres e incidentes imaginados pelo autor; enredo, trama.[44]

Não gratuitamente, então, entende a arte como uma armadilha[45], para os sentidos e para o coração, mas, conforme sua acepção, de nada serviria se não fosse para questionar a realidade que se propõe a representar, mesmo que de forma distorcida. Assim como expresso nas mais variadas manifestações artísticas, a imitação nem sempre é a melhor maneira de retratar a realidade, principalmente quando se propõe a criticá-la. Nesse caso, um olhar irônico, enviesado, dissimulado, pode desvelar uma realidade de ponta-cabeça, do mesmo modo que e além do processo fotográfico. Não bastasse isso, Millôr parece dizer, ao usar a expressão "peceferia", em aparente trocadilho do vocábulo "periferia", que, mesmo nós, habitantes do Terceiro Mundo, estamos irreversivelmente integrados pela globalização da rede de computadores; e, na rede, perdemos a noção de periferia. A abreviatura "PC", de *personal computer*, parece substituir a contento a velha expressão dos partidos comunistas, em período pré-queda do Muro de Berlim.

Nesse verdadeiro embate entre integrados e apocalípticos[46], a própria obra milloriana apresenta-se, formalmente, como vanguarda. Millôr foi um dos primeiros artistas brasileiros, pelo menos na imprensa, a utilizar-se da tecnologia computacional. A mesma expressão "ARTE É INTRIGA"[47] (*Istoé/Senhor*, nº 1008, de 11.01.89

---

44 FERREIRA, A. B. de Holanda. *Novo dicionário da língua portuguesa.* Rio de Janeiro : Nova Fronteira, 1986, p. 962.

45 Aqui cabe lembrar a definição de caligrama, que beira a obra milloriana, em sua mistura de palavra e ilustração, uma o limiar da outra. Segundo Foucault, ao referir-se à obra de Magritte: "Acuando duas vezes a coisa de que fala, ele [o caligrama] lhe prepara a mais perfeita armadilha" (*In*: FOUCAULT, Michel. *Isto não é um cachimbo.* Rio de Janeiro : Paz e Terra, 1989, p. 23).

46 Segundo Umberto Eco, "o erro dos apologistas é afirmar que a multiplicação dos produtos da indústria seja boa em si, segundo uma ideal homeóstase de livre mercado, e não deva submeter-se a uma crítica e a novas orientações. O erro dos apocalípticos aristocráticos é pensar que a cultura de massa seja radicalmente má, justamente por ser um fato industrial, e que hoje se possa ministrar uma cultura subtraída ao condicionamento industrial (*In*: ECO, Umberto. *Apocalípticos e integrados.* 5ª ed. São Paulo : Perspectiva, 1993, p. 49)".

47 Essa expressão, basilar, é reiterada mais 19 vezes: nas edições de *Istoé* de nº 562, p. 14, 1987 - 8739; nº 563, p. 14, 1987 - 8740; nº 565, p. 11, 1987 - 8742; nº 571, p. 13, 1987 - 8748; nº 577, p. 10, 1988 - 8802; nº 580, p. 06-07, 1988 - 8805; nº 581, p. 06, 1988 - 8806; nº 588, p. 13, 1988 - 8813; nº 594, p. 10, 1988 - 8819; nas edições de *Istoé/Senhor* de nº 1008, p. 08, 1989 - 8902; nº 1017, p. 16-17, 1989 - 8911; nº 1024, p. 17, 1989 - 8918; nº 1032, p. 24, 1989 - 8926; nº 1048, p. 24-25, 1989 - 8942; nº 1052, p. 24-25, 1989 - 8946; nº 1094, p. 16, 1990 - 9036; nº 1099, p. 14, 1990 - 9041); e nas edições de *Istoé* de nº 1190, p. 09, 1992 - 9229; e na de nº 1195, p. 08, 1992 - 9234.

-8902), na p. 08, vinha acompanhada da expressão "(PCXT-PSP-PALETTE)", marca da técnica e do programa utilizados, pontuação também feita em várias outras crônicas.

Dessa forma, reitera a pergunta:

> O QUE É ARTE AFINAL?
>
> [...] A luz brilhante de um sol que não aquece, iluminando flores que não cheiram, refletidas num rio que não corre: na paisagem pintada um pássaro imóvel canta uma canção inaudível numa sombra sem frescura.
>
> A ARTE É ISSO!
>
> ARTE É INTRIGA.
>
> (*Istoé/Senhor*, nº 1098, p. 12-13, 1990 – 9040).

Metaforicamente, assim completa:

> Na paisagem pintada um pássaro pintado canta uma canção silenciosa, numa sombra sem frescura, à luz brilhante de um sol que não esquenta, iluminando jasmins que não cheiram, refletidos num rio que não corre. A Arte é isso? É.
>
> (*Istoé/Senhor*, nº 996, p. 17, 1988 – 8841).[48]

A partir disso, só resta afirmar: "A arte é apenas uma forma de patologia ótica" (*Istoé/Senhor*, nº 1111, p. 08, 1991 – 9101)[49], o que tem seu contraponto em "a verdadeira fotografia é o negativo" (*Istoé*, nº 583, p. 07, 1988 – 8808). No preto e branco da fotografia, Millôr prefere o avesso das coisas, fazendo uma reverência a dois modelos, um clássico, outro mais contemporâneo, nas figuras de Vermeer e de Pollok, respectivamente.

---

48 Curioso é fazermos um paralelo entre essa afirmação e o desabafo de Magritte a respeito de sua obra *Isto não é um cachimbo*: "O famoso cachimbo... Como fui censurado por isso! E entretanto... Vocês podem encher de fumo, o meu cachimbo? Não, não é mesmo? Ela é apenas uma representação. Portanto, se eu tivesse escrito sob meu quadro: 'isto é um cachimbo', eu estaria mentindo" (FOUCAULT, 1989, contracapa).

49 Informação semelhante, em forma de pergunta, é encontrada na edição nº 583 de *Istoé*, p. 06, 1988 (888): "Artes plásticas são ou não são uma patologia ótica?".

E o inusitado parece unir esses dois modelos, a partir da cópia, em uma hiperpotencialização da perda da aura benjaminiana[50], revelando a sua degradação, mesmo que genial, na forma do pastiche. Cópia esta fruto de um tempo em que a noção de original cada vez mais perdia a sua referência, instaurando a reprodução serial como um modelo, Millôr utiliza-se do expediente para dizer o contrário: só o que é original merece ser copiado.

É nesse sentido que, em carta a Van Vermeer, não gratuitamente – mas não só por isso, certamente –, em comentário sobre a obra de Ivan Pinheiro Machado, afirma:

> CARTAS AO PASSADO (COMO SE NÃO MORRÊSSEMOS)
>
> [...] Ah, você sabe que assim que apareceu a fotografia os entendidos começaram a afirmar que a pintura figurativa não tinha mais razão de ser?[51] *Sancta simplícitas!* [...] como meu amigo Ivan, que não é hiper, mas *pinta*

---

50 Em *A obra de arte na era da sua reprodutibilidade técnica,* Walter Benjamin (1994) constata o início do processo: "Cada dia fica mais irresistível a necessidade de possuir o objeto, de tão perto quanto possível, na imagem, ou antes, na sua cópia, na sua reprodução. Cada dia fica mais nítida a diferença entre a reprodução, como ela é nos oferecida pelas revistas ilustradas e pelas atualidades cinematográficas, e a imagem. Nesta, a unidade e a durabilidade se associam tão intimamente, como, na reprodução, a transitoriedade e a repetibilidade" (p. 170).

51 A esse respeito, no livro *Eu fui Vermeer*, em que Frank Wynne narra a história do holandês Han van Meegeren, um dos maiores falsários de todos os tempos, especialista em criar quadros que reproduziam em detalhes o estilo e a técnica do pintor Johannes Vermeer, encontramos a seguinte citação: "Em 19 de agosto de 1839, Paul Delaroche, um dos pintores franceses mais populares e respeitados do século XIX, solenemente declarou: 'A partir de hoje, a pintura está morta'. Paradoxalmente, fez essa declaração enquanto trabalhava para a École dês Beaux-Arts, retratando a história da arte numa pintura de 27 metros. O dobre fúnebre soou em resposta ao acontecimento mais espetacular da história da arte figurativa: a doação ao mundo, feita pelo governo francês, de uma nova e fascinante patente, o daguerreótipo. Por toda a Europa, a nova tecnologia de pintar com luz, apelidada de 'fotografia', foi recebida com empolgação e assombro. Exposições realizadas nas grandes cidades européias celebraram esse processo mágico, capaz de congelar o tempo e criar uma semelhança perfeita". [...] "Na verdade, longe de destruir a pintura, a fotografia foi um fator crucial de sua evolução. Os temas tradicionais do pintor se restringiam a história, religião e mitologia; já a fotografia se insinuava em todas as áreas da experiência humana, registrando a vida de trabalhadores, capturando atitudes espontâneas, mudando para sempre os critérios que definiam o que se prestava à observação. Enquanto a fotografia se esforçava para imitar a bela arte, utilizando métodos que lhe permitiam obter efeitos do realismo romântico, os pintores davam início a uma radical reconsideração de temas e técnicas, abandonando o realismo como o auge da conquista artística e voltando-se para os estranhos e inacabados esboços 'impressionistas'" (WYNNE, Frank. Eu fui Wermeer: a lenda do falsário que enganou os nazistas. Disponível em: <http://www.companhiadasletras.com.br/trecho.php?codigo=12259>. Acesso em: 23 out. 2010, p. 33-34).

> *como vê*. E o que ele vê, com uma técnica que foi aprimorando nesta última década (espero que um dia alcance a técnica genial de Hans Meegeren, que falsificou sete quadros teus, sendo que um, chamado "Cristo em Emaús" é considerado hoje ***teu*** melhor quadro), nos mostra um olho particular diante do mundo, servido por uma mão que corresponde a.

Como fechamento, reitera:

> "[...] Olha, Vermeer, o rapaz é bom, muito bom, no conteúdo e na forma. Um dia ainda vão falsificar ele, você vai ver.[52]
>
> Do admirador de sempre, Millôr"
>
> (*Istoé/Senhor*, nº 988, p. 16, 1988 – 8833).

Mas a falsificação não garante a originalidade da cópia[53]; a arte mesma prepara a armadilha aos desavisados que pretendem, eles mesmos, se passarem pelo artista. É o caso de Millôr, que dessacraliza propositalmente o objeto artístico, em um jogo de cena paródico, para render seu culto à originalidade do criador. É o que faz em:

> NOTÁVEIS ESPECULAÇÕES SOBRE A ARTE CONTEMPORÂNEA
>
> Isto é um Pollock. Pollock, pintor americano, foi o iniciador do tachismo, da *pop-arte*, da pintura gestual, escolhe. Na obra de Pollock isto daqui seria, digamos, uma *dripping painting* (traduzindo: pintura gotejante). Mas, convém esclarecer, isto não é um Pollock de Pollock. Quem pintou este Pollock fui eu, Millôr. Quer dizer, qualquer pessoa é capaz de pintar um Pollock.

---

52 Armindo Trevisan, em seu *blog*, assim analisa a obra de Pinheiro Machado: "[...] trata-se de uma pintura, que é também fotografia; e de uma fotografia, que não só é fotografia, mas também pintura. Portanto, uma pintura *sui-generis*. [...] A fotografia de Ivan é fotografia que se metamorfoseia em pintura. Uma fotografia que, no fim das contas, ultrapassa a fotografia, adicionando-lhe uma aura de sofisticação agregada, que torna a realidade fotografada, e fotografável, um tanto estranha. [...] Se o contemplador não apreciar tais metamorfoses de fotografias, sugiro-lhe que fale em Hiper-realismo, ou em outros ismos, mas desista de compreender a sutileza da produção pictórica de Ivan" (*In:* TREVISAN, Armindo. Ivan Pinheiro Machado: pinturas. Disponível em: <http://armindotrevisan.blogspot.com/2011/05/ivan-pinheiro-machado-pinturas.html>. Acesso em 27 jun. 2011).

53 Aliás, a esse respeito afirma: "O mal do imitador é que ele continua a imitar o original muito tempo depois que este não é mais assim" (*Istoé/Senhor*, nº 1035, p. 17, 1989 – 8929).

MAS AINDA NÃO APARECEU O GÊNIO CAPAZ DE COPIAR UM POLLOCK.

(*Istoé/Senhor*, nº 1066, p. 20-21, 1990 – 9008).

Além disso, advogando a inexorabilidade da arte enquanto produto a ser comercializado e descartado, vai além da noção do *trailer* como forma artística cinematográfica superior e metafísica, como abordado anteriormente, para, ironia das ironias, propor o "reclame" como a própria forma final de modelo artístico: "Todo *trailer* é melhor do que o filme. Por que não fazem só *trailers?*" (*Istoé/Senhor*, nº 984, p. 14, 1988 – 8829).

Como alternativa a isso, propõe, em *Ovo*:

> A arte das artes, a realização irretocável, o objeto perfeito em sua forma, cor, textura e utilidade – o ovo. Alimento, reprodução, estética, nada se compara ao ovo. Reconheçamos, aí o feminismo é imbatível. A galinha é a maior artista de todos os tempos. E, generosa, como se não lhe custasse o menor esforço, oferece o resultado de sua arte todo dia, quase de graça, a um preço vil. Eu, fosse galinha, não botaria um ovo por menos de 10 mil dólares (*Istoé*, nº 1186, p. 08, 1992 – 9225).

Tirante a ironia milloriana em relação ao feminismo e à mercantilização da arte, a comparação com a poesia *O ovo de galinha*, de João Cabral de Melo Neto, é inevitável. Vejamos o fragmento I do poema:

> Ao olho mostra a integridade
> de uma coisa num bloco, um ovo.
> Numa só matéria, unitária,
> maciçamente ovo, num todo.
>
> Sem possuir um dentro e um fora,
> tal como as pedras, sem miolo:
> é só miolo: o dentro e o fora
> integralmente no contorno
>
> No entanto, se ao olho se mostra
> unânime em si mesmo, um ovo,
> a mão que o sopesa descobre
> que nele há algo suspeitoso:

que seu peso não é o das pedras,
inanimado, frio, goro;
que o seu é um peso morno, túmido,
um peso que é vivo e não morto.

(NETO, J. C. de Melo. *Obra Completa.*
Rio de Janeiro : Nova Aguilar, 1994, p. 302).

Também em forma serial, a produção da "maior artista de todos os tempos" revela-se única, imprescindível, por veicular em sua arte o mistério da vida e toda a sua poesia – o que é fim se faz em início, sem utilitarismo ou intenção comercial, apenas ovo.

Corrompo, logo existo

E essa postura, que ora preconiza a vanguarda, ora busca o primordial, percorre a trajetória de Millôr, digamos assim, enquanto ser pensante e/ou jornalista e/ou escritor. A ressalva baseia-se em afirmações do próprio artista, que, em suas autodefinições – abaixo da inscrição Millôr –, se nomeia desse modo: "um jornalista sem fins lucrativos"[54] (*Istoé*, nº 580, p. 06, 1988 – 8805). A definição, marcadamente repetida no período em questão[55], encontra uma anteposição nas expressões, em si paradoxais, "um escritor que começou como intelectual" (*Istoé/Senhor*, nº 1099, p. 14, 1990 – 9041) e "um escritor que nunca foi um intelectual" (*Istoé/Senhor*, nº 1190, p. 08, 1992 – 9229).

No hiato entre as duas afirmativas, Millôr parece querer delimitar um espaço de independência, uma vez que, se, por um lado, a Academia nunca foi o seu

---

54 A esse respeito, observa, em sua primeira crônica dessa nova série, ao questionar as informações governamentais de então: "Que seriam facilmente absorvidas, não existisse essa maldita imprensa com suas intrigas, seus planos diabólicos de desmoralização do poder central [...], essa imprensa safada, à qual, por falta de ideal mais alto, de profissão mais digna, de cargo mais bem remunerado, eu volto a me juntar hoje, agora, neste local, nesta linha e nesta letra, safado que sou – com carteirinha – há muitos anos, disposto a rir até o fim e a não botar a boca no mundo pra não virar apenas uma arcada dentária, pois em matéria de heroísmo tudo que fiz na vida foi apenas recusar meus dez por cento. Isto é..." (*Istoé*, nº 326, p. 15, 1983 – 8301). Além do sentido ético explicitado aqui (e do papel da imprensa enquanto agente fiscalizador), sinaliza prontamente a sua postura intelectual: "Imprensa é oposição. O resto é armazém de secos & molhados" (*Istoé*, nº 326, p. 14, 1983 – 8301).

55 A mesma expressão, encontramos nas edições de *Istoé/Senhor* de nº 1032, p. 24, 1989 – 8926; nº 1168, p. 08, 1992 – 9207; nº 1172, p. 08, 1992 – 9211; e nas de ***Istoé*** de nº 1215, p. 08, 1993 – 9302.

território – e nem teve da mesma o reconhecimento devido – pelo menos à época tratada aqui –, por outro, o simples fato de refletir através da palavra escrita – burlando ou não a norma culta –, em um país de semianalfabetos, já confere a ele, mesmo que a contragosto, a condição de intelectual.

No entanto, entre a noção clássica, elitista, de um intelectual que se alia à estabilidade dos vencedores e governantes[56] e a do que considera "[...] essa estabilidade um estado de emergência que ameaça os menos afortunados com o perigo da extinção completa [...]", levando "em conta a experiência da própria subordinação, bem como a memória de vozes e pessoas esquecidas", conforme Said[57], claramente Millôr opta pelo último modelo. E isso é respaldado por uma combatividade militante, embora não vinculada, necessariamente, a grupos ou instituições políticas; em um verdadeiro vício solitário, afirma que "o intelectual é um homem que duvida permanentemente das próprias idéias, mas é capaz de defendê-las até a morte (do outro)" (*Istoé/Senhor*, nº 1030, p. 24, 1989 – 8924).

Dessa forma, fugindo do padrão diagnosticado por ele em relação a seus pares, "Intelectual brasileiro é um pensador especializado em só pensar o que já foi pensado" (*Istoé*, nº 1194, p. 08, 1992 – 9233), Millôr apresenta as suas armas. Podendo ser identificado como, nas palavras de Said (2005), "[...] um exilado e marginal, como amador e autor de uma linguagem que tenta falar a verdade ao poder"[58] (p. 15), analisa a realidade de um ponto de vista no mínimo original, a partir de uma subjetividade cortante, de uma autoironia cínica, equilibrada na corda bamba de um relativismo absoluto.

A começar pela afirmação de que

> Podemos e devemos criticar tudo e todos. Não precisamos ser especialistas em nada pra fazer crítica. Sem jamais usar um martelo ou um formão qualquer pessoa sabe se uma cadeira incomoda ou não o seu traseiro. Em arte ou sabão de roupa criticar é função – e direito – de leigos (*Istoé*, nº 1226, p. 08, 1993 – 9313),

---

56 Nesse caso, cabe a expressão "O intelectual é a empregada doméstica dos poderosos" (*Istoé*, nº 351, p. 16, 1983 – 8326; e *Istoé/Senhor*, nº 1016, p. 17, 1989 – 8910).
57 SAID, 2005, p. 46.
58 *Ibid.*, p. 25.

dessacralizadora por si só, à medida que, em sua pedagogia, além de cumprir a função destinada ao intelectual, segundo Said – "[...] ser um indivíduo dotado de uma vocação para representar, dar corpo e articular uma mensagem, um ponto de vista, uma atitude, filosofia ou opinião para (e também por) um público"[59]–, ele sabe que, mais importante do que isso, é despertar o senso crítico daqueles menos aquinhoados econômica ou intelectualmente. Dessa forma, partindo da noção de que "um erudito sabe tudo. Um sábio sabe apenas o essencial" (*Istoé*, nº 502, p. 13, 1986 – 8632), de que, como defende Said,

> [...] o intelectual age com base em princípios universais: que todos os seres humanos têm direito de contar com padrões de comportamento decentes quanto à liberdade e à justiça da parte dos poderes ou nações do mundo, e que as violações deliberadas ou inadvertidas desses padrões têm de ser corajosamente denunciadas ou combatidas,[60]

faz de sua subjetividade o ponto de partida da "[...] dissensão contra o *status quo*, num momento em que a luta em nome de grupos desfavorecidos e poucos representados parece pender tão injustamente para o lado contrário ao deles"[61]. Assim, para ele, "o cinismo é o máximo de sofisticação filosófica" (*Istoé*, nº 537, p. 10, 1987 – 8714), posição a que se coloca em sua "[...] oposição radical e ativa aos valores culturais vigentes, oposição nascida do discernimento de que é impossível conciliar as leis e convenções morais e culturais com as exigências de uma vida segundo a natureza [...]", como consta no *Dicionário Aurélio*[62], ao referir-se à escola dos filósofos gregos Antístenes de Atenas (444-365 a. C.) e Diógenes de Sínope (413-365 a. C.).

Ciente de que trata das coisas da vida, com todas as contradições que isso encerra, Millôr brinca com sua condição de cronista do cotidiano, ao afirmar: "Eu aqui, na máquina, e posso garantir a vocês que nunca minha redação

---

59 O que é complementado pela ideia de: "[...] alguém cuja função é levantar publicamente questões embaraçosas, confrontar ortodoxias e dogmas (mais do que produzi-los); isto é, alguém que não pode ser facilmente cooptado por governos ou corporações, e cuja *raison d'être* é representar todas as pessoas e todos os problemas que são sistematicamente esquecidos ou varridos para debaixo do tapete" (SAID, 2005, p. 25-26).

60 *Ibid.*, p. 25-26.

61 *Ibid.*, p. 16.

62 FERREIRA, p. 407, 1986.

foi tão brilhante. O sol da manhã se levantando joga sua luz diretamente sobre o meu papel" (*Istoé*, nº 374, p. 12, 1984 - 8408). O jogo é fingir esconder a sua condição intelectual, pois mesmo isso precisa ser relativizado, para não se criarem novos deuses. Até porque, segundo o próprio, vive claramente um descompasso, expresso nas afirmações "há escritores cuja obra só será devidamente entendida daqui a cem anos. E eu, que tenho certeza de que o que eu escrevo só poderia ser entendido há cem anos atrás?" (*Istoé*, nº 432, p. 13, 1985 - 8514), paradoxo que pode ser complementado por "cada vez sinto mais dificuldade em aceitar o mundo como ele é. Tenho a vaga impressão de que a recíproca é verdadeira" (*Istoé/Senhor*, nº 1040, p. 24, 1989 - 8934).[63]

Ao afirmar-se "eu sou um animal extinto. Devia ter entrado na Arca. Mas não acreditei no Dilúvio" (*Istoé*, nº 466, p. 14, 1985 - 8548), reitera a sua condição *outsider*, enquadrando-se mais uma vez nas palavras de Said em relação ao papel do intelectual: "[...] uma testemunha que confirma um horror que, de outra maneira, não seria registrado"[64]. Ou, mais ainda, além do sutil anticlericalismo, a opção reafirmada por aqueles designados como infracionários, na visão de Lúcia Helena (1983), ratificada aqui por Said:

> De um lado há os que pertencem plenamente à sociedade tal como ela é, que crescem nela sem um sentimento esmagador de discordância ou incongruência e que podem ser chamados de consoantes: os que sempre dizem "sim"; e, de outro, os dissonantes, indivíduos em conflito com sua sociedade e, em conseqüência, inconformados e exilados no que se refere aos privilégios, ao poder e às honrarias. O modelo do percurso do intelectual inconformado é bem mais exemplificado na condição de exilado, no fato de nunca encontrar-se plenamente adaptado, sentindo-se sempre fora do mundo familiar e da ladainha dos nativos. [...] Para o intelectual, o exílio nesse sentido metafísico é o desassossego, o movimento, a condição de estar sempre irrequieto e causar inquietação nos outros[65].

63 Variação sobre o mesmo tema aparece em: "Tem muita gente aí desajustada em relação ao mundo. Eu acho que o mundo está desajustado em relação a mim" (*Istoé/Senhor*, nº 1148, p. 06, 1991 - 9138).

64 SAID, 2005, p. 16.

65 *Ibid.*, p. 60.

Dessa forma, a asseveração "Corrompo, logo existo" (*Istoé/Senhor*, nº 1025, p. 24, 1989 – 8919) parece ser a única saída de quem crê na afirmação da realidade a partir da sua transformação, de quem se propõe – e, aqui, o termo "ironicamente" passa a ser redundante – a ser o vate ("E eu, que nasci pra ser profeta em minha própria terra?" – *Istoé*, nº 531, p. 11, 1987 – 8708), que é reforçada pela definição: "MILLOR – nemo propheta in patria" (*Istoé/Senhor*, nº 1036, p. 18, 1989 – 8930).

Sabedor da dificuldade de compreender toda a dimensão do humano, com suas construções sociais e/ou subjetivas, em ilustração onde aparece uma lápide com seu nome: "Millôr Fernandes 1924-1983 – Mas nunca chegou a entender o plano geral" (*Istoé*, nº 504, p. 14, 1986 – 8634), nem por isso desiste da tarefa, já que, afirma ele: "Tem gente que faz; tem gente que manda fazer e tem gente como eu que vive perguntando o que é que aconteceu" (*Istoé*, nº 519, p. 14, 1986 – 8649). Insere-se assim na tradição de quem

> [...] tende a ver as coisas não apenas como elas são, [mas] como se tornaram o que são. Isso significa observar as situações como contingentes e não como inevitáveis, encará-las enquanto resultado de uma série de escolhas históricas feitas por homens e mulheres, como fatos da sociedade construída por seres humanos e não como naturais ou ditadas por Deus e, por conseqüência, imutáveis, permanentes, irreversíveis.[66]

Assim, além do sentido filosófico e ateísta que expressa em seu *Poemeu frustrado – até na vida das flores há diferenças da sorte (umas enfeitam a vida, outras enfeitam a morte),*

> Pra Adão reformular o mundo
> Deus lhe deu
> Uma maçã.
>
> [...]
> E Newton
> Pra revelar a gravidade,
> Também ganhou de Deus
> Uma maçã.
> Agora, pro Millôr fazer isto

---

66 SAID, 2005, p. 68.

[...]

Deus lhe deu

Uma banana.

[...]

(*Istoé/Senhor*, nº 988, p. 17, 1988 – 8833)[67]

forma e conteúdo se irmanam para expressar uma visão do mundo debochada, autoirônica, deixando espaço, inclusive, para a atribuição de significados ficar a cargo do leitor[68]. E, nesse caso, certamente não seria a banana de Andy Warhol.[69] De novo, encaixa-se perfeitamente naquilo referido por Said: "O que me chama a atenção, como algo muito mais interessante, é como manter na mente um espaço aberto para a dúvida e para uma ironia cética e alerta (e, de preferência, para a auto-ironia também)"[70].

Assim, pode o autor expressar: "A minha filosofia de vida é um não sei o que pra não sei como"[71] (*Istoé/Senhor*, nº 1045, p. 24, 1989 – 8939), o que, acompanhado do "*cogito, ergo suo*" (*Istoé*, nº 1220, p. 09, 1993 – 9307) – claro trocadilho com o dito cartesiano "*cogito, ergo sum*" (penso, logo existo). O suar, no caso, é mais uma ironia – penso, logo suo –, já que, assim como professam os publicitários, a criação requer, mais do que 1% de inspiração, 99% de transpiração. Quer dizer, trabalho duro.[72] Se agregarmos a

---

67 O que encontra paralelo em seu "*Poemeu agri-cultural – Fruto Proibido* (Pra Eva multiplicar a Criação/ Deus lhe deu/ Uma maçã./ Newton, pra descobrir a gravidade./ Também ganhou de Deus/ Uma maçã./ Pro Tell demonstrar sua destreza,/ Deus lhe deu/ Uma maçã./ Agora, quando o Millôr/ Se propôs fazer isto,/ Semana após semana,/ Deus lhe deu/ Uma banana)" (***Istoé***, nº 562, p. 15, 1987 – 8739).

68 O que encontra respaldo na inferência irônica, segundo os pressupostos de Linda Hutcheon (2000).

69 Referência à capa do primeiro LP da banda norte-americana *Velvet Underground* (1967), que possui o desenho de uma banana feita por Andy Warhol, o mentor do grupo.

70 SAID, 2005, p. 120.

71 O que irá encontrar o equivalente na variação sobre o mesmo tema: "A minha filosofia é só um não sei como pra não sei o quê" (*Istoé*, nº 377, p. 10, 1984 – 8411).

72 "Mas olha, humildade, tão fora de moda, continua não fazendo mal a ninguém. Todo meu trabalho – embora de duvidosa qualidade – deriva de esforço braçal, diário e contínuo. O objetivo é o trabalho em si. Glória, se houver alguma, é lucro inesperado. No pequeno palco que me deram jamais supus que meu papel fosse o do rei Lear, nunca me passou que alguém esperasse de mim a interpretação do Hamlet. Há muito concluí que vim apenas para uma pequena cena muda no segundo ato, na qual eu abro a porta pra outros personagens (nem sequer muito importantes). E não me queixo. Espero apenas que, antes do fim da peça, me dêem a responsabilidade de entregar ao galã principal aquela carta dramática (essa, sim, registrada) que encerra tudo. Encontro com Otto Lara, em Budapeste, 1981" (*Istoé/Senhor*, nº 1010, p. 18, 1989 – 8904).

isso a noção de que, de acordo com a filosofia greco-romana, a contestação é o princípio básico de qualquer ato filosófico, podemos considerá-la um ato de coragem, pois se já na Grécia exigia cuidados, ainda mais no momento de uma democracia imberbe, no nascedouro de um processo *in continuum*, mas sem garantias de pleno restabelecimento democrático.

Dessa forma, a afirmação "sou capaz de dar a vida pelo meu ceticismo" (*Istoé/Senhor*, nº 1016, p. 17, 1989 – 8910) pode ser combinada a um relativismo, inclusive expresso na linguagem: "olha bem no dicionário. Não há nenhuma palavra com um significado só" (*Istoé*, nº 508, p. 10, 1986 – 8638), o que é radicalizado *ad nauseam*, com expressões tais como: "Um homem profundamente mentiroso contém 49% de verdade. E um homem profundamente verdadeiro vem com 51% de mentira" (*Istoé/Senhor*, nº 1104, p. 12, 1990 – 9046) ou "A verdade é o que sobra depois que você disse todas as mentiras" (*Istoé/Senhor*, nº 1133, p. 09, 1991 – 9123).[73]

O manejo da linguagem com tal destreza é uma das características apontadas por Said[74] como essenciais da ação intelectual, a outra é quando intervir por meio dela. E, no caso de Millôr, é sempre o caso de intervir, agora, em um autoquestionamento cotidiano (ou semanal, se quisermos pensar no veículo que lhe dá suporte) e existencial: "Círculo (bem) vicioso – Penso, logo existo, tudo bem. Mas por que eu penso? E pra que é que eu existo?" (*Istoé/Senhor*, nº 1129, p. 10, 1991 – 9119).

A verdade é a busca dela

Esse relativismo existencial – por si só movediço e aparentemente inapreensível – é o que melhor representa o projeto estético-político do autor. Em construções como "só minto pra não passar por verdadeiro" (*Istoé/Senhor*, nº 1032, p. 5, 1989 – 8926) – em que parece justificar a obra e reafirmar essa condição relativizante – e "só conheço uma verdade: a do compasso" (*Istoé/Senhor*, nº 1145, p. 08, 1991 – 9135), alicerça a sua "a verdade é a busca dela" (*Istoé/Senhor*, nº 982, p. 16, 1988 – 8827), o que teria também o seu complemento irônico em "a verdade é a buscadela" (*Istoé*, nº 386, p. 08,

---

73 Outros exemplos seriam: "Só uma coisa é tudo – o nada" (*Istoé*, nº 416, p. 12, 1984 – 8450 – e *Istoé/Senhor*, nº 1027, p. 25, 1989 – 8921); "Chama-se de ambigüidade a arte de desmentir a verdade" (*Istoé*, nº 491, p. 12, 1986 - 8621); "No fundo, no fundo, tem sempre um outro fundo" (*Istoé*, nº 582, p. 06, 1988 – 8807); e "Não há nada mais errado do que estar sempre certo" (*Istoé/Senhor*, nº 994, p. 16, 1988 – 8839).

74 SAID, 2005, p. 33.

1984 - 8420).[75] Micro e macro – estão aí costurados o coletivo e o individual: por um lado, por reafirmar a impossibilidade do absoluto, que somente a intenção de é que pode nos aproximar da verdade, em existindo ela; e, no caso de não existência, só o exercício da caminhada já justificaria os fins, dado que não consta no projeto do autor a sacralização de algo preconcebido, tudo é processo. Por outro lado, dessacralizador de certezas, sabe que a busca pode se dar de forma individual, cada um atrás de sua verdade – no caso, a "buscadela" refletiria uma pequena busca – e, no caso de Millôr, por que não arriscar?, poder-se-ia dizer, fazendo uma ponte paródica com o infracionário "sargento de milícias" – "filho de uma buscadela e de uma derrisão".

O modelo que guarda alguma similitude com esse projeto – mesmo que de forma não totalizante – parece ser o de Adorno, assim considerado por Said:

> Paradoxal, irônico, crítico impiedoso, Adorno foi o intelectual por excelência, odiando *todos* os sistemas, do nosso lado ou do deles, com igual aversão. Para ele, o que havia de mais falso na vida era o gregarismo – o todo é sempre o não-verdadeiro[[76]], disse certa vez – e isso, prosseguiu, deu um valor muito maior à subjetividade, à consciência do indivíduo e ao que não podia ser arregimentado numa sociedade totalmente burocratizada[77].

Se aliarmos a isso o humor e uma crítica contundente, condição *sine qua non* do intelectual como amador[78], podemos retomar a condição "jornalista sem fins lucrativos" de Millôr. Ainda conforme Said,

> [...] há algo fundamentalmente desconcertante nos intelectuais que não têm nem escritórios seguros, nem território para consolidar e defender; por isso,

75 A mesma sentença, encontramos em *Istoé/Senhor*, nº 1150, p. 40, 1991 – 9140.
76 Em afirmação de Millôr: "Tudo é diferente de tudo, porque nada é igual a nada" (*Istoé*, nº 1205, p. 09, 1992 – 9244).
77 SAID, 2005, p. 63.
78 "O intelectual hoje deve ser um amador, alguém que, ao considerar-se um membro pensante e preocupado de uma sociedade, se empenha em levantar questões morais no âmago de qualquer atividade, por mais técnica e profissionalizada que seja. Essa atividade empenhada envolve seu país, o poder e o modo de interagir com seus cidadãos, bem como com outras sociedades. [...] o espírito do intelectual como um amador pode transformar a rotina meramente profissional da maioria das pessoas em algo muito mais intenso e radical; em vez de se fazer o que supostamente tem que ser feito, pode-se se perguntar por que se faz isso, quem se beneficia disso, e como é possível tornar a relacionar essa atitude com um projeto pessoal e pensamentos originais" (*Ibid.*, p. 86-87).

> a auto-ironia é mais freqüente do que a pomposidade, a frontalidade melhor do que a hesitação e o gaguejo. Mas não há como evitar a realidade inescapável de que tais representações por intelectuais não vão trazer-lhes amigos em altos cargos nem lhes conceder honras oficiais. É uma condição solitária, sim, mas é sempre melhor do que uma tolerância gregária para com o estado das coisas.[79]

E esse desconcerto drummondiano, em versão milloriana, reflete-se na concretude do dia a dia, nas relações de trabalho, pois a condição buscada por Millôr – custe o que custar – é a de independência. Coloca-se ele refratariamente ao

> [...] tributo cobrado pela sociedade moderna, com suas diversões infindáveis, seus turbilhões de prazeres e, sobretudo, a emergência do jornalismo, da publicidade, da celebridade instantânea e de uma esfera de circulação constante, em que todas as idéias são negociáveis, todos os valores transmutáveis, todas as profissões reduzidas à busca do dinheiro fácil e sucesso rápido.[80]

Ciente de que negar os 10% não faz dele um herói, ou quase, em uma sociedade que precisa reafirmar seus valores democráticos, mas, mais que isso, éticos. Também em relação a esse aspecto, com todos os riscos, procura tornar-se coerente. E essa coerência parece ser balizada pelo público, já que, como observa Said,

> Cada intelectual tem uma audiência, um público. A questão é se essa audiência está lá para ser satisfeita, e, conseqüentemente, manter-se feliz, ou se ela existe para ser desafiada e, portanto, instigada a uma oposição direta ou mobilizada para uma maior participação democrática na sociedade. Mas, em qualquer dos casos, não há como se desviar da autoridade e do poder, nem da relação do intelectual com ambos. De que forma ele se dirige à autoridade: como um bajulador profissional ou como uma consciência crítica dessa autoridade, ou seja, um amador que não espera recompensas?[81]

Mais uma vez, sobre isso, afirma Millôr: "De uma coisa estou certo: eu sou bem pior do que os melhores – mas muito melhor do que os piores" (*Istoé/Senhor*, nº

---

79 SAID, 2005, p. 17.
80 *Ibid.*, p. 32-33.
81 *Ibid.*, p. 87.

1008, p. 08, 1989 – 8902), o que pode ser complementado por "eu não pio. Mas também não cocorico" (*Istoé/Senhor,* nº 1153, p. 08, 1991 – 9143). Embora não se possa afirmar com certeza, de acordo com Said,

> [...] permanece a questão se há ou pode haver algo como um intelectual independente, atuando de forma autônoma, que não seja devedor e, por conseguinte, não se sinta constrangido por suas afiliações com universidades que pagam salários, partidos que exigem lealdade a uma linha política, *think tanks* que, ao mesmo tempo que oferecem liberdade para fazer pesquisa, talvez comprometam mais sutilmente o discernimento e restrinjam a voz crítica.[82]

E esse não parece ser o caso de Millôr. Na sua relação com os veículos de informação que dão suporte a seu texto, não poucas vezes o conflito foi inevitável, por disputa de espaço, por choque de interesses e/ou ideológico e, principalmente, por autonomia. Lembra, nessa condição, a definição de Said:

> Um intelectual é como um náufrago que, de certo modo, aprende a viver com a terra, não nela; ou seja, não como Robinson Crusoé, cujo objetivo é colonizar sua pequena ilha, mas como Marco Polo, cujo sentido do maravilhoso nunca o abandona e que é um eterno viajante, um hóspede temporário, não um parasita, conquistador ou invasor.[83]

Essa posição, que encontra paralelo na figura do narrador de Walter Benjamin[84], inclusive questionou, e muito, o papel dado ao chamado Quarto Poder – a mídia, com seus tentáculos cada vez mais abarcando a tudo e a todos. Assim, dessacralizador também com aquilo que é o continente de sua escrita, declara o humorista: "E vendo que os homens queriam tornar a imprensa um poder acima do Seu próprio, Deus fez com que eles inventassem os editoriais. E daí em diante ninguém mais se entendeu na Torre de Papel" (*Istoé,* nº 382, p. 12, 1984 – 8416). Essa crítica estende-se mais ainda, quando declara:

---

82 SAID, 2005, p. 73.

83 *Ibid.*, p. 67.

84 Segundo o que coloca Walter Benjamin (1994) em *O narrador – considerações sobre a obra de Nikolai Lescov,* os dois primeiros mestres na arte de narrar foram os camponeses e os marinheiros (p. 199).

> Vou formar uma associação, sindicato, um clube, time, um sei-lá-o-quê de leitores de editoriais. [...] Acho a única maneira de se conseguir, democraticamente, que os editoriais possam readquirir uma perdida coragem, usando a fórmula atual em sentido inverso e de modo mais contundente, como sabe "qualquer idiota que assume um posto de comando", ou como "não ignora nenhum general desses que circulam entre a crônica social e o golpe financeiro", ou ainda "à maneira irresponsável do mais medíocre mafioso da burocracia estatal".
>
> Senão teremos sempre um editorialismo vacilando entre a corrupção do Poder Público e a prepotência do Empresariado, ambos com enorme espaço editorial à sua disposição, como sabe "todo editorialista razoavelmente honesto"
>
> (*Istoé/Senhor*, nº 1001, p. 25, 1988 – 8846).

E isso irá encontrar a sua confirmação, sempre irônica e mais do que sub-reptícia – explícita mesmo – em *Enfim, um editor honesto*, quando mistura, em um mesmo amálgama, fragmentação, ilusão e mistificação:

> Não temos dúvida; o maior trabalho de ficção é a orelha do livro, de ficção ou não. [...]
>
> Mas um editor afinal resolveu ser sincero. Em sua última edição colocou o que realmente pensa. Transcrevo: "Ninguém lamenta mais do que nós o conteúdo deste livro. A pobreza de concepção, a falta absoluta de domínio da língua e o acúmulo de lugares-comuns são de doer. Prestem especial atenção no *approach* psicológico, indigno de uma criança autista de cinco anos fazendo uma composição escolar. Também é notável (no pior sentido da palavra) a simploriedade com que o autor tenta descrever estruturas sociais complexas e a profundidade com que mergulha de cabeça em charcos de profunda estupidez.
>
> [...]
>
> Bem, é evidente que com esta orelha não estamos esperando que você compre o livro. Já comprou".
>
> Moral: nunca li um livro que justificasse a orelha
>
> (*Istoé*, nº 1214, p. 10, 1993 – 9301).

Assim como já referido em relação à indústria cinematográfica, no caso referindo-se ao curta-metragem, também sabe ele que a síntese é a marca da época, síntese que pode ser desmistificadora ou ilusória, libertadora ou mercantilista. Como em todos os objetos, por detrás está o homem. E a obra de Millôr, em sua forma sintética e fragmentada, oferece originalidade e desmistificação, ao contrário do cada vez mais corrente na era da informação. Agora, a lógica tolstoiana, sob a égide das grandes redes de comunicação (Reuters, UPI, etc.), aparece invertida, "se queres retratar tua aldeia, fala do mundo", e mundo, nesse caso, poderíamos especificar, mundo das aparências.

Nesse sentido, quando o autor declara: "Não duvidem; sou uma pessoa famosa. Tenho certeza de que entrarei na história, pelo menos como esse lixo que a polícia recolhe pra investigar grandes escândalos" (*Istoé*, nº 584, p. 12, 1988 – 8809), temos instaurada a consciência do papel da crônica libertária (literária?) enquanto um elemento estranho a denunciar a doença do seu hospedeiro. E, aqui, a crítica à imprensa nacional não foge à regra, pois, em tempos de cada vez maior circulação de informações, há de se registrar o...

> REGISTRO FÚNEBRE NA ERA DA INFORMÁTICA.
>
> Amargurado, o grande editor suicidou-se atirando-se dentro da máquina de Fax do jornal. Embora haja notícia de que várias cópias dele foram vistas em algumas das principais cidades do País, até agora não se tem um retrato preciso do que aconteceu. Pela monotonia atual da imprensa brasileira há a hipótese de que ele se tenha transformado em redator-chefe de vários jornais ao mesmo tempo (*Istoé/Senhor*, nº 992, p. 24, 1988 – 8837).

Na recuperação do sentido orwelliano, na figura do "grande editor", Millôr, extrapolando o sentido tradicional da crônica – mero subproduto da indústria da informação –, exerce o seu papel desmistificador, mesmo que em página policial. Assim, indiferente ao próprio risco, que, mais do que a entrega da carta dramática, a ação encerra, sabe que "Só ri melhor quem ri por último" (*Istoé*, nº 1212, p. 13, 1992 – 9251), ou "Ri melhor quem morre por último" (*Istoé*, nº 532, p. 14, 1987 – 8709), ou, ainda, em sentido mais geral e metafísico: "Hai-kai — Olho, alarmado/ E se a vida for/ Do outro lado?" (*Istoé/Senhor*, nº 1140, p. 07, 1991 – 9130).

Nessa batalha, o riso é primeiro e último recurso, nem que seja o do guerreiro atingido no diafragma, que morre rindo e lutando, lutando e rindo, pois, mesmo em sua queda, arrasta consigo um pouco do seu algoz. Assim:

> [...] a única forma de alcançar essa convergência é lembrar-se constantemente de que, enquanto intelectual, você tem escolha: representar a verdade de forma ativa e da melhor maneira possível, ou então se permitir, passivamente, ser dirigido por uma autoridade ou um poder. Para o intelectual secular, *esses* deuses sempre falham.[85]

Humanos, demasiado humanos[86], diria, diante desses deuses tão próximos dos homens, o que faz lembrar, em uma antropofagia às avessas, a relação de Uranôs com Cronos e a deste com Zeus. Conforme a mitologia grega, Cronos, após ser confinado pelo pai (Uranôs) – juntamente com os irmãos –, instigado pela mãe, rebelou-se contra o pai, castrando-o.

> De acordo com uma lenda, o período de domínio de Cronos, após a deposição violenta de Uranôs, foi uma Idade de Ouro na terra. Segundo outra lenda, ele teria sido advertido de que um de seus filhos o destronaria; Cronos então passou a engoli-los por ocasião de seu nascimento. Zeus, o filho mais novo (o mais velho em Homero), salvou-se graças a um ardil de sua mãe Rea, e com a ajuda dos Ciclopes e dos Gigantes (vv.) centimanos empreendeu uma longa guerra do alto do monte Ólimpos contra Cronos apoiado pelos outros Titãs. [...] Zeus derrotou-os finalmente com seus raios e com as pedras lançadas pelos gigantes, e aprisionou os vencidos no Tártaro.[87]

Desse modo, podemos pensar esse cronista como aquele que, ao ocupar o seu lugar de analista da história, acaba criando uma contradição entre criatura e criador: Cronos, após ter sobrevivido a Uranôs, é morto pelo filho (Zeus), em uma eterna luta intestina por espaço e sobrevivência. E esse pode ser também o papel

---

85 SAID, 2005, p. 120.

86 Referência ao livro de Friedrich Nietzsche, *Humano, demasiado humano* (São Paulo : Companhia das Letras, 2000), em que discute sobre o que deveria ser o espírito realmente livre dos homens.

87 HARVEY, Paul. *Dicionário Oxford de literatura clássica:* grega e latina. Rio de Janeiro: Jorge Zahar, 1987, p. 145.

do intelectual: mesmo ciente de sua relação com o veículo que dá sustentação ao seu discurso, isso não o impede de fincar bandeira no seu território de escrita; no caso, através da derrisão e da sedução da linguagem.

4
Fal(h)ando a verdade ao poder

"No princípio era a verba".[1]
(*Istoé*, nº 393, p. 12, 1984 – 8427)

Entendendo o homem como eminentemente social, e a sociedade como estruturada a partir de suas bases econômicas, Millôr não se deixa convencer pelos que, invertendo essa ordem, agora só veem a estrutura social a partir do consumo. Tendo ciência de que, desde que o mundo é mundo, concomitantemente ao desenvolvimento da espécie, o moto-contínuo é a economia, e a economia em toda a sua extensão. Assim, em vez de um *fiat lux* principiado pelo verbo, em versão bíblica, a questão terrena é a verba. E a verba, no caso, não em sentido neutro, dado que, já de antemão, faz um recorte, ao afirmar vivermos em uma "sociedade de consumo (ou melhor, consumo sem sociedade)" (*Istoé*, nº 353, p. 13, 1983 – 8328).

A medida e a contramedida são instauradas na mesma asserção. Reconhece que um dos pilares era mesmo o consumo, o outro era a desagregação social que as chamadas leis do mercado reiteravam, escondendo para debaixo do tapete da mão invisível (do mercado) as diferenças sociais entre os que podiam e os que não podiam consumir, ou, mais que isso, entre os que produziam e os que consumiam ou eram consumidos (reificados) no processo.

---

1 A sentença é complementada por "(Depois é que vieram os créditos extraordinários e secretos)".

O homem e sua economia

Por essa via, sintetiza exemplarmente, em *O homem e sua economia* (*Istoé/ Senhor*, nº 1102, p. 12, 1990 – 9044), a história da riqueza do homem[2], dos primórdios do comunismo primitivo aos dias atuais/em questão:

> I
>
> No princípio era o escambo; o homem dava o que lhe sobrava e recebia o que necessitava. Mas essa troca absoluta – o supérfluo pelo fundamental, sem noção de outros valores – começou a ficar difícil quando a Ambição perguntou: 'Esperaí, quantos macacos vale uma canoa?'
>
> [...]
>
> V
>
> O fim do século XX convive com uma multidão de formas de troca financeira – as ações ao portador, os cheques, as duplicatas, os bônus, as apólices, as divisas, os cartões de crédito – mil espécies de moedas, padrões de troca com que se estimula o comércio, a indústria e o consumo, e se faz um giro alucinante de valores, só possíveis de contabilizar por serem contemporâneos da cibernética. Usado muito pouco nas altas operações financeiras, o dinheiro é, hoje, o cartão de crédito do pobre.

A síntese se faz perfeita à medida que, pouco a pouco, vai apontando, desde a ambição humana pela corrupção (o roubo) – em formas individuais – até as manifestações coletivas mediadas por uma autoridade ou sistema de poder, resultando na forma contemporânea das mais diferentes versões de trocas financeiras (dinheiro de plástico ou virtual), em que, ao fim e ao cabo, somente os sem riqueza sujam as mãos com a utilização do papel-moeda em forma concreta, isto é, dinheiro vivo.

Assim como à riqueza interessa travestir-se em seu modo mais abstrato, quase aristocrático, descolado das condições de sua produção, também o dinheiro concreto, quanto mais se faz valer, mais adquire outras formas que o desplugam de sua feição cotidiana, mediadora das relações sociais. Mas a concretude da vida mostra a sua verdadeira face, pois, segundo Millôr, em seus *Apotegmas do vil metal*,

---

2 É proposital a referência ao clássico *História da riqueza do homem*, de Leo Huberman (Rio de Janeiro : Zahar, 1981.

"o dinheiro é sujo e não há nada mais sujo do que dinheiro sujo" (*Istoé*, nº 576, p. 10, 1988 – 8801).

A expressão, dura em seu conceito, faz um divisor de águas, uma vez que, para Millôr, "o que o dinheiro faz por nós não é nada em comparação com o que a gente faz por ele"[3] (*Istoé/Senhor*, nº 1033, p. 16, 1989 – 8927), ou, mais ainda, "o valor do dinheiro se vê é nas promissórias" (*Istoé/Senhor*, nº 1028, p. 24, 1989 – 8922). Dando a mão ao velho Marx, é como se ele dissesse, através de Jameson:

> [...] vamos então, em companhia do dono do dinheiro e do dono da força de trabalho, deixar esse lugar barulhento e superficial, à vista de todos, e segui-los até aquele local escondido onde se dá a produção, em cujo vestíbulo está pendurado o seguinte aviso: 'Entrada proibida, a não ser a negócios.'[4]

Na concepção de Jameson, em crítica à lógica da primazia do mercado na visão capitalista,

> [...] o rascunho da grande introdução de 1857 aos *Grundisse* reafirma a indissolubilidade das três dimensões da produção, distribuição e consumo. Se, a despeito disso, sempre se entendeu (corretamente) que Marx via a produção como a chave para se entender os outros processos, isso se deve ao pensamento econômico hegemônico, antes e a partir de Marx (incluindo Michaels), que persiste em absolutizar o consumo e o mercado. A afirmação da "primazia da produção" (qualquer que seja o sentido exato desse termo) nos dá a maneira mais efetiva e poderosa de distanciar e desmistificar as ideologias do próprio mercado e dos modelos de capitalismo voltados para o consumo.[5]

Ainda de acordo com Jameson, "[...] o *slogan* do mercado [...] foi ideado justamente para assegurar uma mudança decisiva e um deslocamento do conceitual da esfera da produção para a da distribuição e do consumo: algo que raramente parece ter conseguido fazer" (p. 274). E mesmo que o tivesse feito, para Millôr, a questão passava pelo mais básico, essencial mesmo: "A diferença entre existir e

---

3 Por outro ângulo, na mesma relação, vale a afirmação do Barão de Itararé: "O homem que se vende recebe sempre mais do que vale" (*In*: SOUSA, Afonso Félix de. *Máximas e mínimas do Barão de Itararé*. Rio de Janeiro : Record, 1985).

4 JAMESON, 2007, p. 258.

5 *Ibid.*, p. 224.

viver? Dez salários mínimos" (*Istoé/Senhor*, nº 1023, p. 24, 1989 – 8917) ou "O estômago é onde todos os valores se encontram" (*Istoé*, nº 500, p. 17, 1986 – 8630). Partindo de uma sociedade extremamente desigual como a brasileira, a opção do intelectual não deixava margem a dúvidas: "Os ricos são o sal da terra. Por onde passam não cresce a grama" (*Istoé*, nº 589, p. 10, 1988 – 8814)[6]. O mesmo é corroborado ironicamente em "A vantagem do espiritualismo cristão sobre o materialismo marxista é que espiritualismo dá pra dividir por todos" (*Istoé/Senhor*, nº 1018, p. 16, 1989 – 8912).

O uso dos preceitos cristãos, alegoricamente invertidos e questionados, aposta na necessidade de um ajuste social que teria de ser construído pelas mãos dos homens – a riqueza do mundo, segundo concepção do autor, ou, mais que isso, a sua injusta distribuição, não deixa dúvidas sobre o valor supremo dado ao dinheiro. Desse modo, ainda dentro do campo semântico do monoteísmo, ele afirma: "O mercado financeiro é Deus. E o *over*[7] seu único profeta" (*Istoé/Senhor*, nº 1061, p. 18, 1990 – 9003), ou "Deus disse: 'Crescei e multiplicai.' Os homens obedeceram e criaram a Bolsa de Valores" (Istoé, nº 1227, p. 09, 1993 – 9314).

Cônscio de que a religião sempre foi uma das molas-mestras do conformismo no mundo (apesar de, em muitos países, como foi o caso brasileiro, haver uma igreja progressista, questionadora da desigualdade social), a desconstrução desse discurso sempre se fez necessária, pois, ao jogar para o terreno místico as questões sociais, mais legitimava do que questionava as estruturas à época. Dessa forma, do preceito bíblico chega-se à alegoria satírica com sabor bakhtiniano[8]: "Juntam gatos, ratos, gambás, hienas, águias, aves de rapina e roedores de toda espécie, abutres, inúmeras toupeiras, e quando todos esperam que vão chamar isso

---

6 A mesma informação, encontramos em *Istoé/Senhor*, nº 1085, p. 13, 1990 – 9027.

7 *Over*: tipo de aplicação financeira.

8 A partir do exemplo da obra de Dostoiévski, considerada por ele um dos exemplos da variedade dialógica da linha carnavalesca, Bakhtin trabalha com o conceito de sátira menipeia, um dos gêneros do cômico-sério (o outro seria o "diálogo socrático"). Remontando à época socrática, com uma ampla linhagem mantenedora do gênero, que passa por Petrônio, Luciano, Apuleio e outros, e exercendo uma influência muito grande nas literaturas cristãs e bizantinas, continuando a desenvolver-se na Idade Média, no Renascimento e na Idade Moderna, tornou-se um dos principais veículos e portadores da cosmovisão carnavalesca em nossos dias. Dentro das 14 particularidades da menipeia, podemos destacar os seguintes atributos: 1) ausência de distanciamento enobrecedor dos personagens e de suas ações; 2) a mistura do sério e do cômico; 3) a absoluta liberdade do texto em relação aos ditames da verossimilhança; 4) a frequência da representação literária de estados psíquicos aberrantes; e 5) o uso constante de gêneros intercalados (*In*: BAKHTIN, 1981).

de Jardim Zoológico, eles colocam na porta BOLSA DE VALORES" (*Istoé/Senhor*, nº 1046, p. 23, 1989 – 8940).

A Bolsa, supremo refinamento do capital, onde, aí sim, cada vez mais a proliferação monetária distancia-se da produção das mercadorias, da mais-valia, o dinheiro gerando o dinheiro virtualmente, *habitat* de roedores e animais de rapina, na acepção milloriana, só comprova sua tese de que "o dinheiro pode não dar lucro, mas o lucro sempre dá dinheiro" (*Istoé/Senhor*, nº 1135, p. 26, 1991 – 9125).

Voltando à distinção econômica, que, na concepção marxista, seria a da disputa entre as duas classes sociais – burguesia e proletariado –, Millôr questiona os valores do mercado cada vez mais transpostos à vida humana. Assim, estabelece uma distinção entre dois agentes sociais, uma trabalhadora e um industrial. Segundo ele, enquanto "um industrial verdadeiramente poderoso não compra políticos: faz os que necessita" (*Istoé*, nº 498, p. 13, 1986 – 8628), já "a diferença entre uma trabalhadora e uma prostituta é uma diferença do dia para a noite" (*Istoé/Senhor*, nº 1153, p. 08, 1991 – 9143).

Partindo de pontos de vista opostos, Millôr demarca a diferença entre quem vende seu corpo e quem compra e/ou explora o corpo do outro (o que incluiria os políticos, não só os trabalhadores), haja vista que, para a própria engrenagem do sistema econômico continuar funcionando, a relação com o dinheiro tem de se manter intacta. Nessa linha, reflete ele que "a vantagem de dever muito sobre dever pouco é que, quando devemos pouco, temos que ir ao banco – quando devemos muito, o banco vem a nós" (*Istoé*, nº 354, p. 12, 1983 – 8329). Nesse sentido, enquanto para uma minoria as negociações são conduzidas em "alto nível" (e aqui cabe uma marca irônica), dados os valores empenhados, já aos desassistidos, individualmente fracos, só restaria a junção de suas forças para tentarem fazer refém o próprio capital, quebrando os dentes da engrenagem. Apropriando-se dos "trabalhadores" do Manifesto Comunista, de Marx e Engels (1848), conclama: "Devedores do mundo, uni-vos! Nada tendes a perder senão os vossos cartões de crédito"[9] (*Istoé*, nº 590, p. 10, 1988 – 8815).

Mas isso não impede, mesmo no uso do referencial marxista, uma crítica à teoria, já que, para Millôr, a internacionalização da economia, ao contrário do

---

9 Aqui podemos pensar esses cartões como o dinheiro plástico – a possibilidade de se endividarem mais ainda – ou como o dinheiro vivo mesmo, dada a afirmação anterior, de ser o papel-moeda o cartão de crédito do pobre.

que propunha Karl Marx, espelha mais integração das classes dominantes, como podemos ver a seguir:[10]

> Marx dizia que o proletariado não tem pátria. Já a I Guerra Mundial – sem falar de anteriores – invalidava definitivamente esse conceito. Operários alemães, franceses e ingleses, em vez de se unirem e mandarem tudo à merda, se alistaram e se mataram uns aos outros pra defender os interesses das respectivas classes dominantes. A verdade é exatamente o contrário do que Marx pensava – quem não tem pátria são as classes dominantes (*Istoé*, nº 355, p. 17, 1983 – 8330).

Transposto esse conflito para a estrutura social mais ampliada, institucional, Millôr afirma que "a democracia moderna é constituída por quatro poderes: o legislativo, o executivo, o judiciário e o dinheiro. Sendo que este funciona junto com qualquer um dos outros e pode funcionar sem nenhum deles" (*Istoé*, nº 355, p. 16, 1983 – 8330). Por isso, mesmo os ditos representantes do povo – ou os seus governantes –, na verdade, toda a estrutura formal de poder das sociedades democráticas não estaria imune ao poder econômico. Não deve ser gratuita a utilização das iniciais minúsculas para se referir aos três poderes, equivalentes ou mesmo inferiores ao capital, que aos três sobrepujaria, fazendo a política por outros meios.

Na sua ética, é impossível passar ao largo da questão econômica no trato da questão social; o dinheiro e seus intestinos e inconfessos interesses medeiam as relações humanas na sociedade capitalista. A esse respeito, conforme Jameson, a propalada posição de que "[...] o mercado está na natureza humana" deve sempre ser questionada, constituindo-se no "terreno de luta ideológica mais crucial de nossa época"[11]. Utópica ou não, essa visão reconhece as dificuldades de trans-

---

10 Ainda sobre o tema, encontramos: "Apesar de todos os meios de comunicação e transporte modernos, o 'Trabalhadores de todo o mundo, uni-vos' continua absolutamente distante. O que continuo vendo é trabalhadores projetando armas que são fabricadas por outros trabalhadores e manejadas por outros trabalhadores contra outros trabalhadores. Todas, porém, vendidas pelas elites internacionais, estas, sim, unidas numa natural e indestrutível fraternidade, se reunindo sempre em restaurantes de luxo do mundo inteiro, e aí decidindo a continuidade da glória cada vez maior de seu próprio destino" (*Istoé*, nº 1202, p. 08, 1992 – 9241).

11 JAMESON, 2007, p. 271.

posição de um ideal para a estrutura social, o que é obstáculo para que se faça o enfrentamento, que se questione a noção de "mercado livre"[12].

Irá buscar Millôr no comunismo primitivo o exemplo supremo de sua luta contra, no fundo, o maior ícone do poder econômico: a manutenção inquestionável do direito da propriedade. Como resposta, para ele existe um "Direito de propriedade – Artigo 1° e único: o pôr-do-sol é de quem olha" (*Istoé*, nº 359, p. 13, 1983 – 8334).

Como acorrentar à lógica do capital uma manifestação da natureza em sua beleza transcendental? Reafirmada em sua condição de direito primeiro e único, a dimensão poética e subjetiva mostra uma propriedade fugaz, como areia que escapa das mãos e volta pela ampulheta do tempo, todos os dias – cada um só é dono daquilo que possa partilhar. Assim como a luz do sol, o olhar milloriano deixa-se contaminar pela poesia do dia a dia, dessacralizadora do imperativo do relógio a acumular bens materiais ou horas mortas.

Ideologia? Direita ou Esquerda?

Em um mundo em que é reiterado a todo momento, nas palavras de Jameson, "[...] como aquele em que as vanguardas tradicionais e os movimentos coletivos se tornaram impossíveis"[13], ousa ele afirmar ainda:

> [...] em uma época em que todos concordamos, minimamente, que *tudo* é ideologia, ou melhor, que não há nada fora da ideologia, essa não parece ser uma afirmação comprometedora. Entretanto, em nossos dias, quando as reivindicações do oficialmente político parecem extraordinariamente enfraquecidas, e quando adotar antigas posições políticas parece causar grandes embaraços, devemos ressaltar também que se encontra em toda parte hoje – e não somente entre os artistas e os escritores – algo como

---

12 Segundo Jameson (2007), ainda: "[...] a mais surpreendente característica dessa manifestação discursiva, ou seja, como a aridez dos negócios e da propriedade privada, as cinzas da iniciativa privada e o sabor quase dickensiano dos títulos e da apropriação, do uso de cupons, de fusões e de bancos de investimento, e outras transações do gênero (depois de encerrada a era heróica, ou da roubalheira do baronato, dos negócios) puderam se transformar, em nossa época, em algo tão *sexy*. Em minha opinião, a excitação injetada nas monótonas representações do mercado livre dos anos 50 vem de sua associação metafórica ilícita com um tipo muito diferente de representação; a saber, com a própria mídia, no seu sentido contemporâneo mais abrangente e global (incluindo a infra-estrutura dos aparatos mais recentes da mídia e da alta tecnologia)" (p. 281).

13 *Ibid.*, p. 199.

um não reconhecido "partido da utopia": um partido *underground*, cujo programa não está publicado e talvez nem mesmo esteja formulado, cuja existência é desconhecida pelos cidadãos em geral e pelas autoridades, mas cujos membros são capazes de reconhecer uns aos outros por uma espécie de sinais secretos como os maçônicos [...],[14]

o que encontra abrigo nas palavras de Norberto Bobbio (1995):

> Nenhuma pessoa de esquerda (*sinistrorso*) pode deixar de admitir que a esquerda de hoje não é mais a de ontem. Mas, enquanto existirem homens cujo empenho político seja movido por um profundo sentimento de insatisfação e de sofrimento perante as iniqüidades das sociedades contemporâneas – hoje talvez menos ofensivas do que em épocas passadas, mas bem mais visíveis –, eles carregarão consigo os ideais que há mais de um século têm distinguido todas as esquerdas da história.[15]

Tal processo é confirmado ainda por ele:

> [...] a persistência do ideal utópico na história da humanidade – podemos esquecer que também Marx almejava e prognosticava a passagem do reino da necessidade para o reino da liberdade? – é uma prova irrefutável do fascínio que o ideal da igualdade, além dos ideais da liberdade, da paz e do bem-estar (o "país da abundância") exerce sobre os homens de todos os tempos e de todas as regiões.[16]

Millôr, cidadão de seu tempo, que assistia à ruína do Muro de Berlim, cobrava coerência em um mundo cada vez mais incoerente. Para ele, as noções de ideologia, democracia, poder, esquerda e direita, formas de governo, todas elas passavam por uma crise que justificava uma discussão sobre os novos rumos a seguir. Assim, mesmo que no espectro político se colocasse à esquerda, com todas as implicações que isso trazia embutido, ele fazia uma crítica à noção de ideologia, também ela dada como uma mercadoria a mais no teatro de operações da política. Segundo ele, "os pássaros voam porque não têm ideologia" (*Istoé*, nº 519, p. 14, 1986 – 8649).

---

14 JAMESON, 2007, p. 195.

15 BOBBIO, Norberto. *Direita e esquerda:* razões e significados de uma distinção política. São Paulo : Editora da Universidade Estadual Paulista, 1995, p. 23-24.

16 JAMESON, *Op. cit.*, p. 102.

A questão de Millôr parece ser a distinção que todo intelectual deve ter em relação às certezas, a autonomia necessária para poder analisar os fatos sem um compromisso *a priori*, conforme a acepção de Edward Said[17], principalmente em um momento em que, de acordo com Jameson,

> [...] o fracasso das experiências de Kruchev não representou um desastre apenas para a União Soviética, mas de algum modo foi fundamentalmente crucial para o resto da história global, e não menos para o futuro do próprio socialismo. [...] foi seu fracasso que determinou a total indiferença pelo marxismo e pelo socialismo de várias gerações de intelectuais mais jovens. [...] Tanto o anarquismo do Ocidente nos anos 60 quanto a Revolução Cultural na China devem ser atribuídos a esse fracasso, cuja continuação, muito depois do fim dos dois, explica o triunfo universal do que Sloterdijk chama "a razão cínica" no consumismo onipresente do pós-moderno em nossos dias. Não é de admirar, então, que uma desilusão assim profunda com a práxis política devesse resultar na popularidade da retórica da abnegação do mercado e na capitulação da liberdade humana diante de uma agora luxuosa mão invisível.[18]

Explorando um dos aspectos dessa questão, Bobbio afirma:

> A crise do sistema soviético teria tido como conseqüência, neste caso, não o fim da esquerda, mas de uma esquerda historicamente bem delimitada no tempo. Desta constatação derivaria uma outra conseqüência sobre a qual o debate está mais do que nunca aberto: não existe uma única esquerda, mas muitas esquerdas, assim como, de resto, muitas direitas.[19]

E essa razão cínica, ou desilusão, fruto do denominado Socialismo realmente existente (Sorex)[20], em sua prática estalinista, encontra expressão na obra milloriana, que, diante dos fatos, assevera: "Cada ideologia tem a inquisição que merece" (*Istoé/Senhor*, nº 1104, p. 12, 1990 -9046), ou "Como, ultimamente (por breve período?) a ideologia quebrou a cara, vivemos um instante sem ideologia. Ah, toda

---

17 SAID, 2005.

18 JAMESON, 2007, p. 281.

19 BOBBIO, 1995, p. 46.

20 De acordo com Jameson, no entanto, não devemos esquecer que "A história progride através do fracasso – e não do sucesso, como Benjamin sempre insistia" (*Op. cit.*, p. 222).

ideologia verdadeira mais dia menos dia acaba na polícia" (*Istoé/Senhor*, nº 1160, p. 13, 1991 – 9150). A dúvida sobre o tempo de crise, digamos assim, da própria ideologia parece indicar a estupefação de quem analisa no tempo presente transformações até então inimagináveis. Procurando um hiato de análise que permitisse uma reflexão minimamente coerente, embora com maior decepção e descrédito, Millôr coloca-se próximo à posição de Norberto Bobbio, que, entre a esquerda e a direita, não tem receio de declarar:

> Em meu ecletismo – não tenho nenhuma hesitação em usar essa palavra, que significa "olhar um problema por todos os lados" e é um modo de pensar que tem um reflexo prático em meu moderantismo político, outra palavra que não me envergonho de pronunciar, desde que entendida não negativamente como oposta a radicalismo, mas positivamente como oposta a extremismo – nunca considerei os dois métodos incompatíveis.[21]

Assim, entre dois extremos, a radicalidade de Millôr passa por uma execração das certezas. Para ele, a afirmação "Ideólogo – um cego que vive descrevendo o arco-íris" (*Istoé*, nº 549, p. 10, 1987 – 8726) encontra sua correspondência na proposição de que "Xiita[22] é uma pessoa capaz de matar ou morrer por uma idéia que não tem" (*Istoé/Senhor*, nº 1081, p. 12, 1990 – 9023). Nesse sentido, a defesa de uma ou outra perspectiva parecia esconder uma cegueira apaixonada que em nada contribuiria para a análise da questão. E aqui o parâmetro pode ser também a distinção de Bobbio entre as noções de esquerda e direita de extremismo político. Segundo ele:

> [...] o que a revolução e a contra-revolução têm em comum não depende do pertencimento a dois alinhamentos opostos tradicionalmente chamados de esquerda e direita. [...] o que os autores revolucionários e contra-revolucionários, e os respectivos movimentos, têm em comum é o fato de pertencerem, no âmbito dos respectivos alinhamentos, à ala extremista contraposta

---

21 BOBBIO, 1995, p. 15.

22 O termo, muito utilizado à época, referia-se aos muito radicais, conforme as acepções 2 e 3 do termo, segundo o *Dicionário Aurélio*: "[...] **1.** Indivíduo da seita dos xiitas, formada no séc. VII por muçulmanos partidários de Ali, primo e genro de Maomé, e que sustenta, em oposição à corrente majoritária sunita, só serem autênticas as tradições transmitidas através dos descendentes de Ali e Fátima, filha do Profeta. **2.** Deprec. Pessoa que pertence a uma minoria radical. **3.** Relativo ou pertencente à seita dos xiitas. **4.** Deprec. Que tem idéias ou atitudes radicais, dogmáticas, extremistas" (FERREIRA, 1986, p. 2097).

> à ala moderada. A díade extremismo-moderantismo não coincide com a díade direita-esquerda e obedece, como veremos, a um critério de contraposição no universo político diverso do que conota a distinção entre direita e esquerda.[23]

Retoma Bobbio essa posição, ao afirmar que "[...] em toda forma de extremismo político existe uma forte veia de antiiluminismo"[24], dado que

> [...] um extremista de esquerda e um de direita têm em comum a antidemocracia (um ódio, senão um amor). Porém, a antidemocracia aproxima-os não pela parte que representam no alinhamento político, mas apenas na medida em que representam as alas extremas naquele alinhamento. Os extremos se tocam (1995, p. 53).

A proximidade entre os dois se desfaz, na análise acerca da ideologia. Enquanto Millôr, sabedor de que se fazia da mesma uma moeda de troca, atesta o seu descrédito ("Se a tua ideologia não dá dinheiro, muda pra outra que esteja em alta no mercado" – *Istoé*, nº 389, p. 12, 1984 – 8423), já Bobbio declara:

> Na base e na origem das primeiras dúvidas sobre o desaparecimento da distinção [entre esquerda e direita], ou ao menos sobre a sua menor força representativa, estaria a chamada crise das ideologias. Pode-se tranqüilamente objetar, como já foi feito, que na realidade as ideologias não deixaram de existir e estão ao contrário, mais vivas do que nunca. As ideologias do passado foram substituídas por outras, novas ou que pretendem ser novas. A árvore das ideologias está sempre verde. Além do mais, como já foi diversas vezes demonstrado, não há nada mais ideológico do que a afirmação de que as ideologias estão em crise.[25]

No que é, de certa forma, avalizado por Jameson, que sustenta:

> [...] Mas a ideologia agora acabou, não porque a luta de classes tenha acabado, ou porque ninguém tem mais nada ideológico-classista por que lutar, mas antes porque o destino da "ideologia" nesse sentido específico, que

---

23 BOBBIO, 1995, p. 51.
24 *Ibid.*, p. 53.
25 *Ibid.*, p. 33.

> pode ser entendido como ideologias conscientes ou opiniões políticas, sistemas de pensamento específicos que reivindicavam uma maior universalidade – todo o domínio da cons-ciência, do argumento e da própria aparência de persuasão (ou de discordância racional) –, deixou de ser funcional para perpetuar ou reproduzir o sistema.[26]

Ou, mais ainda:

> Pode-se, por outro lado, imputar um certo enfraquecimento aos conceitos e mensagens individuais, às informações e discursos, a uma densidade até agora inimaginável, e, por outro lado, pode-se também pensar, com Adorno, se "em nossa era a mercadoria se tornou sua própria ideologia" – isto é, se as práticas não substituíram o raciocínio (ou a racionalização) e, em particular, se a prática do consumo não substituiu a tomada de posições firmes e o apoio veemente a opiniões políticas. Aqui também, então, a mídia encontra o mercado e se juntam as mãos sobre o cadáver de um tipo mais antigo de cultura intelectual.[27]

Independentemente dessas posições, e indo mais de encontro a Bobbio, por último, assim Millôr classifica a questão: "Ideologicamente o Bem e o Mal se chamam, hoje, esquerda e direita. Os de direita, como sói, tentam sempre passar por de esquerda, sem saber que os de esquerda são também hipócritas de direita. Ou seja, no fim dá tudo no mesmo" (*Istoé*, nº 528, p. 10, 1987 – 8705)[28], ou, utilizando-se de uma imagem da revolução sexual, sai-se com esta: "Depois de milhares de anos de relações sexuais absolutamente rotineiras, a última metade do século XX viu, afinal, aparecer uma nova posição na cama. A posição ideológica" (*Istoé*, nº 523, p. 10, 1986 – 8653), que tem o seu complemento no seu *Livre-pensar é só pensar:* "Na minha geração os únicos que escaparam do Comunismo, do Fascismo e da Igreja foram os sexualmente ativos, que tinham mais o que fazer" (*Istoé*, nº 1219, p. 08, 1993 – 936).

---

26 JAMESON, 2007, p. 394-395.

27 *Ibid.*, p. 395.

28 A afirmação, que, pela relativização e/ou generalização exagerada, remete ao senso comum, pode ainda ser reforçada por: "O zig-zag é uma linha composta, usada comumente pela direita e pela esquerda" (*Istoé*, nº 497, p. 12, 1986 – 8627), ou pela seguinte curiosidade: "Em toda minha vida, vi pessoas de 'esquerda' aos poucos assumirem posições conservadoras, logo de direita e acabarem como tremendos reacionários. Nunca vi o contrário, nem como exceção" (*Istoé/Senhor*, nº 1009, p. 14, 1989 – 8903).

Bobbio, por sua vez, mesmo que encontre justificativas para esse "iluminismo pessimista"[29], que parece ser o caso de Millôr, não se deixa ensurdecer por ele, pois entende que:

> É incontestável que, hoje, uma das razões da desorientação da esquerda vem do fato de que no mundo contemporâneo emergiram problemas que os movimentos tradicionais da esquerda jamais se tinham posto, ao mesmo tempo em que perderam validade alguns dos pressupostos sobre os quais haviam se apoiado não só o próprio projeto de transformação da sociedade mas também a sua força.[30]

Isso, segundo ele, não invalidaria a tese de Magris, que "talvez seja a esquerda democrática que possa e deva escutar as vozes que ensinam que o homem é malvado, mas precisa ser ao mesmo tempo auxiliado de todos os modos, incluindo os mais prosaicos, como a assistência à saúde e aposentadoria"[31], o que, certamente, não destoaria muito do humanismo milloriano.

Da mesma forma "pessimista" com que questiona as ideologias, também o sentido de democracia passa por um crivo particularmente sarcástico de Millôr. Para ele, "a democracia é a crença de que uma multidão de idiotas juntos pode resolver um problema melhor do que um idiota sozinho" (*Istoé*, nº 570, p. 11, 1987 – 8747), ou "E por fim chegamos à Democracia, esse extraordinário modelo de organização social composto de três poderes e um sem-número de impotências" (*Istoé*, nº 504, p. 15, 1986 – 8634).

Essa posição de Millôr não se coaduna com a de Bobbio, que assim se refere aos extremistas, espelhos uns dos outros:

> [...] com respeito à moral e à doutrina da virtude, os extremistas das margens opostas se encontram e, ao se encontrarem, conseguem achar seus bons motivos para se contraporem aos moderados: as virtudes guerreiras, heróicas, da coragem e da ousadia, contra as virtudes consideradas pejorativamente mercantis da prudência, da tolerância, da razão calculadora, da paciente busca da mediação, necessária nas relações de mercado e naquele mais amplo mercado de opiniões, de idéias, de interesses em conflito, que

---

29 BOBBIO, 1995, p. 25.
30 *Ibid.*, p. 23.
31 *Ibid.* p. 25.

> constitui a essência da democracia, na qual é indispensável a idéia de compromisso. Não é por acaso que tanto os extremistas de esquerda quanto os de direita mantêm sob suspeita a democracia, inclusive do ponto de vista das virtudes que ela alimente e das quais necessita para sobreviver. No linguajar de uns e outros, a democracia é sinônimo de mediocracia, entendida como domínio não só da camada média, mas também dos medíocres. O tema da mediocridade democrática é tipicamente fascista.[32]

Especificando mais ainda a questão, ciente dos interesses que a democracia representativa comporta, Millôr reitera que "a democracia começa na hora de votar. E termina na hora de contar" (*Istoé/Senhor*, nº 1018, p. 17, 1989 – 8912), hiato de tempo ilusório que termina na fraude da contagem ou no minuto de silêncio, como a dizer que a mesma já nasceu morta: "[...] De vez em quando, quase imperceptível, haverá no plenário um breve instante, menos de um minuto, de silêncio. É a democracia" (*Istoé*, nº 327, p. 16, 1983 – 8302).[33]

Para ele, "só haverá democracia no dia em que tivermos voto direto, voto contra e voto retroativo" (*Istoé*, nº 354, p. 12, 1983 – 8329), pois, no fundo, "a democracia é um poder inviolável, indivisível e inadmissível" (*Istoé/Senhor*, nº 1013, p. 18, 1989 – 8907) e, às vezes, imposta a contragosto, como "em Atenas todo mundo era obrigado a ser democrata" (*Istoé*, nº 545, p. 17, 1987 – 8722). O berço da política, sociedade que foi o pilar da democracia como a conhecemos hoje, além de baseada no trabalho escravo, teve de impor um padrão não necessariamente aceito como "natural", o que comprovaria a tese de que "quando a democracia não é uma ditadura dura muito pouco" (*Istoé*, nº 585, p. 30, 1988 – 8810).

Nesse sentido, coerente com seu perfil anárquico[34], Millôr propõe a ação direta como modo de fazer política, já que, para ele, o poder, de uma ou de outra forma, sempre cai em uma estrutura, autoritária ou democrática, a qual se diferencia por uma sutileza, não desprovida de ironia, como vemos a seguir. Conforme ele:

---

32 BOBBIO, 1995, p. 57.

33 Aliás, essa mesma posição é partilhada por Chomsky, que afirma: "A crítica da 'democracia' entre os anarquistas sempre foi uma crítica da democracia parlamentar, da maneira como ela surgiu dentro das sociedades com aspectos fortemente regressivos" (*In:* CHOMSKY, Noam. *Notas sobre o anarquismo.* São Paulo : Imaginário, 2004, p. 80).

34 Conforme suas próprias palavras, "A definição mais próxima que você pode dar de mim é de anarquista, mas não aquele anarquista pejorativo que pode botar a bomba, não. No anarquista não há nada de ser partido, de um indivíduo para a sociedade, não de um poder que dita [...]" (FERNANDES, 1989).

> A diferença entre uma democracia e um país totalitário é que numa democracia – faça a sua pesquisa! – ninguém vive satisfeito.
>
> Mas se você perguntar a qualquer cidadão de uma ditadura o que acha do seu país, ele responde sem hesitação: "Não posso me queixar"
>
> (*Istoé*, nº 507, p. 14, 1986 – 8637).

A crítica de Debord à sociedade, em suas formas espetacularizadas – difusa ou concentrada[35] –, reaparece aqui: "A diferença entre a tevê dos países democráticos e a dos países totalitários é que nos países democráticos você vê tevê – nos países totalitários a tevê ti vê" (*Istoé*, nº 506, p. 15, 1986 – 8636). A forma "vê tevê/tevê ti vê" nada mais é que o espelhamento de um olho que tanto pode ser o Big Brother orwelliano – em crítica ao estalinismo ou ao capitalismo mesmo – como o famoso Panopticon de Benthan[36]. Aliás, coerentemente com seu ateísmo, pergunta-se ele: "Que democracia é essa em que sou obrigado a escrever deus com d maiúsculo?" (*Istoé/Senhor*, nº 1089, p. 08, 1990 – 9031).

Nesse rumo, outra noção a ser discutida é a diferença entre direita e esquerda, a começar justamente pela noção de propriedade. De acordo com Millôr, "os socialistas dizem que toda propriedade é um roubo. Os capitalistas acham isso uma impropriedade" (*Istoé*, nº 355, p. 17, 1983 – 8330). O jogo de palavras serve

---

35 Aliás, Bobbio faz uma observação pertinente a esse respeito: "A história recente nos ofereceu o dramático testemunho de um sistema social em que o objetivo da igualdade não só formal, mas sob muitos aspectos substancial, foi alcançado (mas apenas em parte e de modo muito inferior às promessas) em detrimento da liberdade em todos os seus significados (exceção feita, talvez, apenas à liberdade diante da necessidade). Ao mesmo tempo, continuamos a ter sempre presente sob os olhos a sociedade em que vivemos, na qual são exaltadas todas as liberdades, e com particular relevo a liberdade econômica, sem que nos preocupem, ou só nos preocupem marginalmente, as desigualdades delas derivadas e presentes em nosso próprio mundo e, com visibilidade ainda maior, nos mundos mais distantes" (1995, p. 112).

36 Assim caracteriza-o Foucault: "O princípio é: na periferia, uma construção em anel; no centro, uma torre; esta possui grandes janelas que se abrem para a parte interior do anel. A construção periférica é dividida em celas, cada uma ocupando toda a largura, da construção. Estas celas têm duas janelas: uma abrindo-se para o interior, correspondendo às janelas da torre; outra dando para o exterior, permite que a luz atravesse a cela de um lado a outro. Basta colocar um vigia na torre central e em cada cela trancafiar um louco, um doente, um condenado, um operário ou um estudante. Devido ao efeito de contraluz, pode-se perceber da torre, recortando-se na luminosidade, as pequenas silhuetas prisioneiras nas celas da periferia. Em suma, inverte-se o princípio da masmorra; a luz e o olhar de um vigia captam melhor do que o escuro que, no fundo, protegia" (1995, p. 210).

como introdução a um questionamento maior, justamente a diferença entre as duas concepções:

> ESQUERDA
>
> Se caracteriza teoricamente por: I) Fé na força das instituições revolucionárias poderem mudar a conduta humana; 2) Reconhecimento de necessidade e direitos coletivos acima dos direitos individuais; 3) Crença num mais alto grau de educabilidade do ser humano.
>
> DIREITA
>
> Se caracteriza teoricamente por: I) Fé na força das autoridades para controlarem seres humanos mais ou menos irracionais; 2) Aceitação da ordem constituída, seja qual for; 3) Superioridade dos direitos individuais sobre os coletivos. [...]
>
> (*Istoé*, nº 357, p. 17, 1983 – 8332).

Dessa forma, mesmo Millôr acreditando que "o problema nunca foi de esquerda e direita. O problema é que, em qualquer regime, tem sempre meia dúzia por cima e um porrilhão por baixo" (*Istoé/Senhor*, nº 1019, p. 18, 1989 – 8913), ou ainda, que "a vida não é nem à esquerda nem à direita – é em frente. Às vezes até um pouquinho atrás" (*Istoé/Senhor*, nº 1047, p. 24, 1989 – 8941), se quisermos encontrar alguma filiação ideológica do autor, não podemos fugir desse sentido libertário que se coaduna mais justamente com a esquerda, uma vez que, segundo Bobbio, "[...] a verdadeira disputa entre esquerda e direita repousa em atribuir maior estima à igualdade ou à diversidade"[37].

Aliás, curiosas e coincidentes são as afirmações de Bobbio e Millôr em relação ao lema da Revolução Francesa "Igualdade, Fraternidade e Liberdade". Conforme o primeiro,

> O homem como *pessoa* – ou para ser considerado como pessoa – deve ser, enquanto indivíduo em sua singularidade, livre; enquanto ser social, deve estar com os demais indivíduos numa relação de igualdade. *Liberté et igualité.* A *Fratrenité* pertence a uma outra linguagem, mais religiosa que polí-

37 BOBBIO, 1995, p.12.

tica. Igualdade é frequentemente substituída por Justiça no binômio Justiça e Liberdade"[38].

Já no *Decálogo milloriano*[39], que consta na orelha da versão brasileira para o livro *Areopagítica*, do poeta e ensaísta inglês John Milton, considerado um dos documentos fundamentais da liberdade de expressão no Ocidente, é afirmado:

> Com liberdade total o mais forte domina o mais fraco em nome de sua liberdade, o mais inteligente espezinha o mais ignorante em nome de sua inteligência, o mais belo seduz mais em detrimento do fisicamente destituído. Franklin, ao fazer o lema da Revolução Francesa, *Liberdade, Igualdade e Fraternidade*, usou o elemento conciliador e humanístico *Fraternidade* para sugerir um equilíbrio impossível no paradoxo *Liberdade x Igualdade.*[40]

Mas a consonância das sentenças não apaga as diferenças entre os dois autores, visto que, para Bobbio,

> Estranho destino tiveram, neste último lapso de século, os conceitos, antitéticos e complementares, de direita e esquerda. Dois conceitos que, nos limites de pouco mais de um decênio, deixaram de ser o critério constitutivo e fundante do discurso político, e não só do ineliminável antagonismo por ele pressuposto – critério não apenas *descritivo* da realidade, mas também *prescritivo* do agir –, e se tornaram sucata ideológica para ser exibida no grande museu de cera ao lado das velhas ilusões de pangenesia e das roupas abandonadas do militante político" (p. 01). Recentemente, houve mesmo quem se perguntasse se não estaríamos nos aproximando de uma sociedade de ambidestros: "uma sociedade na qual, eliminadas a direita e a esquerda em política, sairiam de cena o sacro e o profano, o alto e o baixo, e todos os outros habituais companheiros.[41]

---

38 BOBBIO, Norberto. *Igualdade e liberdade.* Rio de Janeiro : Ediouro, 1996, p. 07.

39 A citação encontra-se na orelha do livro *Areopagítica*, de John Milton (1999). A versão integral do mesmo encontra-se no final deste livro.

40 *In:* MILTON, John. *Areopagítica.* Rio de Janeiro : Topbooks, 1999.

41 *In:* BETTINI, M. *apud* BOBBIO, 1995, p. 27.

De acordo com Bobbio, ainda, "o nome pode mudar. Mas a estrutura essencial e originariamente dicotômica do universo político permanece"[42]. A questão central parece ser que:

> De um lado, estão aqueles que consideram que os homens são mais iguais que desiguais, de outro, aqueles que consideram que são mais desiguais que iguais. [...] O igualitário parte da convicção de que a maior parte das desigualdades que o indignam, e que gostaria de fazer desaparecer, são sociais e, enquanto tal, elimináveis; o inigualitário, ao contrário, parte da convicção oposta, de que as desigualdades são naturais e, enquanto tal, ineliminávéis.[43]

Ou ainda a distinção entre as duas categorias ideológicas (ideal igualitário x ideal inigualitário), a partir do que Bobbio considera os seus dois representantes, Rousseau e Nietzsche. Segundo ele:

> No *Discurso sobre a origem da desigualdade*, Rousseau parte da consideração de que os homens nascem iguais, mas são tornados desiguais pela sociedade civil, isto é, pela sociedade que se superpõe lentamente ao estado de natureza pelo desenvolvimento das artes. Nietzsche, ao contrário, parte do pressuposto de que os homens são por natureza desiguais (e para ele é um bem que o sejam, pois, entre outras coisas, uma sociedade como a grega, precisamente pela razão de estar fundada sobre a escravidão e ter seus escravos, era uma sociedade evoluída) e apenas a sociedade, com sua moral gregária, com sua religião da compaixão e da resignação, pode fazer com que se tornem iguais.[44]

Para exemplificar a questão, faz o seu julgamento (rousseauniano) terminando com uma citação de *Além do bem e do mal,* de Nietzsche:

> A antítese não poderia ser mais radical: em nome da igualdade natural, o igualitário condena a desigualdade social; em nome da desigualdade natural, o inigualitário condena a igualdade social. Basta-nos esta citação: a

---

42 BOBBIO, 1995, p. 67. A esse respeito, Jameson afirma: "A ideologia era, então, algo mais significativo do que um mero discurso, e as idéias, apesar de não determinarem nada no modelo das várias teorias idealistas da história, ainda forneciam o princípio das 'formas pelas quais as pessoas adquiriam consciência do conflito de classes e lutavam contra ele' (Marx)" (p. 395).

43 *Ibid.*, p. 105.

44 *Ibid.*, p. 106.

igualdade natural "é um gracioso expediente mental com que se mascara, mais uma vez, à guisa de um segundo e mais sutil ateísmo, a hostilidade das plebes a tudo o que é privilegiado e soberano"[45].

Se, até aqui, por um lado, pudesse haver uma concordância entre os dois (Millôr e Bobbio), por outro lado, alguns pressupostos do último – mesmo que não necessariamente expressando concordância com isso – encontrariam barreiras no primeiro, tais como:

> Mas não precisamos recorrer a este grande contraste histórico que dividiu os seguidores das duas ideologias dominantes há mais de um século, liberalismo e socialismo, para nos darmos conta de que nenhum dos dois ideais pode ser realizado em suas extremas conseqüências sem alguma limitação às possibilidades de realização do outro.[46]

Isso acaba por se confirmar na seguinte afirmação:

> Tanto os movimentos revolucionários quanto os movimentos contra-revolucionários, mesmo não tendo em comum um projeto global de transformação radical da sociedade, têm em comum a convicção de que em última instância, precisamente pela radicalidade do projeto de transformação, este não pode ser realizado senão pela instauração de regimes autoritários.[47]

Esse talvez seja, no fundo, o principal temor de Millôr, de que a ele seja insuportável a limitação social. Considera ele que o uso do Panopticon também tem sua contramedida, uma vez que, propagando as luzes, termina por ofuscar a liberdade humana. E, aqui, também encontra a companhia de Noam Chomsky, socialista libertário[48] confesso, que diz:

---

45 BOBBIO, 1995, p. 107.
46 *Ibid.*, p. 112.
47 *Ibid.*, p. 118.
48 Na definição de seu posicionamento, Chomsky assim esclarece: "O que me atraiu à tradição anarquista é que, pelo menos da forma como eu a entendi, ela se baseia na constante compreensão da autoridade ilegítima. Você deve buscar essa autoridade ilegítima e tentar superá-la. Isso parece uma idéia simples, elementar. [...] Estamos comprometidos com a idéia de que a autoridade ilegítima deve ser exposta, e uma vez exposta, combatida por nós. E esse me parece o elemento mais saudável na tradição anarquista. Combater a autoridade de forma imediata. E isso se aplica a todos os aspectos da vida" (2004, p. 162-164).

> Eu sou um amante fanático da liberdade, considerando-a a única condição sob a qual a inteligência, a dignidade e a felicidade humana podem se desenvolver e crescer. [...] A liberdade que consiste no completo desenvolvimento de todas as faculdades morais, intelectuais e materiais que estão latentes em cada pessoa; liberdade que não reconhece outras restrições além daquelas determinadas pelas leis de nossa própria natureza individual, que não podem ser consideradas propriamente como restrições, visto que essas leis não são impostas por algum legislador que está de fora, próximo ou acima de nós, mas são intrínsecas e inerentes, formando a base real de nossa existência moral, intelectual e material – elas não nos limitam, mas são as condições imediatas e reais de nossa liberdade.[49]

E é justamente sobre essa possibilidade de ofuscamento que se refere Jameson, mesmo que em sutil crítica a Michel Foucault:

> Se o pós-modernismo, como um terceiro estágio ampliado do capitalismo clássico, é uma expressão mais pura e mais homogênea do capitalismo clássico, do qual muitos dos enclaves até então sobreviventes da diferença sócio-econômica foram apagados (através da colonização e da absorção pela forma mercadoria), então faz sentido sugerir que o esmaecimento de nosso sentido da história e, mais particularmente, nossa resistência a conceitos globalizantes e totalizantes como o de um modo de produção são uma função precisamente dessa universalização do capitalismo. Se tudo agora é sistemático, a própria noção de sistema parece perder sua razão de ser, voltando apenas através do "retorno do reprimido", nas formas mais horripilantes do "sistema total" fantasiado por Foucault e pelo pessoal de *1984*.[50]

É o horror a um mundo totalizado que parece mover os propósitos de Millôr. Quem assistiu à Primavera de Praga, quem viu o surgimento de ditaduras em toda a América Latina e em outros rincões do mundo, à direita ou à esquerda, sabia que as soluções *a priori* não existiam, mesmo que partilhasse as mesmas ideias de Bobbio, fruto do humanismo comum aos dois, de que é exemplo o fragmento a seguir:

---

49 CHOMSKY, 2004, p. 29.
50 JAMESON, 2007, p. 401-02.

> O impulso em direção a uma igualdade cada vez maior entre os homens é, como Tocqueville havia observado no século passado, irresistível. Cada superação desta ou daquela discriminação, com base na qual os homens dividiram-se em superiores e inferiores, em dominadores e dominados, em ricos e pobres, em patrões e escravos, representa uma etapa, por certo não necessária, mas possível, do processo de civilização.[51]

Mas a perseguição a esse ideal não permitia a Millôr cerrar os olhos para a concretude dos projetos em jogo, uma vez que, em sua já larga experiência, a começar pela certeza de que "não há animais comunistas" (*Istoé/Senhor*, nº 1088, p. 12, 1990 – 9030), conhecedor da natureza humana, preocupava-se ele mais ainda com a questão de que "quando os esquerdistas vencerem vão impor um estado de direito" (*Istoé/Senhor*, nº 1059, p. 15, 1990 – 9001). O termo "ditadura do proletariado", tão propalado pelos regimes de esquerda como uma das fases necessárias para a obtenção do comunismo pleno, não seduzia nem um pouco Millôr. Por isso, talvez, a ironia – ainda que não exagerada – de pensarmos esse "direito" como "direita". Nesse sentido, a sombra foucaultiana do Panopticon talvez não fosse exatamente uma fantasia, como propugnado por Jameson.

E, mais curioso ainda é que, ao se referir à tecnologia de conhecimento e de saber de Bentham, Foucault vincule-o exatamente a Rousseau, um dos ideólogos da Revolução Francesa e modelo definido por Bobbio do ideal igualitarista:

> Eu diria que Bentham é o complemento de Rosseau. Na verdade, qual é o sonho rousseauniano presente em tantos revolucionários? O de uma sociedade transparente, ao mesmo tempo visível e legível em cada uma de suas partes; que não haja mais nela zonas obscuras, zonas reguladas pelos privilégios do poder real, pelas prerrogativas de tal ou tal corpo ou pela desordem; que cada um, do lugar que ocupa, possa ver o conjunto da sociedade; que os corações se comuniquem uns com os outros, que os olhares não encontrem mais obstáculos, que a opinião reine, a de cada um sobre cada um. [...]
>
> Bentham é ao mesmo tempo isso e ao contrário. Ele coloca o problema da visibilidade, mas pensando em uma visibilidade organizada inteiramente em torno de um olhar dominador e vigilante. Ele faz funcionar o projeto de uma visibilidade universal, que agiria em proveito de um poder rigoroso

---

51 BOBBIO, 1995, p. 128.

> e meticuloso. Sendo assim, ao grande tema rousseauniano – que de certa forma representa o lirismo da Revolução – articula-se a idéia técnica do exercício de um poder "omnividente", que é a obsessão de Bentham; os dois se complementam e o todo funciona: o lirismo de Rousseau e a obsessão de Bentham.[52]

A crítica de Foucault, de que esse modelo proposto pela burguesia redundará na forma moderna da "sociedade administrada", mesmo entendendo não ser o olhar que comande todas as estruturas de poder desde o século XIX, supõe, a partir do enunciado do Panopticon, "cada camarada torna-se um vigia"[53], que "Rousseau sem dúvida teria dito o contrário: que cada vigia seja um camarada. [...]"[54].

Segundo ele, ao referir-se à Revolução Francesa,

> [...] Quando a Revolução se questiona sobre uma nova justiça, qual deve ser sua instância de julgamento? A opinião. Seu problema não era fazer com que as pessoas fossem punidas, mas que nem pudessem agir mal, de tanto que se sentiriam mergulhadas, imersas em um campo de visibilidade total em que a opinião dos outros, o olhar dos outros, o discurso dos outros os impediria de fazer o mal ou o nocivo. Isto está constantemente presente nos textos da Revolução.[55]

Pertinente é aqui a crítica de que, nesse caso, a partir de experiências reais, do quanto, à esquerda e à direita, haveria a necessidade de algum tipo de coação social, uma "impingidela" em prol de um bem maior, digamos assim. Conforme ele, ainda:

> [...] Este reino da "opinião", invocado com tanta freqüência nesta época, é um tipo de funcionamento em que o poder poderá se exercer pelo simples fato de que as coisas serão sabidas e de que as pessoas serão vistas por um tipo de olhar imediato, coletivo e anônimo. Um poder cuja instância principal fosse a opinião não poderia tolerar regiões de escuridão. Se o projeto de Bentham despertou interesse, foi porque ele fornecia a fórmula, aplicável a muitos domínios diferentes, de um "poder exercendo-se por transparências", de uma dominação por "iluminação". O panopticon é mais ou menos a forma do

52 FOUCAULT, Michel. *Vigiar e punir:* nascimento da prisão : Petrópolis, Vozes, 1995, p. 215.
53 *Ibid.*, p. 215.
54 *Ibid.*, p. 215.
55 *Ibid.*, p. 215-16.

"castelo" (torre cercada de muralhas) utilizada paradoxalmente para criar um espaço de legibilidade detalhada.[56]

Não deixa de ser irônico, inclusive, que, em crítica à monarquia, a proposta de Bentham seja associada à estrutura feudal do castelo, sinônimo de poder e fortaleza a que os revolucionários iluministas pretendiam destruir. Como muito acontece com a escalada humana sobre a terra, não seria a primeira vez que, na negação de uma estrutura, muito do estágio anterior ainda se mantivesse presente, nem que em forma sub-reptícia.

Prosseguindo nessa direção – na verdade, um debate entre Foucault e a historiadora Michelle Perraut –, esta última afirma:

> [...] Ao mesmo tempo, as técnicas de poder no interior do panopticon são realmente surpreendentes. Trata-se essencialmente do olhar; e também da palavra, pois existem os famosos tubos de aço – extraordinária invenção – que ligam o inspetor principal a cada cela onde se encontram, nos diz Bentham, não um prisioneiro, mas pequenos grupos de prisioneiros. Finalmente, a importância da dissuasão, muito enfatizada no texto de Bentham: "É preciso, diz ele, estar incessantemente sob o olhar de um inspetor; isto na verdade significa perder a capacidade de fazer o mal e quase perder o pensamento de querê-lo"; nós estamos no âmago das preocupações da Revolução: impedir as pessoas de fazerem o mal, tira-lhes o desejo de cometê-lo; tudo poderia ser assim resumido: não poder e não querer.[57]

Eis um dos elementos a serem analisados com maior profundidade. Assim como o "vê tevê/tevê ti vê" orwelliano, e como o "ninguém vive satisfeito/não posso me queixar" milloriano – ambas as formas duais a expressarem possibilidades bem concretas de estados – bem-intencionados ou não, segundo o critério de cada um –, a exercitarem um poder em nome de uma ideologia, o que estava em questão era a posição do indivíduo na estrutura social, ao fim e ao cabo, a quem um ou outro modelo julgavam servir. Para Millôr, nem sempre os fins justificariam os meios, pois, em uma sociedade em que o poder (mesmo na esfera individual) e o querer fossem solapados, que restaria nela de humano?

---

56 FOUCAULT, 1995, p. 216-17.
57 *Ibid.*, p. 217.

Além disso, prossegue Foucault, ao refletir sobre o custo dessa interiorização e vigilância, que

> [...] o olhar vai exigir muito pouca despesa. Sem necessitar de armas, violências físicas, coações materiais. Apenas um olhar. Um olhar que vigia e que cada um, sentindo-o pesar sobre si, acabará por interiorizar, a ponto de observar a si mesmo; sendo assim, cada um exercerá essa vigilância sobre e contra si mesmo. Fórmula maravilhosa: um poder contínuo e de custo afinal de contas irrisório. Quando Bentham pensa tê-la descoberto, ele pensa ser o ovo de Colombo na ordem da política, uma fórmula exatamente inversa daquela do poder monárquico. Na verdade, nas técnicas de poder desenvolvidas na época moderna, o olhar teve uma grande importância [...][58].

A esse respeito, ao voltar à questão do pós-moderno, assim pondera Jameson:

> Esse é o sentido em que mesmo se o Grande Irmão não estiver vigiando você, a Linguagem está; a linguagem da mídia, a linguagem especializada ou de *experts*, que procura incessantemente classificar e categorizar, transformar o indivíduo no grupo rotulado e restringir ou exterminar os últimos espaços do que era, em Wittgenstein ou Heidegger, no existencialismo ou no individualismo tradicional, o único e o inominável, a mística propriedade privada do inefável e do horror impronunciável do incomparável. Hoje todos são, se não organizados, pelo menos organizáveis[59].

De um lado, temos aquilo que é colocado como uma possibilidade de resistência, a partir de brechas do próprio sistema, de acordo com Jameson:

> Mas um modo de produção não é um "sistema total" nesse sentido ameaçador; inclui várias contraforças e novas tendências em seu interior, forças "residuais" assim como forças "emergentes", que ele tem que tentar administrar ou controlar (a concepção gramsciana de hegemonia). Se essas forças heterogêneas não fossem dotadas de uma efetividade própria, o projeto hegemônico seria desnecessário. [...] o capitalismo também produz diferenças ou diferenciação como função de sua própria lógica interna[60].

---

58 FOUCAULT, 1995, p. 218.
59 JAMESON, 2007, p. 325.
60 *Ibid.*, p. 402.

Por outro lado, Foucault irá salientar, a partir do nascimento do poder burguês, a gênese da estrutura autoritária de que até hoje os homens, pelo menos os igualitaristas, na definição de Bobbio, pretendem se libertar. Segundo o filósofo francês:

> [...] A burguesia compreende perfeitamente que uma nova legislação ou uma nova constituição não serão suficientes para garantir sua hegemonia; ela compreende que deve inventar uma nova tecnologia que assegurará a irrigação dos efeitos do poder por todo o corpo social, até mesmo em suas menores partículas. E foi assim que a burguesia fez não somente uma revolução política; ela soube instaurar uma hegemonia social que nunca mais perdeu. Eis porque todas estas invenções foram tão importantes e Bentham, sem dúvida, um dos inventores de tecnologia do poder mais exemplares[61].

A estrutura criada por Bentham se revela "[...] um mundo infernal do qual ninguém pode escapar, tanto os que olham quanto os que são olhados"[62], em que "[...] cada um, de acordo com seu lugar, é vigiado por todos ou por alguns outros; trata-se de um aparelho de desconfiança total e circulante, pois não existe ponto absoluto. A perfeição da vigilância é uma soma de malevolências"[63]. E figura a perfeita definição de um Grande Irmão, definida, desse modo, por Foucault:

> Sem dúvida é o que há de diabólico nesta idéia assim como em todas as suas concretizações. Não se tem neste caso uma força que seria inteiramente dada a alguém e que este alguém exerceria isoladamente, totalmente sobre os outros; é uma máquina que circunscreve todo mundo, tanto aqueles que exercem o poder quanto aqueles sobre os quais o poder se exerce. Isto me parece ser a característica das sociedades que se instauram no século XIX. O poder não é substancialmente identificado como um indivíduo que o possuiria ou que o exerceria devido ao seu nascimento; ele torna-se uma maquinaria de que ninguém é titular. Logicamente, nesta máquina ninguém ocupa o mesmo lugar; alguns lugares são preponderantes e permitem produzir efeitos de supremacia. De modo que eles podem assegurar uma dominação de classe, na medida em que dissociam poder do domínio individual[64].

---

61 FOUCAULT, 1995, p. 218.
62 *Ibid.*, p. 218-19.
63 *Ibid.*, p. 220-21.
64 *Ibid.*, p. 219.

A questão é que o poder é um processo disseminado, irredutível à lei ou ao Estado. Não se pode entender o desenvolvimento das forças produtivas próprias ao capitalismo, nem imaginar seu desenvolvimento tecnológico sem a existência, ao mesmo tempo, dos aparelhos de poder. [...][65]. Conforme o filósofo:

> É evidente que, em um dispositivo como o exército ou uma oficina, ou em outro tipo de instituição, a rede de poder possui uma forma piramidal. Existe portanto um ápice: mas, mesmo em um caso tão simples como este, este "ápice" não é a "fonte" ou o "princípio" de onde todo o poder derivaria como de um foco luminoso [...] O ápice e os elementos inferiores da hierarquia estão em uma relação de apoio e de condicionamentos recíprocos; eles se "sustentam" (O poder, "chantagem" mútua e indefinida)[66].

Ao especificar como teria se dado o surgimento dessa nova tecnologia de poder, se a partir de um indivíduo ou de um grupo social, responde que não, que teria nascido de forma desordenada, na circunstância de determinados locais ou de certas urgências, posteriormente organizados por uma estratégia de classe em forma de conjuntos coerentes. A partir disso,

> A articulação atual entre família, medicina, psiquiatria, psicanálise, escola, justiça, a respeito das crianças, não homogeneíza estas instâncias diferentes, mas estabelece entre elas conexões, repercussões, complementaridades, delimitações, que supõem que cada uma mantenha, até certo ponto, suas modalidades próprias[67].

Ao ser questionado sobre a quem responsabilizar pelo desdobramento dessa estrutura (o Panopticon), responde: "Sociedade industrial ou sociedade capitalista? Eu não saberia responder, a não ser dizendo que estas formas de poder também podem ser encontradas nas sociedades socialistas; a transferência foi imediata" [...][68]. No que é retrucado por Michelle Perrot:

---

65 FOUCAULT, 1995, p. 221.
66 *Ibid.*, p. 221.
67 *Ibid.*, p. 222.
68 *Ibid.*, p. 222.

> [...] É verdade que a acumulação de capital se fez através de uma tecnologia industrial e da instauração de um aparelho de poder. Mas não é menos verdade que um processo semelhante se encontra na sociedade socialista soviética. O estalinismo, em certos aspectos, corresponde a um período de acumulação do capital e de instauração de um poder forte[69].

Mas prossegue Foucault:

> É a ilusão de quase todos os reformadores do século XVIII, que deram à opinião uma autoridade considerável. A opinião só podendo ser boa por ser a consciência imediata de todo o corpo social, eles acreditaram que as pessoas iriam tornar-se virtuosas pelo simples fato de serem olhadas. A opinião era para eles como que uma reatualização espontânea do contrato. Eles desconheciam as condições reais de opinião, as *media*, uma materialidade que obedece aos mecanismos da economia e do poder em forma de imprensa, edição, depois de cinema e televisão[70].

Novamente, poder e mídia se encontram – no fundo, um a serviço do outro –, o que não impediria, de acordo com Michelle Perrot, de esses iluministas desconhecerem "[...] as dificuldades que encontrarão para fazer seu sistema 'pegar', eles ignoram que haverá sempre formas de escapar às malhas da rede e que as resistências desempenharão seu papel"[71].

Entre uma e outra talvez seja essa a forma milloriana de se colocar, pois, para ele, embora o poder de classe seja uma questão a considerar, o preço da troca de um modelo por outro não será garantia de satisfação.[72] Sobre isso, importa considerarmos a parte final do diálogo entre Foucault e Michelle Perrot:

---

69 FOUCAULT, 1995, p. 222-223.

70 *Ibid*, p. 224.

71 *Ibid.*, p. 224.

72 Talvez por isso, Millôr cada vez mais compartilharia as ideias como as de Edson Passetti, que assim afirma: "O anarquismo – o mais preciso seria dizer anarquismos – desestabilizava as certezas de socialistas partidários, liberais democratas, militares, policiais, intelectuais de gabinete, donas de casa e sexualidades. Ao mesmo tempo oxigenava-se com as contribuições de filósofos como Gilles Deleuze e Michel Foucault, entre outros, e redescobria a potência liberadora individual exposta por Max Stirner, na primeira metade do século XIX. Os anarquismos permaneciam na cena desestabilizando a base na qual se erguia a verdade milenar da soberania – Deus e razão – para afirmar uma nova política da verdade. Era um basta aos rebanhos democráticos e socialistas" (***In***: PASSETTI, Edson. *Anarquismos e sociedade de controle.* São Paulo : Cortez, 2003, p. 126).

> M.P.: Em outras palavras, e para voltar ao panopticon, Bentham não projeta somente uma sociedade utópica, ele descreve também uma sociedade existente.
>
> M.F.: Ele descreve, na utopia de um sistema geral, mecanismos específicos que realmente existem.
>
> M.P.: E, em relação aos prisioneiros, apoderar-se da torre central não tem sentido?
>
> M.F.: Sim. Contanto que este não seja o objetivo final da operação. Os prisioneiros fazendo funcionar o dispositivo panóptico e ocupando a torre – você acredita então que será muito melhor assim que com os vigias?[73]

Foucault parece partilhar, ao fim e ao cabo, as mesmas dúvidas de Millôr. Segundo o último, para ilustrar o pano de fundo dessa questão: "Se todo trabalhador soubesse que um dia ia ser patrão acabava o comunismo" (*Istoé*, nº 489, p. 16, 1986 – 8619). Fruto da natureza humana ou não, as experiências históricas têm demonstrado que nem sempre o caminho escolhido por aqueles que se dizem igualitaristas foge do padrão dos que defendem a desigualdade.

É a partir dessa desconfiança histórica para com o marxismo que Millôr propõe uma enquete a seu leitor:

> QUE MARXISMO VOCÊ PREFERE?
>
> KARL
>
> IV) A teoria comunista pode ser resumida numa frase: devemos abolir toda propriedade privada.
>
> VII) De tempos em tempos os oprimidos podem escolher alguns representantes dos opressores para que continuem a oprimi-los.
>
> XI) De cada um de acordo com suas habilidades, a cada um de acordo com suas necessidades.
>
> GROUCHO
>
> IV) A teoria comunista deve ser resumida numa frase: ninguém pode ir sozinho à privada.

---

73 FOUCAULT, 1995, p. 226-27.

VII) Eu não freqüento clubes que me aceitam como sócio.

IX) Só há uma maneira de saber se um homem é honesto. Perguntando a ele. Se responder que sim, é um patife.

XI) Eu me fiz sozinho. Vim do nada até a extrema pobreza.

(*Istoé*, nº 410, p. 13, 1984 – 8404).

O tom da pesquisa pode ser medido pela comparação escrachada que é feita entre os dois Marx, Karl e Groucho. Fazendo referência aos lendários furúnculos de Marx (que constariam nas cartas do próprio a Engels – o que teria, por assim dizer, "embasado" a parte final do primeiro volume de *O Capital* – "Espero que a burguesia se lembre de meus carbúnculos até a hora da morte", na afirmação do comunista), Millôr pergunta: "Em 1989 que marxismo você ainda prefere (e eu então)?" (*Istoé/Senhor*, nº 1042, p. 26-27, 1989 – 8936). Prenunciando o processo da queda do Muro de Berlim (que ocorreria no mesmo ano, em 09/11), dentre outros aspectos, utiliza-se da ilustração para partilhar com o leitor a sua dúvida. Nesta, Karl se pergunta: "Deus também tem furúnculos?", ao que Groucho responde, de cabeça para baixo: "Só se ele existe" (*Istoé*, nº 410, p. 13, 1984 – 8404).

Temos instaurado aí o conceito bakhtiniano de carnavalização[74] em plena forma, com a inversão de papéis (inclusive graficamente), que faz com que o discurso marxista sofra o contraveneno do discurso marxiano: como pode alguém que não acredita em Deus querer transferir a ele a sua cruz? Ficcionalizando uma situação, há a dessacralização escatológica a serviço da afirmação da verdade, em um relativismo que é característico de Millôr, o que permite uma interpretação mais ampliada da realidade.

---

74 Segundo Bakhtin, "o carnaval criou toda uma linguagem de formas concreto-sensoriais simbólicas, entre grandes e complexas ações de massas e gestos carnavalescos. Essa linguagem exprime de maneira disfarçada e, pode-se dizer, bem articulada (como toda a linguagem) uma cosmovisão carnavalesca una (porém complexa), que lhe penetra todas as formas. Tal linguagem não pode ser traduzida com o menor grau de plenitude e adequação para a linguagem verbal, especialmente para a linguagem dos conceitos abstratos, no entanto é suscetível de certa transposição para a linguagem cognata, por caráter concretamente sensorial, das imagens artísticas, ou seja, para a linguagem da literatura. É a essa transposição da literatura que chamamos carnavalização da literatura" (1981, p. 105).

O intelectual e os podres poderes

E justamente essa interpretação reafirma cada vez mais o espaço necessário para o intelectual autônomo realizar-se em sua plenitude contra os macro e micropoderes. Corrobora essa posição Edward Said: "[...] uma das principais atividades do intelectual do século XX tem sido questionar, para não dizer subverter, o poder da autoridade"[75]. Ou ainda:

> [...] o que devemos ser capazes de dizer é que os intelectuais não são profissionais desnaturados pela subserviência a um poder cheio de falhas, mas – repetindo – são *intelectuais* com uma posição alternativa e mais íntegra, que lhes permite, de fato, falar a verdade ao poder[76].

Entre o "falar ao poder"[77] e "ao poder falhar", há um longo espaço de conquista. Millôr, em sua política de "si hay gobierno soy contra", coincide com a recomendação de Said: "[...] o importante é causar embaraço, ser do contra e até mesmo desagradável"[78], porque nem só de consensos vive o homem. Na macro e na microestrutura, há que se estar vigilante. No interregno de tempo e de espaço em que somos olhados o tempo todo, devassados em nossa individualidade, há que se constituir um *bunker* de resistência crítica e ao mesmo tempo solidária (confiar desconfiando), pois, embora todos os sonhos possam embalar o homem, sabe Millôr que, na maioria das vezes, o homem é o próprio lobo do homem[79] – e o poder nada mais é do que a resposta de uns à fraqueza de outros.[80] Nesse sentido, explora também o poder e sua contraface:

---

75 SAID, 2005, p. 94.

76 *Ibid.*, p. 99.

77 Ainda conforme Said: "Falar a verdade ao poder não é idealismo panglossiano: é pesar cuidadosamente as alternativas, escolher a certa e então representá-la de maneira inteligente, onde possa fazer o maior bem e causar a mudança correta" (2005, p. 104).

78 *Ibid.*, p. 27.

79 Assim reitera Millôr: "Você pode fazer a constituição que quiser. Por mais liberal, por mais igualitária que ela seja, sempre haverá pessoas que arranjarão alguma maneira de se tornarem escravas das outras" (*Istoé*, nº 486, p. 12, 1986 – 8613), que aparece também na versão similar: "Podem fazer a Constituição que quiserem. Por mais liberal, por mais igualitária que ela seja, sempre haverá pessoas que darão um jeito de se tornarem escravas das outras" (*Istoé*, nº 1177, p. 09, 1992 – 9216).

80 Em *Definições subjetivas*, ele declara: "Todos os homens nascem iguais perante a lei – isto é, fracos, famintos, prontos para serem usados pelo poder vigente (qualquer que seja o poder e qualquer que seja o vigente)" (*Istoé*, nº 405, p. 12, 1984 – 8439).

PODER

O camaleão no poder

É uma subversão

Todo mundo pega a cor

Do camaleão

(*Istoé*, nº 463, p. 14-15, 1985 – 8545).

Diante desse cego fascínio policromático e ao mesmo tempo sem cor, objeto do desejo de fracos e fortes, o camaleão torna-se o espelho embaçado do que cada um imagina que pode ser o poder. Todos querem ser aquilo que assume a cor de todos, em um autorreflexo luminoso que termina por ser o avesso daquilo imaginado. O camaleão milloriano pode ser a forma como cada um se enxerga na sua relação com os outros homens, considerados hierarquicamente acima ou abaixo.

Ciente Millôr de que, em sua relação com o poder – institucional ou não –, o ser humano é, ao mesmo tempo, algoz e vítima, provoca: "Responda depressa: existe alguém tão miserável que um dia não tenha explorado alguém mais miserável? (*Istoé/Senhor*, nº 1011, p. 19, 1989 – 8905). Diante da pergunta que não quer calar, permite-se ao direito de, como o personagem Stephen, de *Ulisses*, de James Joyce, em citação de Said, assim dizer:

> Vou lhes dizer o que farei e o que não farei. Não vou servir àquilo em que não acredito mais, seja meu lar, minha pátria ou minha religião; e tentarei exprimir-me num certo modo de vida ou de arte tão livre e tão plenamente quanto puder, usando em minha defesa as únicas armas que me permito usar: silêncio, exílio e sagacidade.[81]

---

81 *In:* SAID, 2005, p. 31. No caso, em relação a Millôr, talvez se devesse trocar este último termo por "mordacidade".

5
Uma história do Brasil pelo método confuso[1]

"Vou-me embora de Pasárgada
Sou inimigo do rei
Não tenho nada que eu quero
Não tenho e nunca terei
Vou-me embora de Pasárgada
Aqui eu não sou feliz
A existência é tão dura
As elites tão senis
Que Joana, a louca da Espanha,
Ainda é mais coerente
Do que os donos do país.
[...]"
(*Istoé*, nº 551, p. 11, 1987 – 8728)

---

1 O título remete a *História do Brasil pelo método confuso*, livro de Mendes Fradique, pseudônimo do médico capixaba José Madeira de Freitas, que atuou como caricaturista e escritor no início do século XX, no Rio de Janeiro. Com caráter conservador, a publicação começou como folhetim, na revista *D. Quixote*, fundada por Bastos Tigre, tendo sido reunida em livro, em 1920, pela Editora Leite Ribeiro. O livro apresenta a sociedade brasileira através de um humor carnavalizado, francamente modernista, sendo reconhecido "[...] até hoje [como] o livro brasileiro mais completo em recursos humorísticos que se conhece. Nele, Mendes Fradique exerce de forma mais intensa a sátira às normas editoriais, violando todos os códigos de edição de um livro. Da abertura ao fim, passando pelos falsos prefácios, notas e pela própria narrativa, tudo é humor. Paralelamente ao texto humorístico, Mendes Fradique trabalha com brincadeiras gráfico-editoriais, tal como na página em que solicita ao então conhecido filólogo e dicionarista Laudelino Freire que coloque nos seus devidos lugares pronomes que teimavam em não se ajustar ao texto [...]" (*In*: FRADIQUE, Mendes. *História do Brasil pelo método confuso.* São Paulo : Companhia das Letras, 2004, p. 17).

A democracia explode no colo da ditadura...

O Brasil, em processo de integração vertiginosa à escala mundial de produção de mercadorias, insere-se, nos anos 1980, no rol dos países latino-americanos que se dobraram a uma transição rumo à democracia.[2] Saídos todos de uma situação autoritária endêmica, especificamente no Brasil o chamado à democracia foi construído de forma "lenta, gradual e segura", de acordo com o parâmetro estabelecido pelos governos militares. Aqui, diga-se de passagem, segundo Arturi[3]:

> Uma particularidade importante a ser ressaltada que diferencia a autocracia brasileira de regimes similares na região foi o fato de apresentar a mais longa duração dentre todos, de ser o mais bem sucedido do ponto de vista econômico, o menos repressivo entre seus congêneres e aquele no qual "os militares como corporação, e não *um* militar, assumiram a responsabilidade pelo poder e adaptaram as instituições políticas à nova ordem autoritária" (SOARES, 1994, p. 13).

Mesmo bem-sucedido economicamente, em sendo um dos países de mais injusta distribuição da riqueza no planeta, as diferenças sociais se faziam gritantes, à espera de uma lufada de vento liberalizante que fizesse o país retomar seu caminho político e social interrompido pelo golpe militar de 1964.

Ironia ou não, o fato que veio a desencadear com maior celeridade o processo de democratização foi justamente uma armadilha criada para a manutenção da ordem autoritária. Clássico caso em que "o feitiço vira contra o feiticeiro", dois militares foram autovitimados por um atentado contra um ato-show, no Rio de

---

2 A respeito disso, Lamounier afirma: "O colapso dos regimes de partido único do leste europeu e os diferentes processos de democratização ou redemocratização que vêm ocorrendo em outras partes do mundo criaram a expectativa de um mundo unânime na aceitação da democracia como princípio básico de legitimidade, mesmo admitindo variações de grau e singularidades de organização institucional" (*In:* LAMOUNIER, Bolívar. A democracia brasileira no limiar do século 21. *Pesquisas*, nº 5, 1996. São Paulo, p. 01).

3 ARTURI, Carlos S. O debate teórico sobre a mudança de regime político: o caso brasileiro. *Revista de Sociologia e Política*, Curitiba : UFP, nº 17, nov. 2001, p. 16.

Janeiro, em comemoração ao 1º de maio, Dia do Trabalhador, em 1981[4]. Conforme Arturi:

> O ano de 1981 foi fundamental para o processo de transição no Brasil. De fato, a explosão de uma bomba no interior de um automóvel ocupado por militares, no estacionamento do Riocentro em 31 de abril [na verdade, 30 de abril], teve conseqüências múltiplas e importantes para o futuro político do país. Em primeiro lugar, o episódio significou o fim dos atentados perpetrados pela extrema-direita inconformada com o processo de transição, que ocorriam desde o final de 1979.[5]

A consequência disso foi que, contrariamente aos interesses dos responsáveis pelo atentado frustrado, tal fato legitimou ainda mais o impulso democratizante, pois, a partir daquele momento, a sociedade começou a ter certeza de que a "abertura democrática" se fazia cada vez mais irreversível, pela desmoralização dos setores "duros" do regime, enfraquecidos politicamente com o incidente. Outro fato importante foi a demissão do Ministro-Chefe da Casa Civil – no poder desde o início do Governo Geisel –, o "mago" do processo de transição brasileiro,[6] General Golbery do Couto e Silva, que "[...] exigia a apuração completa dos fatos e a punição dos responsáveis pelos atentados"[7].

E é dentro desse contexto que precisamos nos reportar ainda a uma visão macro do processo, para, depois, podermos seguir em frente em nossa análise. É importante situarmos alguns antecedentes, a começar por uma análise do proces-

---

4 A partir de então, nos valeremos da linha temporal estabelecida por Palmério Dória no livro *Honoráveis bandidos: "1981* – [...] Nesse ano, "[...] Bill Gates vende o primeiro modelo de computador, com seu programa MS-DOS, dando início à era dos computadores pessoais" (*In:* DÓRIA, Palmério. *Honoráveis bandidos:* um retrato do Brasil na era Sarney. São Paulo : Geração Editorial, 2009, p. 179).

5 ARTURI, 2001, p. 19.

6 "[...] Em meados de 1972, Huntington [economista norte-americano] formulou, a convite do Ministro-Chefe da Casa Civil do governo Médici, Leitão de Abreu, um roteiro de reformas políticas para liberalizar o regime autoritário, que naquele momento encontrava-se no ápice da repressão política. As sugestões que formulou, talvez a primeira tentativa de 'engenharia política' explícita conhecida, só foram aproveitadas dois anos mais tarde, pelo General Golbery do Couto e Silva, o principal estrategista político do governo Geisel" (*Ibid.*, p. 14).

7 *Ibid.*, p. 19. A consequência de tal fato fez com que mudasse o processo originalmente programado por Golbery, com algumas mudanças que afetariam diretamente o núcleo do poder – como a extinção do Partido Popular, por exemplo, o que fez com que Tancredo Neves alterasse o seu projeto de conquista do poder via Colégio Eleitoral.

so de transição em si. De acordo com Arturi, para chegarmos à "[...] definição da democracia como regime político, cuja base fundamental é a livre competição pacífica pelo poder e a garantia das liberdades civis fundamentais [...]"[8], mesmo que em versão minimalista[9], há a necessidade da observância das seguintes condições:

> [...] 1) que todos os atores políticos relevantes devem submeter-se à livre competição pacífica pelo poder, seja por valorizarem a democracia, seja por cálculo político que indique que os custos e riscos de não a aceitar são maiores do que seguir suas regras; 2) que nenhum ator político possua poder de veto quer sobre a participação de outros, quer sobre os resultados da competição política; 3) que não existam instituições estatais independentes e autônomas frente ao poder político democraticamente eleito[10].

Já segundo Lamounier,

> [...] o estudo da democracia ainda se ressente de limitações graves em relação a pelo menos três questões cruciais: 1) o nascimento de regimes democráticos sob condições patentemente adversas; 2) a existência ou não de fatores culturais inerentemente anti-democráticos; 3) a "qualidade" da democracia, ou seja, nossa capacidade de avaliar com razoável objetividade o funcionamento desse sistema em casos concretos. O primeiro destes três pontos é uma questão análoga ao "começo da vida": em que momento se pode dizer que está nascendo um regime democrático? Como ele surge? Mais importante do que a finura conceitual, porém, é a enorme questão política: como avaliar as chances e eventualmente estimular o fortalecimento de embriões democráticos que se formam sob condições adversas?[11].

---

8 ARTURI, 2001, p. 13.

9 Conforme Lamounier (1996), "[...] Para a vertente holística, a democracia deve ser entendida como um padrão social global (uma "sociedade democrática"). Conseqüentemente, os autores (e partidos políticos) que nela se situam recusam a dar como democráticas sociedades demasiado desiguais quanto à distribuição da renda, ou tidas como autoritárias em termos culturais – mesmo quando algumas dessas sociedades são manifestamente abertas em termos de debate público e competitivas do ponto de vista eleitoral. A vertente oposta – hoje dominante entre os cientistas políticos – vê a democracia como um padrão de organização da esfera política, daí decorrendo a noção de que essa esfera deve ser entendida como um subsistema relativamente autônomo" (p. 03). Em oposição à última (minimalista), Arturi coloca-se prioritariamente na primeira acepção (holística).

10 ARTURI, *op. cit.*, p. 12-13.

11 LAMOUNIER, *op. cit.*, p. 02.

Afirma ele ainda que, em países recém-saídos de regimes ditatoriais, a instauração é um processo conceitualmente simples, embora não necessariamente fácil em termos políticos:

> [...] Trata-se, em tais casos, de implementar três conjuntos principais de mudanças institucionais: 1) recomposição da representatividade política mediante anistia e reintegração de líderes antes proscritos ao debate público; 2) legitimação do arcabouço constitucional mediante reforma do texto vigente ou convocação de uma assembléia constituinte; 3) realização de eleições livres para o legislativo e executivo nacionais[12].

Particularmente no caso do Brasil, "[...] o retorno ao governo civil após a intervenção militar de 1964 exigiu seis anos, se contarmos da anistia à eleição de Tancredo Neves pelo Colégio Eleitoral (1985), e dez anos se contarmos da anistia à realização da primeira eleição presidencial direta (1989)"[13]. Do ponto de vista de Arturi,

> [...] no caso brasileiro, a condução do projeto de liberalização política através do processo eleitoral não foi propriamente uma "escolha" do governo Geisel, como se este o tivesse implementado para este fim com clareza dos objetivos a atingir. Na realidade, sua utilização deu-se basicamente pelo fato de que um sistema partidário e um calendário eleitoral estarem disponíveis e em funcionamento.
>
> A existência de eleições e a sobrevivência de instituições políticas liberais, mesmo durante o período mais ditatorial do regime autoritário, devem-se a uma característica tradicional do sistema político brasileiro, desde a independência do país, qual seja, a competição intraelites pelo poder político através de eleições[14].

E é justamente ao se referir aos regimes da "terceira onda" de democratizações, nos quais se inclui o Brasil, que O'Donnell classifica-os como "[...] intrinsecamente hostis aos padrões de representação normais das democracias estabelecidas,

---

12 LAMOUNIER, 1996, p. 07-08.
13 *Ibid.*, p. 08.
14 ARTURI, 2001, p. 15.

à criação e consolidação das instituições políticas e, especialmente, à 'prestação de contas horizontais' [*accountability*]"[15].

Conforme Arturi, ainda,

> Esses regimes democráticos não-institucionalizados caracterizam-se pela delegação aos governantes eleitos da possibilidade de realizarem tudo que lhes pareça adequado para minorarem a crise econômica aguda. Os elementos plebiscitário e personalista das "democracias delegativas" teriam suas origens no estilo populista e na baixa institucionalização que marcaram o passado político da região[16].

Na transição brasileira, os planos Cruzado, em 1986, e Collor, em 1990, dentre outros, foram exemplares desse tipo de delegação plebiscitária por parte da população, que, de fato, apoiou *a posteriori* uma série de profundas medidas econômicas implantadas de maneira autoritária[17]. Podemos associar a isso, segundo O'Donnell, que

> [...] traços da cultura política de um país, comportamentos historicamente arraigados e constrangimentos estruturais podem, ou não, ser reforçados pelas escolhas e ação dos atores políticos em uma determinada conjuntura. A persistência da conjuntura de crise econômica e a adoção de planos de estabilização econômica, muitas vezes sem discussão prévia com a sociedade e com o Congresso, agravam aspectos centrais das "democracias delegativas" da região[18].

Além disso, as opções e as ações dos atores, no caso, os políticos, "[...] devem ser interpretadas não só em função de oportunidades e constrangimentos pré-existentes, mas também em relação às que nascem da própria transição"[19]. Como exemplo disso, podemos nos referir aos "[...] acordos entre os militares e

---

15 *In:* O'DONNELL, G. Acerca del Estado, la democratización y algunos problemas conceptuales. Una perspectiva latinoamericana con referencias a países poscomunistas. *Desarollo Económico*, Buenos Aires, v. 33, nº 130, p. 163-184, jul.-sept.1993, p. 165.

16 ARTURI, 2001, p. 15-16.

17 *Ibid.*, p. 16.

18 O'DONNELL, 1994 *apud* ARTURI, 2001, p. 15.

19 BANEGAS, 1993 *apud* ARTURI, 2001, p. 15.

a oposição, estabelecidos na fase de liberalização política, [que] podem persistir longamente, originando uma democracia com "defeitos de nascença"[20].

Essa democracia, com defeitos de nascença, ou não, conforme Bermeo, para ser considerada um processo de democratização totalmente concluído, "[...] envolve genericamente três etapas: o início da dissolução do regime autoritário, a criação da democracia e a consolidação do novo regime"[21]. No caso específico brasileiro, é possível, nas palavras de Arturi, identificar com precisão esses períodos:

> [...] O primeiro vai de março de 1974 a março de 1985, e abrange os dois últimos governos militares, as presidências dos generais Geisel (1974-1979) e Figueiredo (1979-1985). A segunda etapa – a construção da democracia – desenvolve-se durante o governo civil de José Sarney (1985-1990). Quanto ao processo de consolidação do novo regime democrático, uma espécie de segunda transição, ela inicia-se com a presidência de Fernando Collor de Mello em março de 1990 (eleito por sufrágio universal e afastado do poder por um processo de *impeachment* em dezembro de 1992) [...][22].

Se incluirmos aí a posse do vice de Collor, Itamar Franco (que governou de 1992 a 1995), passando pelo plebiscito para decidir sobre o regime de governo a ser adotado – se monarquista, parlamentarista ou presidencialista –, de 1993, teremos formatado o período que é abarcado pela crônica de Millôr na revista *Istoé* (ou *Istoé/Senhor*). Mas o marco mais referencial, politicamente expresso, talvez tenham sido, retroativamente, as eleições para governadores, em 1982[23]. Depois delas, descortinar-se-iam ainda o episódio das Diretas Já e a eleição à Presidência, via Colégio

---

20 *In:* KARL, T. L. & SCHMITTER, P. Les modes de transition en Amérique Latine, en Europe du Sud et de l'Est. *Revue Internationale des Sciences Sociales*, Paris, nº 128, p. 285-302, mai. 1991, p. 286.

21 *In:* BERMEO, N. Democracy and the Lessons of Dictatorship. *Comparative Politics*, v. 24, nº 3, p. 273-292, Apr 1992, p. 273.

22 ARTURI, 2001, p. 16.

23 "**1982.** 19 de janeiro: aos 36 anos, vítima de uma mistura de cocaína com álcool, morre a cantora Elis Regina. Nas primeiras eleições estaduais desde 1965, [...] a oposição colheu vitórias por todo o país, com uma especialmente festejada: Brizola, no Rio, depois de enfrentar fraudes na manipulação de votos pela Proconsult, com cumplicidade da Rede Globo. Encontrado em praia fluminense o corpo de Alexandre Baumgarten, diretor de *O Cruzeiro*, que havia divulgado dossiê acusando o chefe do SNI, general Newton Cruz, como responsável por sua presumível 'extinção física'; o caso, nebuloso, não deu em nada. Só no Brasil: Taça Jules Rimet, conquistada com o tri no México, é roubada da sede da CBD, no Rio" (DÓRIA, 2009, p. 179).

Eleitoral, de Tancredo Neves. E isso, decididamente, não é pouca coisa. Imerso nesse turbilhão, Millôr opera com suas próprias armas: escrita, humor e ilustração.

Mas para contextualizarmos mais proximamente, ainda alguns aspectos precisam ser explorados, especificamente sobre esse momento político, a eleição dos governadores de 1982. Fruto de uma negociação que se arrastava havia anos, e mesmo o partido do Governo ainda mantendo uma maioria[24] no Congresso Nacional e no Colégio Eleitoral – que iria se reunir em 1985, para eleger indiretamente o próximo presidente da República –, "os resultados das eleições para Governador de estado e para deputados estaduais e federais em 1982 deram uma vitória política expressiva às oposições e foram diretamente responsáveis pela perda do controle do processo de transição pelo regime"[25].

A partir dessa eleição, então, com a conquista pelos partidos de oposição de 10 governos estaduais dentre os mais importantes do país e a maioria das cadeiras na Câmara dos Deputados,

> [...] o governo teve que administrar o país negociando diretamente com poderosos governadores da oposição e fazer face ao crescente desgaste político. Essa situação marcou o retorno de uma das características mais duradouras do sistema político nacional: o poder dos governadores de estado e a centralidade da política regional na formação de alianças no Congresso[26].

É nesse período que, mesmo sob a tutela das leis vigentes, programada pelos militares, oposição e o esboço do que viria a ser uma sociedade civil organizada começaram a inverter a lógica do processo encaminhado pelos militares, arrancando algumas conquistas e tolhendo a margem de manobra do regime. Segundo Arturi,

> Esse quadro político complexo, somado ao sentimento de segurança da oposição quanto à irreversibilidade da transição, notadamente após a neutralização da extrema direita militar devido ao caso Riocentro em 1981, provocaram uma multiplicação de estratégias visando à sucessão presidencial,

24 Graças aos senadores biônicos, eleitos indiretamente, em 1978. A designação "biônico" refere-se justamente ao artificialismo do processo de escolha, imposto pelo Governo.
25 ARTURI, 2001, p. 19.
26 ABRUCIO; SAMUELS, 1997 *apud* ARTURI, 2001, p. 19.

com um objetivo político igual ao do governo: eleger o futuro Presidente no Colégio Eleitoral em janeiro de 1985[27].

E essa é a conjuntura política, beirando a efervescência – apesar de controlada – que Millôr Fernandes analisa. Desde já declarando que "imprensa é oposição, o resto é armazém de secos & molhados" (*Istoé*, nº 326, p. 14, 1983 - 831), faz uma fotografia panorâmica da transição política e cultural de um país chamado Brasil. O retrato é impiedoso e enfatiza as contradições nacionais:

> O BRASIL, POLÍTICO, GEOGRÁFICO, ECONÔMICO E POR AÍ VAI...
>
> O Brasil é um país gigantesco, o quinto do mundo em território. É um país de gente muito pobre, muito preta e muito despida, embrulhada no equitacromo de uma camada de gente branca, nutrida e dourada por um sol particular. Um país com leis que não colam ou estão velhas demais, [...], uma das maiores redes de comunicação do mundo, da qual o mundo se aproveita pra não deixar que ele comunique nada de si próprio a si mesmo, um cinema do futuro, uma economia que um dia chega lá, uma literatura que é a maior do mundo apesar do mundo não ler muito português, os maiores atletas do Brasil, o maior Túnel Rebouças do mundo, uma Bolsa de Valores com poucos valores financeiros e menos éticos, conservação duvidosa de aparelhos sanitários públicos, trinta e sete loterias oficiais, e o jogo do bicho, que não se oficializa porque seria uma imoralidade [...].
>
> (*Istoé*, nº 333, p. 12, 1983 [28]– 838).

27 ARTURI, 2001, p. 19-20.

28 "**1983**. Vai-se a guerreira Clara Nunes, durante operação simples, de varizes, primeira mulher a bater recorde de vendas no primeiro disco gravado, deixando o samba de luto; e vai-se Garrincha, a alegria do povo. Marines invadem Granada, no Caribe, e depõem o presidente socialista eleito. O PT faz em São Paulo, em 27 de novembro, o primeiro comício pró-eleições para presidente; reúne 10 mil pessoas e detona o movimento Diretas Já. José Sarney é contra Diretas Já. Figueiredo enfrenta crise da dívida externa impagável de US$ 88 bilhões indo ao FMI, Fundo Monetário Internacional, que manda para cá certa Ana Maria Iul, enfiar goela abaixo o remédio: arrocho salarial, recessão, inflação, fome, desemprego, falências, quebradeira geral, PIB em queda. Outubro. Eleição de Raúl Alfonsín põe fim à ditadura militar na Argentina, que em apenas sete anos prendeu, torturou, matou 30 mil pessoas, muitas delas desaparecidas. Chega o compact disc, o cd" (DÓRIA, 2009, p. 179).

A partir dessa definição[29] aparentemente inusitada, que sintetiza várias questões colocadas em discussão pelo autor, está dado o quadro, socialmente esquizoide, como podemos ver em algumas assertivas. A primeira delas, que afeta todo o período e mais além, é o fenômeno da corrupção: "O que vocês estão vendo aí não é mais assalto; é apenas corrupção post-coital, a última meia hora do baile da ilha Fiscal do Brasil Grande" (*Istoé*, nº 330, p. 16, 1983 – 835). A referência ao Baile da ilha Fiscal[30] não é gratuita, já que, histórica e metaforicamente, indica uma transição abrupta, de uma elite política (no caso, a monarquia) cega aos acontecimentos históricos, resultando na instauração da República. Nesse caso, literalmente quem bailou foi a nobreza. Mas o espírito aristocrático persistiu, os novos donos do poder sempre mantiveram uma distância conveniente em relação ao dito povo e, mais que isso, assenhoravam-se do público para usufruí-lo no privado.

Ciente disso, Millôr afirma, em *Reflexões sem dor*: "No Brasil há 364 dias destinados a enganar os tolos e um dia por ano em que se proclama isso" (*Istoé*, nº 336, p. 16, 1983 – 8311). Em referência clara ao 1º de abril (dia dos bobos) – no caso, por muitos identificado como o verdadeiro dia do golpe militar de 1964 –, não deixa por menos e vira o calendário de cabeça para baixo, sabendo ele que "*In vino,*

29 Importa ainda aqui fazermos um paralelo com a definição do país feita por Mendes Fradique, conforme o prefácio de seu livro: "E é este o clima que preside a narrativa: carnavalesco e levemente corrompido como era o Rio de Janeiro daqueles anos, onde Pascoal Segreto comandava os jogos e as diversões; onde o jogo do bicho já era uma contravenção mais ou menos aceita pelas autoridades e adotada pela população; onde o conto-do-vigário era moeda corrente. [...] O cenário que se apresenta é o de uma realidade festiva, moleca e colorida, a que Mendes Fradique chama de Palmeirolândia, onde o Brasil não passa de um rapaz estouvado, ingênuo e ainda meio índio, que foge da tutela de d. Pedro II para cair na farra com um grupo de boêmios incorrigíveis: Benjamin Constant, Lopes Trovão, Quintino Bocaiúva e outros, apaixonando-se por uma mulher corrompida, A República, *divette* do Montmartre" (2004, p. 23). Tirante a defesa da monarquia pelo autor, há a mesma incredulidade apontada por Millôr em relação à "nova" República.

30 Sobre essa questão, aponta Verissimo, em sua crônica *Cem anos:* "[...] O baile da Ilha Fiscal é comumente apontado como símbolo da inconsciência de uma aristocracia alienada e condenada, que, ao sair do baile, encontrou nas ruas, em vez de táxis, a república. Foi ali, segundo muitos historiadores, que a monarquia brasileira acabou. Outra corrente sustenta que a monarquia realmente acabou ali, mas a república não começou e o que tomou conta do país foi o baile" (VERISSIMO, Luis Fernando. *Todas as comédias:* Comédias da vida privada, Novas comédias e Comédias da vida pública. Porto Alegre : L&PM, 1999, p. 599).

veritas/ In cachaça,/ Mintchura" [31] (*Istoé*, nº 350, p. 12, 1983 – 8325). A bebida, genuinamente nacional, em analogia com o vinho, em vez da verdade, revelaria um caráter extremamente hipócrita, relações sociais de mentira em um país inventado ("Projeto – De vez em quando me dá uma imensa vontade de escrever uma história passada num país completamente inventado. Uma história bem brasileira" – *Istoé*, nº 410, p. 12, 1984 [32] – 8414).

O país, inventado ou não, ficção ou realidade, oferecia um prato farto a quem quisesse esmiuçar as relações de poder, as quais se revelavam, no fundo, também econômicas. À elite voraz, em conclamação poética de um hipotético ministro, é que Millôr homenageia em seu *Poemeu a ocasião faz o ladrão:*

> [...]
>
> Ói, tira o máximo que puder
>
> De todo modo que possa.
>
> [...]
>
> Pois é o Estado quem mostra:
>
> Não existem coisas nossas
>
> Só existe Cosa Nostra.
>
> (*Istoé*, nº 390, p. 12, 1984 – 8424)

Aqui, a referência à *Cosa Nostra*, além da própria noção de Estado, é o único diferencial que permite não nos enganarmos quanto à autoria e à época, uma vez que os versos caberiam muito bem nas vozes barrocas de um Vieira

31 No caso, a referência à palavra *mintchura* é uma alusão à música de mesmo nome que fazia sucesso à época, na voz de Neuzinha Brizola, filha do político anistiado e governador do Rio de Janeiro; a notoriedade da filha mais rendeu constrangimento ao pai, principalmente depois de a mesma ter declarado ser favorável à liberação da maconha no país. A mesma afirmação aparecerá em *Istoé/Senhor*, nº 1025, p. 24, 1989 – 8919.

32 "**1984.** 25 de janeiro: 300 mil em comício na Praça da Sé por Diretas já; Rede Globo noticia como 'festa pelo aniversário de São Paulo'. 25 de abril: na São Luís do Maranhão do sarneyzista Luiz Rocha, e enquanto o Congresso decide contra o voto popular para presidente, o povo que se manifesta a favor das Diretas já é fartamente espancado. Julho. Pela primeira vez em 20 anos, greve 'política', de petroleiros e metalúrgicos: protesto contra a política econômica do governo. O modelo carioca Luiz Roberto Gambine Moreira vira celebridade com o nome de Roberta Close, que tempos depois viria a fazer operação cirúrgica para mudar de sexo. José Sarney rompe com PDS e vai para a Frente Liberal (raiz do Pefelê e, depois, DEM); de presidente da Arena e do PDS, transmuta-se em vice na chapa oposicionista moderada com Tancredo. 13 de agosto: PMDB homologa chapa Tancredo-Sarney e Figueiredo pede 'união em torno de Maluf'" (DÓRIA, 2009, p. 180).

ou de um Gregório de Mattos Guerra. As coisas mudavam, mas permaneciam as mesmas – como diria Lampedusa[33], em *O leopardo* –, retrato de uns poucos que, como as astutas raposas, sempre se locupletavam. Até a escuridão noturna servia para acobertar falcatruas e desmandos, pois, "a maior parte dessa gente aí não enriqueceu entre a alvorada e o crepúsculo. Enriqueceu entre o crepúsculo e a alvorada" (*Istoé*, nº 437, p. 17, 1985 – 8519).[34] A conotação óbvia, além de envolver as manobras ocultas, refere-se ao centro do poder, em Brasília, o Palácio da Alvorada.[35] Em uma terra em que "a economia compreende todas as atividades do país. Nenhuma atividade do país compreende a economia" (*Istoé*, nº 374, p. 12, 1984 – 848), fustigada por um monstro chamado inflação ("Inflação corresponde, em economia, àquilo que os psicanalistas chamam de carência. Quer dizer – a gente tem excesso de uma coisa que não tem" – *Istoé*, nº 355, p. 16-17, 1983 – 8330), Millôr afirma: "Em terra de cego quem tem um olho é economista" (*Istoé/Senhor*, nº 988, p. 17, 1988 – 8833). Aqui o olhar ciclópico é emprestado a quem enxerga mais adiante ou que, nos meandros do processo econômico, se fazia enriquecer na penumbra, ao largo da questão social.

Como resposta a esse grupo social ("Proudhon dizia que toda propriedade é um roubo. A elite brasileira acha que todo roubo passa logo a ser propriedade" – *Istoé/Senhor*, nº 1172, p. 08, 1992 – 9211), escatologicamente assevera:

> Voz do autor – Boa noite, amigos! Este espetáculo é dedicado aos únicos brasileiros que, nestes 20 anos, jamais deixaram um minuto de combater o Poder Dominante. Nos referimos aos pombos de Brasília, que, além de cagar indistintamente na cabeça de todas as autoridades que transitam na praça dos Três Poderes (Exército, Marinha e Aeronáutica), arrulham sempre, dia e noite, corajosamente, à passagem de cada economista, cada milico, cada tecnocrata: "Corrupto! Corruuuupto! Corruuuuuupto!" (*Istoé*, nº 409, p. 16, 1984 – 8443).

Assim irmanados, militares, economistas e tecnocratas recebiam a companhia, indiscriminadamente, dos políticos, em versão *gauche* ou *droite*, uma vez

---

33 *In:* LAMPEDUSA, Giuseppe T. *O leopardo.* São Paulo : Difusão Européia do Livro, 1961.

34 O que pode ser reiterado em: "O pouco de que dão, dão à luz clara do dia. Mas tirar é na calada da noite" (*Istoé*, nº 1177, p. 09, 1982 – 9216).

35 Uma referência também atmosférica aparece em *Istoé/Senhor*, nº 994, p. 17, 1988 – 8839: "A corrupção em Brasília, já diagnosticada como cleptomania, atingiu agora seu ponto mais alto – desapareceu até a umidade relativa do ar".

que "[...] No Brasil a esquerda se chama extrema esquerda, o centro se chama esquerda e a direita se chama centro. Ninguém é de direita; de esquerda é quem diz que é" (*Istoé*, nº 357, p. 17, 1983 - 8332). Em outra versão sobre tema semelhante, complementa: "No Brasil temos que conviver com o esquerdismo demagógico da direita e o direitismo visceral da esquerda" (*Istoé*, nº 516, p. 23, 1986 – 8646). E é essa sociedade em que impera a alegre relatividade de tudo[36] que Millôr critica, embora saiba que, especificamente em relação ao Brasil, como diz Jameson, "[...] quanto mais corrupta e ruim for a ordem existente, menor é a probabilidade de qualquer coisa melhor surgir a partir dela"[37].

À medida que a democracia (mesmo que formal) se instaurava paulatinamente, o projeto civilista (ou civilizatório) de Millôr cada vez mais utilizava mordacidade e ironia para, mesmo a partir dos patéticos políticos brasileiros da época – "[...] E, ao fim e ao cabo, todo partido é uma gang com ideologia. (E, em geral, sem ela" – *Istoé*, nº 327, p. 16, 1983 – 832), ou "Artigo primeiro da militância política: ou você tem princípios ou entra prum partido" (*Istoé*, nº 500, p. 17, 1986 – 8630) –, ir analisando cada vez mais o homem universal[38].

Jogando com fragmentos, tiradas e insinuações, o autor explora as várias nuanças do cotidiano, de modo a compor uma crítica percuciente a esse microcosmo político, espelho menor de um comportamento universal, Brasil e mundo em consonância, embora aqui o buraco fosse, digamos assim, mais ao Sul.

Assistíamos aqui a uma transição em que o regime autoritário, aos poucos, foi perdendo controle sobre a dinâmica do processo, a começar que, depois de 1982, mesmo via Colégio Eleitoral, tinha

---

36 Segundo Bakhtin (1981), o carnaval é "[...] um espetáculo sem ribalta e sem divisão entre atores e espectadores. [...]", onde não se representa, mas vive-se uma "[...] vida desviada da sua ordem habitual, em certo sentido uma 'vida às avessas', um 'mundo invertido' ('*monde à l'envers*')", que acaba pondo por terra as leis, proibições e restrições da vida comum, revogando-se "[...] o sistema hierárquico e todas as formas conexas de medo, reverência, devoção, etiqueta, etc., ou seja, tudo o que é determinado pela desigualdade social hierárquica [...]", eliminando-se "[...] toda *distância* entre os homens", acabando por configurar uma categoria carnavalesca específica: "*o livre contato familiar entre os homens*" (p. 105-106).

37 *In:* JAMESON, 2007, p. 218. O que encontraria sua reafirmação no provérbio de Barão de Itararé: "De onde menos se espera, é dali que não sai nada mesmo" (SOUSA, 1985).

38 A esse respeito, aliás, afirma: "Se você não for um homem de princípios, não terá o que negociar" (*Istoé*, nº 600, p. 07, 1988 – 8825).

> [...] a difícil tarefa de coordenar o processo sucessório dentro do partido governista (Partido Democrático Social – PDS), que já possuía um candidato incontornável e com alto índice de rejeição no interior do regime e na sociedade, o ex-governador de São Paulo, deputado Paulo Maluf[39].

Se somarmos isso – extinção do AI-5, recessão econômica e renascimento dos movimentos sociais e de um novo sindicalismo – à política do jogo do tabuleiro esboçado pelos atores políticos à época – o pragmatismo mineiro de Tancredo Neves, enfraquecendo as correntes mais à esquerda de seu partido, o PMDB, e estimulando uma dissidência do PDS, para eventual apoio à sua candidatura no Colégio Eleitoral; a sugestão de prorrogação do mandato de João Figueiredo por mais dois anos e eleições diretas, por Brizola, por não ter chance no Colégio Eleitoral; e à recusa do Partido dos Trabalhadores (PT) em participar de eleição indireta para a presidência –, tínhamos o *timing* perfeito para a erupção de um movimento popular. Segundo Arturi:

> É nesse contexto que surge a surpreendente Campanha pelas eleições diretas à presidência da República em 1984. O movimento *Diretas-já*, inicialmente patrocinado por algumas entidades da sociedade civil, pelos partidos de esquerda e pelo setor do PMDB liderado pelo deputado Ulysses Guimarães, constituiu a expressão mais forte e concreta do desejo de democratização do país. [...] O amplo movimento pelas eleições diretas para Presidente da República mobilizou milhões de pessoas por todo [o] país, mas não conseguiu impedir a rejeição pelo Congresso, em abril de 1984, do projeto de emenda constitucional que as implantaria. A impotência da campanha *Diretas-já* em alterar as regras impostas pelo regime autoritário é paradigmática da liberalização *pelo alto*, pois se ela facilitou a dissidência governista e impediu um hipotético recuo autoritário, foi incapaz de dar um desfecho verdadeiramente democrático ao processo de transição[40].

Mas aquilo que foi um movimento genuíno de aceleração do esforço por restituir a democracia, envolvendo toda a sociedade, inclusive a juventude – que

---

39 ARTURI *in* PESAVENTO, Sandra Jatahy (Org.) *Golpe de 64.* Porto Alegre, Unidade Editorial, 1994, p. 55. (Cadernos Porto & Vírgula, nº 5).

40 *In:* PESAVENTO, 1994, p. 56.

teve seu hino na canção roqueira *Inútil*[41], originalmente lançada em compacto no ano de 1983, do grupo Ultraje a Rigor, e posteriormente no LP *Nós Vamos Invadir Sua Praia*, em 1985 –, teve um desfecho, senão trágico, pelo menos decepcionante.

Nessa campanha, como não poderia deixar de ser, Millôr empenhou-se cada vez mais em revelar, pela metáfora da ficção, certas realidades, a começar pela figura de um político saído do cerne da ditadura, quase uma unanimidade em termos de rejeição, que, se não mineiro, também raposa no seu *modus operandi*. Candidatíssimo no Colégio Eleitoral, assim é descrito por Millôr: "Noutro dia, na televisão, vi o Maluf respondendo ao Tancredo, com respeito, dignidade e compostura. Ou seja, estava completamente fora de si" (*Istoé*, nº 410, p. 12, 1984 – 844). Além disso, é retratado como o "Anticristo" (*Istoé*, nº 404, p. 12, 1984 – 8438), ou, suprema paródia, como um transexual ("O Maluf é, definitivamente, a materialização política da Roberta Close" – *Istoé*, nº 401, p. 13, 1984 – 8435), o que, de certa forma, é estendido a toda a sociedade brasileira:

> EXPLICANDO O MISTÉRIO
>
> Como as relações entre o homem e a mulher estão cada dia mais complexas, pois as mulheres já não gostam de ser tratadas de maneira feminina e os homens não se satisfazem em tratá-las como homens, o Brasil, como sempre pioneiro!, resolveu o problema lançando no mercado o ser humano *double-face* – Roberta Close.
>
> (*Istoé*, nº 403, p. 12, 1984 - 8437)

---

41 A letra da música, extremamente irônica, e em compasso de discordância não apenas com a gramática, afirmava: "A gente não sabemos escolher presidente/ A gente não sabemos tomar conta da gente/ A gente não sabemos nem escovar os dente/ Tem gringo pensando que nóis é indigente/ Inútil/ A gente somos inútil/ A gente faz carro e não sabe guiar/ A gente faz trilho e não tem trem pra botar/ A gente faz filho e não consegue criar/ A gente pede grana e não consegue pagar/ Inútil/ A gente somos inútil/ A gente faz música e não consegue gravar/ A gente escreve livro e não consegue publicar/ A gente escreve peça e não consegue encenar/ A gente joga bola e não consegue ganhar" (ULTRAJE A RIGOR. *Inútil. In:* ULTRAJE A RIGOR. Nós vamos invadir sua praia. [S.l.]: [S.n.], 1985. 1 disco sonoro). Outra canção também considerada hino do movimento é o samba-enredo *Vai passar*, de Chico Buarque, juntamente com Francis Hime, que faz uma exorcização da ditadura, em versos como: "Num tempo/ Página infeliz da nossa história/ Passagem desbotada na memória/ Das nossas novas gerações/ Dormia a nossa pátria mãe tão distraída/ Sem perceber que era subtraída/ Em tenebrosas transações// Seus filhos erravam cegos pelo continente/ Levavam pedras feito penitentes/ Erguendo estranhas catedrais/ E um dia, afinal/ Tinham direito a uma alegria fugaz/ Uma ofegante epidemia/ Que se chamava carnaval/ O carnaval, o carnaval" (BUARQUE, Chico. Vai passar. In: CHICO BUARQUE. Chico Buarque. [S.l.] : [S.n.], 1984a. 1 disco sonoro).

Não bastasse isso, especulava ainda sobre a sombra que ainda pairava sobre o processo político, uma vez que, mesmo pela via indireta, para muitos não havia a garantia de acolhimento do resultado pela caserna, representada pelo presidente Figueiredo ("Brasil, o único país no mundo com um ditador em meio expediente" – *Istoé*, nº 389, p. 13, 1984 – 8423). Ironicamente, apontava: "Vocês podem não acreditar, mas, na Inglaterra, é considerado o cúmulo do ridículo declarar publicamente: 'Darei posse aos eleitos!'" (*Istoé*, nº 403, p. 13, 1984 – 8437), pois, para Millôr, "uma coisa é preciso deixar clara: quando os militares falam que não vão se meter em política, já estão se metendo" (*Istoé*, nº 374, p. 12, 1984 – 848).[42]

Dessa forma, mesmo com sua postura crítica quanto a qualquer estrutura de governo, sabedor de que "todo o esforço da civilização durante 10 mil anos resultou apenas na criação de sistemas de governo através dos quais 5 bilhões de pessoas são entregues nas mãos de cinco centenas de déspotas vaidosos e primários" (*Istoé*, nº 382, p. 12, 1984 – 8416), não se eximia de tomar uma postura progressista, tendo em vista que "eleição indireta é um escrotínio" (*Istoé*, nº 383, p. 12, 1984 – 8417). Ao lado daqueles que reivindicavam as Diretas Já, além do uso da corruptela da linguagem, beirando o escatologismo (escrotínio/escrutínio), aplicava o seu latim afirmando: "[...] Populus cum directas veni, vidi, vici" (*Istoé*, nº 383, p. 13, 1984 – 8417).

A decepção, no fundo, só confirmava as palavras de Millôr a respeito do país ("Brasil – Um país enorme com homens bem pequenininhos" – *Istoé*, nº 407, p. 13, 1984 – 8441)[43], pois, mesmo com o clamor popular, a emenda "Dante de Oliveira" não passou no Congresso Nacional, frustrando a todos e revelando o oportunismo da maioria dos políticos, já que, conforme Arturi:

> [...] as forças que apoiam a candidatura de Tancredo Neves no Colégio Eleitoral retiram seu apoio à continuidade da campanha pelas diretas e se articulam com uma dissidência do Regime – a Frente Liberal – para formar uma coligação intitulada Aliança Democrática. A Frente Liberal impõe o

---

42 Sobre a mesma questão, a partir dos versos do hino nacional: "Nosso céu tem mais estrelas. O erro dos militares foi querer reduzi-las a apenas quatro" (*Istoé*, nº 429, p. 12, 1985 - 8511).

43 Afirmação semelhante, encontramos em (*Istoé*, nº 566, p. 10, 1987 – 8743): "Revelado, afinal: o Brasil não é um país assim tão grande – os homens é que são pequenininhos".

ex-presidente do PDS, senador José Sarney, como companheiro de chapa de Tancredo[44].

Dessa forma, não seria de espantar a seguinte afirmação: "Depois de examinar o comportamento dos congressistas, que, evidentemente, representam o melhor de nossa espécie, uma conclusão se impõe: o homem já parou de evoluir" (*Istoé*, nº 458, p. 13, 1985 [[45]] – 8540), o que só confirma a dupla face desses políticos, pois "o camaleão no poder/ É uma subversão/ Todo mundo pega a cor/ Do camaleão" (*Istoé*, nº 463, p. 14-14, 1985 – 8545), já citado anteriormente. Sobre esses mesmos políticos, critica o pragmatismo fácil de quem quer sempre se manter junto ao poder, custe o que custar, uma vez que "ética política é o ato de jamais passar alguém pra trás sem antes consultar os estatutos do partido" (*Istoé*, nº 427, p. 12, 1985 – 859). Além deles, muito comentados à época também eram os que, pelo lustro social ou pelo poder econômico, transitavam na mesma esfera dos políticos, expressão de uma sociedade de desiguais, com a lei sendo aplicada em relação a eles com excesso de liberalidade ou até frouxidão, mesmo diante de evidências incontestes de corrupção. A essa situação, Millôr se referia como "da impossibilidade sócio-cultural de se prender um colarinho-branco" (*Istoé*, nº 433, p. 11, 1985 – 8515), o que remete claramente à aludida cultura do favor, ou do jeitinho, como bem aponta Roberto

---

44 ARTURI (*in:* PESAVENTO, 1994, p. 56). No mesmo ano, com o sonho das diretas frustrado, o mesmo Chico Buarque compõe, em homenagem ao movimento, a música *Pelas tabelas*, que diz: "[...] Ando com minha cabeça já pelas tabelas/ Claro que ninguém se toca com a minha aflição// Quando vi todo mundo na rua de blusa amarela/ Eu achei que era ela puxando o cordão/ Oito horas e danço de blusa amarela/ Minha cabeça talvez faça as pazes assim// Quando ouvi a cidade de noite batendo as panelas/ Eu pensei que era ela voltando pra mim/ Minha cabeça de noite batendo panelas/ Provavelmente não deixa a cidade dormir// Quando vi um bocado de gente descendo as favelas/ Eu achei que era o povo que vinha pedir/ A cabeça de um homem que olhava as favelas/ Minha cabeça rolando no Maracanã// Quando vi a galera aplaudindo de pé as tabelas/ Eu jurei que era ela que vinha chegando/ Com minha cabeça já pelas tabelas/ Claro que ninguém se toca com a minha aflição [...]" (BUARQUE, Chico. Pelas tabelas. In: CHICO BUARQUE. Chico Buarque. [S.l.] : [S.n.], 1984b. 1 disco sonoro).

45 "**1985.** Funciona em São Paulo a primeira Delegacia da Mulher. Eleito no Colégio Eleitoral, Tancredo adoece e morre; toma posse na Presidência o vice, José Sarney. Polícia Federal identifica ossada do médico nazista Joseph Mengele, responsável pela morte de meio milhão de pessoas em campos de concentração nazistas; desde o fim da guerra o "anjo da morte" vivia no Embu, Grande São Paulo, onde estava enterrado, depois de morrer afogado numa praia de Bertioga, litoral paulista. Governo Sarney começa mal: proíbe *Je Vous Salue, Marie*, do francês Jean-Luc Godard, versão da trajetória da sagrada família, alegando que fere nossa "religiosidade". *Roque Santeiro*, novela de Dias Gomes, é liberada depois de dez anos proibida e conquista o país com as peripécias da viúva Porcina (Regina Duarte) e Sinhozinho Malta (Lima Duarte)" (DÓRIA, 2009, p. 180).

DaMatta[46], resquícios de uma elite que sujava as mãos, mas não o nome, sob hipótese nenhuma.

O desencanto milloriano expressava-se em relação ao presente do país pelo aspecto econômico ("O Brasil está endividado até a raiz dos meus cabelos" – *Istoé*, nº 456, p. 12, 1985 – 8538), assim como em relação ao futuro ("Brasil, condenado à esperança" – *Istoé*, nº 436, p. 50-51, 1985 – 8518), o que é reiterado pela desconstrução da sua imagem ufanista, vinculando-o ao passado: "Se isto é o país do futuro, bom mesmo é um país do passado" (*Istoé*, nº 440, p. 08, 1985 – 8522).

A consequência natural do processo político, então, foi

> [...] a vitória por ampla maioria no Colégio Eleitoral da chapa de Tancredo Neves e José Sarney contra Paulo Maluf, em janeiro de 1985; a internação hospitalar de Tancredo gravemente doente na véspera de sua posse em 15 de março; e sua morte em 21 de abril. Assim, a fortuna e as opções dos príncipes tornaram Sarney, que tinha liderado há poucos meses as forças governistas na derrubada da emenda pelas eleições diretas, o primeiro Presidente civil desde 1964. A fase de liberação política iniciada pelos militares chega a seu fim e tem início o processo de redemocratização propriamente dito[47].

Como podemos ver, mesmo que paradoxal, assim caminhava a brasilidade...

---

46 *In:* DAMATTA, Roberto. *O que faz o brasil, Brasil?* Rio de Janeiro : Rocco, 1991.

47 ARTURI *in* PESAVENTO, 1994, p. 56.

Brasil, sob nova direção?

Aquilo que começou como tragédia não poderia dar em boa coisa mesmo, a começar pela própria ficcionalização da data da morte de Tancredo, segundo alguns, espichada até coincidir com o feriado de Tiradentes, um dos mártires da Independência brasileira, mesmo que isso também seja relativizado por outros. Mineiramente falando, a proximidade dos dois fatos era um achado político. O país viveu semanas de extrema angústia, as quais transformaram um político habilidoso e liberal em um suposto líder nacional.[48] Assim como Vargas, Tancredo saía da vida para entrar na história. E essa história talvez só tivesse a sua justa medida pela ficção, que é o que faz Verissimo em *Vago*, crônica publicada originalmente em 24/01/86, que consta em Koutzii (1986). Na crônica, um repórter consegue entrevistar Sarney, que teria fugido da posse:

> [...]– Eu não me achei capaz. Foi isso. Primeiro achei que, constitucionalmente, o homem não seria eu. Depois argumentei que, mesmo sendo legal, não era certo. Eu não podia assumir o poder. Estava preparado para ser vice. Não tinha nenhuma outra ambição. Mas eles insistiram. Disseram que tinha que ser eu. Então...
>
> – O senhor fugiu.
>
> – Acho que "fugir" não é o termo. Nunca fugi de nada em minha vida. Apenas... poupei o país da minha posse [...][49].

Atropelado pela história, a Sarney não restou alternativa senão tomar o trem com ele andando, o que significava, na prática, assumir os compromissos cos-

---

48 A respeito disso, afirma Koutzii, em seu texto *Por trás das antenas platinadas:* "A Nova República produziu mais emoções do que modificações. No início foi a substituição do governo militar, dramatizada pela doença fatal de Tancredo Neves, que se transformou num longo calvário. Explorado além dos limites da ética, pelo governo que, impossibilitado de se legitimar pelo voto, se legitimava pelo sacrifício de uma morte lenta, dolorosa e trágica" (p. 107). Ou ainda: "[...] Naquele momento, os símbolos recuperados na campanha das diretas de 1984 – a bandeira, o Hino Nacional – e, num outro nível, o orgulho de ser brasileiro, se fundiram na recém-fundada estética da Nova República, misto destas cores, da voz comovida e comovedora de Milton Nascimento e do corpo e gesto de um velhinho em torno do qual se concentraram as expectativas de resolução de todos os problemas nacionais" (KOUTZII, Flavio. Por trás das antenas platinadas. *In:* KOUTZII, Flavio (Org.) *Nova República:* um balanço. Porto Alegre : L&PM, 1986, p. 108.

49 *Ibid.*, p. 09.

turados pelo finado presidente. Dessa forma, para esse caso, servem as palavras de Newton Rodrigues:

> O indolente dom João VI, embora mais forte em cantochão e em devorar frangos do que em política, percebeu, em seu tempo, os problemas do vácuo de poder e buscou evitá-los dando a seu estouvado herdeiro o conselho de que pusesse a coroa na própria cabeça, antes que algum aventureiro lançasse mão dela. Apesar disso, mais de cento e sessenta anos depois, patenteou-se a falta de ousadia de José Sarney para assumir a liderança que, em nosso sistema presidencialista supercentralizado, ou é exercida a pleno, ou se atomizam os centros diretores, paralisando a administração e exacerbando o jogo de influências e pressões, acima de limites razoáveis e normais[50].

Cabe aqui recordarmos um personagem televisivo criado pelo humorista Jô Soares, em seu programa *Viva o gordo*, um vice-diretor de uma indústria, que, ao dar explicações sobre a ausência do presidente da mesma, saía-se com o bordão: "Tirante o Aureliano, que fala, vice não fala"[51]. O dito expressava a pouca preocupação com a figura do vice, normalmente moeda de troca na configuração do assalto ao poder. Mas esse aspecto, que mais uma vez a ficção criticava, traria consequências para a história brasileira, não uma, mas duas vezes.

Um vice sem viço (parte 1)

A primeira vez seria a posse de José Sarney, a quem coube a condução do processo iniciado por Tancredo Neves. Sobre isso, analisa Arturi:

> O processo de democratização política propriamente dito – remoção do "entulho autoritário", elaboração de uma Constituição democrática e a expansão máxima da participação eleitoral – se desenvolveu ao longo da presidência Sarney (1985-1989). Neste período, intitulado "Nova República", os constrangimentos postos à construção e consolidação do regime democrático são múltiplos e interdependentes: persistência da crise econômica com forte crescimento da inflação, fragilidade política da coalização do poder ("Aliança Democrática"), falta de legitimidade do presidente Sarney aos

50 *In:* KOUTZII, 1986, p. 11-12.
51 *In:* ALZER, L. André. *Almanaque anos 80.* Rio de Janeiro : Ediouro, 2004, p. 89.

olhos da maioria da população e presença de importantes resíduos autoritários oriundos da transição "pelo alto" [...][52].

O conjunto desses fatores, segundo Arturi, "[...] é agravado pela ausência de pactos políticos públicos durante a fase anterior de liberalização, o que provoca uma situação de transição *à refaire*, pois a aceitação da eleição de Tancredo pelos militares foi baseada, quase que exclusivamente, na sua *confiabilidade* política pessoal"[53].

O quadro, por si só já bastante complexo, é assim estudado por Rui Falcão em *A República que fez plástica*:

> O que se deu – eis a marca originária, o nascedouro da "Nova República" – não foi uma ruptura com o autoritarismo, nem a derrota da ditadura nas ruas, como pareciam clamar ansiosamente os milhões de manifestantes que acorreram aos comícios por eleições livres e diretas, em 1984. Ocorreu, na verdade, uma transição "transada", conservadora, elitista, um arreglo entre as classes dominantes (com representação no PMDB, PFL, PDS, PTB) e a cúpula militar. Negociou-se, então, o fim da mobilização popular, o deslocamento da campanha das diretas das praças para o recinto fechado do Congresso, em troca da passagem controlada (e "pacífica") do regime militar para um outro, civil – tutelado pelos militares –, mas sob controle direto e domínio da burguesia industrial, do capital bancário-financeiro e dos grupos associados às corporações multinacionais[54].

Além disso, ainda nas palavras de Falcão, outro fator, a partir daquele momento irreversível, seria a presença cada vez maior dos trabalhadores na disputa política, mesmo que, inicialmente, em sua feição sindical:

> Foi com o movimento sindical nas ruas, por sinal, que se iniciou o atual governo. As greves realizadas no início de 1985 (e foram realmente mais de 500 o ano todo) depararam-se com uma nova política do regime e uma nova tática dos empresários. Estes combinaram uma política

52 *In* BAQUERO, Marcello (Org.) *Brasil:* opinião pública, transições e eleições no Brasil. Porto Alegre : Editora da Universidade/UFRGS, 1995, p. 23-24.
53 *In* PESAVENTO, 1994, p. 56-57.
54 *In* KOUTZII, Flavio (org.) *Nova República:* um balanço. Porto Alegre : L&PM, 1986, p. 27.

de desgaste com a repressão direta para quebrar o movimento e evitar seu avanço futuro. De seu lado, o Ministério do Trabalho, sob o polido comando do ex-advogado trabalhista Almir Pazzianotto, cuidou de isolar politicamente os grevistas, conseguindo, com o apoio dos meios de comunicação de massa, jogar parte da opinião pública contra os grevistas. O fortalecimento dos sindicatos, a afirmação crescente da CUT, as iniciativas para a unificação do movimento sindical em torno de uma pauta comum de reivindicações (40 horas semanais, trimestralidade, reposição salarial, seguro-desmprego, estabilidade, congelamento de preços de gêneros essenciais, reforma agrária, entre outras), permitiram aos trabalhadores superar as tentativas de envolvimento e levaram-nos a conquistar inúmeras vitórias[55].

Diante disso tudo, como poderia reagir o humorista? Explicitando seu credo: "Eu acredito na Nova República até certo ponto. O ponto de interrogação" (*Istoé*, nº 464, p. 14, 1985 – 8546). Também em relação ao governo, mas muito particularmente a esse político "criado no colo" da ditadura, Millôr construiu uma verdadeira galeria de chistes e trocadilhos, a começar pela impiedosa denominação "Sir Ney", quase um lorde nos trópicos. E a crítica não se resumia ao político, atingindo também o seu calcanhar de Aquiles, a sua obra literária. O imortal autor de *Marimbondos de fogo* sofria a cáustica crítica, nesses termos: "Especialistas em literatura maranhense descobriram um livro do escritor Souzândrade, desaparecido há oitenta anos. Agora estão vendo se conseguem fazer desaparecer por oitenta anos um livro do Sarney" (*Istoé*, nº 445, p.11, 1985 – 8527). Ou ainda: "Apesar de se orgulhar de sua cultura, Sir Ney não sabe uma palavra de latim. Em compensação, escreve português como uma língua morta" (*Istoé*, nº 538, p. 14, 1987 – 8715).[56]

55 *In* KOUTZII, 1986, p. 27.

56 A crítica viria a ser mais impiedosa ainda com o lançamento do livro de Millôr, *Crítica da razão impura, ou o primado da ignorância* (Porto Alegre : L&PM, 2002), em que desconstrói a obra literária *Brejal do Guajas*, de Sarney, e a tese de FHC, *Dependência e desenvolvimento na América Latina*.

No emblemático ano de 1986[57], lançamento do Plano Cruzado, em inversão do tradicional ditado popular, a Millôr só resta valer-se das bem-aventuranças bíblicas: "Bem-aventurados os caolhos, porque só vêem a metade" (*Istoé*, nº 483, p. 10, 1986 – 8613), ou, sinteticamente, a respeito da Nova República: "Esse pessoal da Nova está chocando o ovo da democracia no cuco da ditadura" (*Istoé*, nº 514, p. 14, 1986 – 8644).

A Nova República recebe o seguinte julgamento, nas palavras de Alkimar Moura, em seu artigo *Rumo à entropia: a política econômica, de Geisel a Collor:*

> Na alvorada da Nova República, tinha-se a impressão de que o Brasil já havia esgotado o estoque de erros de política econômica que todo governo tem o direito de cometer. Até por uma questão de probabilidade, a nova administração deveria errar menos, face aos desacertos do Governo Figueiredo. No entanto, a crônica da Nova República é uma sucessão inexorável de fracassos, em matéria de estabilização econômica, sem falar em crescimento e redistribuição de renda[58].

Outra visão crítica em relação ao Plano que garantiu sustentação popular ao Governo Sarney é a de José Onofre em *Um alegre domingo em Camelot:*

> A tolice é uma endemia universal com raríssimas possibilidades de cura, não porque a renda ou a informação estocadas por qualquer sociedade sejam distribuídas de forma "injusta". O tolo – maioria suficiente em qualquer cidade, disse Mark Twain – escolhe cravar sua bandeira na planície do convencional porque não consegue suportar os saltos no vazio. Suas aventuras

---

57 "**1986.** Nave Challenger explode 73 segundos após o lançamento, matando sete astronautas e chocando milhões de espectadores que viam na tevê, ao vivo, mundo afora. Fevereiro. José Sarney lança Plano Cruzado, aconselhado pelo genro Jorge Murad; Delfim Neto afirma que "por muito menos botamos o João Goulart para correr; preços congelados, fiscal correndo atrás de boi no pasto e 'fiscais do Sarney' de bótons nas camisetas vociferando nos telejornais; plano eleitoreiro: o PMDB elegerá 22 de 23 governadores, no maior estelionato eleitoral da história. Julho: aumento em carros e combustíveis quando governo alardeia 'inflação zero' provoca manifestações contra José Sarney. 21 de novembro: explode em Brasília o Badernaço, com saques, depredações e incêndios; Sarney põe tanques nas ruas. José Sarney faz do populista Epitácio Cafeteira, ex-adversário, mais um governador 'de bolso'. Brasil reata relações com Cuba" (DÓRIA, 2009, p. 180-181).

58 LAMOUNIER, Bolívar. Antecedentes, riscos e possibilidades do governo Collor. *In:* LAMOUNIER, Bolívar (Org.) *De Geisel a Collor:* o balanço da transição. São Paulo : Sumaré, 1990, p. 50.

são duradouras, repetitivas e agradáveis porque o resultado final da viagem já está fornecido no ato de comprar as passagens. É confortador perceber que as melhores cabeças do Brasil mergulham na tolice com a seriedade de quem está fazendo história. Munidos de calculadoras, pescando sombriamente em vetustas teorias sobre salários e preços, manipulando parágrafos jurídicos e brandindo o grosseiro tacape da especulação política sem o menor respeito pelas convenções da área, os heróis do convencional ocuparam todas as janelas que a mídia impressa e eletrônica lhes forneceu para estabelecer o grande debate nacional em torno dos acontecimentos de 28 de fevereiro, chamados ora de "choque heterodoxo", ora de "Plano Tropical", embora reforma monetária fosse, ao menos até o fim de março, uma designação mais correta[59].

Já em *Pacote & comportamentos,* Hélio Pellegrino assim se manifesta sobre o acarinhado Plano:

> [...] Para mim, o pacote econômico do governo, com o seu poder de revulsão e impacto, ficou indissoluvelmente associado aos começos de minha atividade psiquiátrica, em Belo Horizonte. Naquele tempo, já lá vão – *hélas!* – quase quarenta anos, as doenças mentais eram tratadas à base do eletrochoque, do choque insulínico ou da injeção de cardiazol na veia. Partia-se do princípio de que o organismo, submetido a uma prova extrema, liberava defesas capazes de revigorá-lo, convocando para a saúde. Esse conceito, em última análise, constituía uma nova versão sofisticada e biológico-alienista do velho ditado mineiro: o que não mata, engorda. [...][60].

Além da semelhança com o Simão Bacamarte machadiano, também Pellegrino se refere aos apelidados "fiscais do Sarney", recurso do presidente

---

59 KOUTZII, 1986, p. 45.
60 *Ibid.*, p. 49.

para angariar popularidade em sua tentativa de frear o "monstro da inflação", como se dizia à época[61]:

> [...] Logo após o pacote, chegamos por instantes aos subúrbios de Babel, com sua torre bíblica. Entretanto, a confusão, embora geral, mostrou-se fecunda, e já começa a dar frutos. As acroagoninas cívicas foram produzidas, maciçamente, pela convocação do presidente Sarney às massas brasileiras. Cento e trinta milhões de fiscais, ou enfermeiros zelosos, estão dedicados, em regime de tempo integral, a salvar o regime democrático, curando-o da psicose inflacionária que ameaçava destruí-lo.

Dessa forma, Arturi argumenta:

> O presidente encontrou no Plano Cruzado, editado em março de 1986, sua alforria política em relação ao PMDB e a seus dirigentes[[62]], e o utilizou para formar uma base de apoio político importante. Com efeito, o sucesso inicial deste plano econômico em baixar a inflação e aumentar o poder de compra da população concedeu, temporariamente, a Sarney um alto grau de popularidade e autonomia de ação. A manutenção do congelamento de preços até as eleições gerais de 1986, sob pressão da Aliança Democrática e contra a opinião dos ministros da área econômica, garantiu ao PMDB sua maior vitória eleitoral – o partido conquistou 22 dos 23 governos estaduais e a maioria das cadeiras da Câmara dos Deputados (53,5%) e no Senado (77,5%) –, mas, simultaneamente, esta medida selou o fracasso do plano de estabilização econômica [...][63].

---

61 PELLEGRINO *in* KOUTZII, 1986, p. 49-50. Curiosa ainda é a explanação final de Pellegrino, que, talvez fruto de sua dupla vertente irônica, nas palavras de Hutcheon (2000), assim afirma: "[...] O discurso do presidente Sarney, por cima dos partidos, convocando o povo diretamente, para atribuir-lhe o papel central na execução do plano econômico, representa a meu ver um episódio alto da história brasileira. Sarney, até esse instante, não era flor que se cheirasse, por seus numerosos cacoetes conservadores e pela adesão dada à ditadura militar. Entretanto, seu instinto de sobrevivência política salvou-o. O espírito das diretas – que nele tivera um ácido inimigo – entrou-lhe cabeça adentro. O presidente, depois de beber muita água, descobriu afinal o óbvio: nos momentos cruciais, o povo é a Força, com maiúscula, acima de arranjos de cúpula, de tanques e dragonas" (p. 51-52). Uma visão crítica em relação a esse discurso encontramos em Pinto (1989).

62 Arturi (*in:* BAQUERO, 1995) refere-se à "[...] tentativa do PMDB e de seu presidente, deputado Ulysses Guimarães, de dirigir a administração do país e orientar as reformas políticas [...]" (p. 24).

63 ARTURI (*in:* BAQUERO, 1995, p. 24-25).

Assim,

> [...] o fim do congelamento dos preços e o retorno da inflação alta, poucos dias após o anúncio daqueles resultados, foram responsáveis pelo sentimento de que o governo e o PMDB haviam praticado uma espécie de "estelionato eleitoral", provocando uma rápida deslegitimação do presidente da República, das principais lideranças partidárias da Aliança Democrática e, mais grave, das instituições políticas como um todo[64].

Por sua vez, Lamounier, sobre a mesma questão, afirma:

> [...] o fato é que o impacto do plano inverteu subitamente a equação de legitimidade do governo Sarney, conferindo ao presidente as condições de popularidade e de iniciativa política de que ele agudamente carecia. No final de 1986, porém, já se achava totalmente configurado o fracasso do plano. Protelando, por razões eleitorais, as correções necessárias, e implantando-as de maneira abrupta após a vitória nas urnas, o governo do presidente Sarney abriu definitivamente o flanco à ilegitimidade. Ao desapontamento propriamente econômico somou-se, dessa forma, uma grave crise de confiança, que acabou vitimando não apenas a momentânea popularidade do presidente, mas também os partidos políticos, principalmente o PMDB (Partido do Movimento Democrático Brasileiro), que lhe davam sustentação[65].

Como consequência, a escolha dos parlamentares que iriam atuar no Congresso Constituinte passou, cada vez mais, a ser questionada em sua legitimidade, dado ter se realizado no momento artificial criado pelo Plano. Além disso,

> [...] A ambigüidade do PMDB e de seu Presidente Ulysses Guimarães – que era também, simultaneamente, Presidente da Câmara de Deputados e da Assembléia Constituinte –, dilacerados entre assumir a condição de partido no poder e a condição de herdeiros da oposição ao autoritarismo, constituiu um fator importante para o descrédito das forças democráticas que lideraram o processo de transição[66].

---

64 ARTURI (*in* BAQUERO, 1995, p. 25)

65 *In:* LAMOUNIER, Bolívar (Org.) *De Geisel a Collor:* o balanço da transição. São Paulo : Sumaré, 1990, p. 17.

66 ARTURI, 2001, p. 23.

O descrédito expressava-se nas palavras de Millôr, que, em pleno processo, cada vez mais via a impossibilidade – pelo menos até aquele momento – da configuração de uma sociedade civilizada. Sobre isso se perguntava: "Por falar nisso: por que será que nós temos os recursos, já possuímos bastante tecnologia, até excesso de ideologias, misturamos tudo e não conseguimos fazer uma sociedade?" (*Istoé*, nº 474, p. 12, 1986 – 864). A pergunta era válida, principalmente em um momento em que mesmo a tentativa de uma certa equalização social se fazia às custas da, digamos assim, ingenuidade popular. Em uma nação com tantas diferenças sociais, cabia a ele proclamar: "De todos os países do mundo, o Brasil é o mais rico em pobres" (*Istoé*, nº 511, p. 14, 1986 – 8641)[67], até porque sabia: "O mundo inteiro está assistindo diariamente, e aplaudindo entusiasmado, aos extraordinários espetáculos do Gran Circo Brasil, único no seu gênero – meia dúzia de trapezistas e cento e trinta e seis milhões de palhaços" (*Istoé*, nº 511, p. 14, 1986 – 8641).

À configuração do picadeiro nacional, seriam agregadas as figuras dos políticos, com a instauração em 1° de fevereiro de 1987[68], da Assembleia Nacio-

---

67 Uma versão sobre o mesmo tema aparece em: "O Brasil está cada vez mais cheio de pobremas" (*Istoé*, nº 587, p. 10, 1988 – 8812).

68 "**1987.** Alívio internacional: americano Reagan e russo Gorbatchov assinam tratado para eliminar mísseis nucleares de médio alcance. Com o monumental fracasso do Plano Cruzado, José Sarney lança o Plano Bresser e mete a mão na poupança do povo: em valores de 2007, surrupia mais de 1 trilhão e meio de reais. PCdoB rompe com governo Sarney. José Sarney suspende pagamento dos juros da dívida externa. Morrem: sociólogo Gilberto Freyre, autor do fundamental *Casa Grande e Senzala*; jornalista Cláudio Abramo, reformador da *Folha de S. Paulo*; poeta-mor Carlos Drummond de Andrade. Governo de José Sarney naufraga em 25 de junho, quando uma multidão enfurecida aborda seu ônibus na Praça XV, Rio, gritando: "Sarney, salafrário! Está roubando o meu salário!" "Sarney, ladrão! Pinochet do Maranhão"; quebram uma janela e ferem José Sarney na mão; dois vão presos com base na Lei de Segurança Nacional; governo acusa Brizola, *O Globo* e a Rede Globo ecoam e até pedem a cassação do ex-governador. Guarda Municipal de Jânio vai despejar 20 mil famílias que ocupam terrenos na Zona Leste paulistana e mata o pedreiro Adão da Silva. 19 de julho, Rio: 30 mil incendeiam 60 ônibus e destroem vidraças e carrocerias de outros 100, após aumento de 49% nas passagens, em pleno congelamento decretado por José Sarney; a polícia prende cem; o aumento é cancelado. No Acre, cercado por 1.200 soldados, José Sarney ouve o povo de Rio Branco gritar "o povo não aguenta Sarney até noventa". Pistoleiro a serviço de latifundiários mata com 5 tiros na cabeça Paulo Fonteles, 38 anos, advogado de posseiros do Pará. Peemes invadem casa em São Paulo e matam com 8 tiros o ex-menino de rua Fernando Ramos da Silva, 19 anos, ator principal do filme biográfico *Pixote*. Catadores pegam uma peça de um instituto de radioterapia abandonado, em Goiânia, para vender; abrem e encontram cápsulas com um pó brilhante, que dão de presente a várias pessoas, provocando grave acidente radioativo: de uma centena de contaminados, quatro morrem. Surge o Prozac, a "pílula da felicidade". Morre Golbery do Couto e Silva (1911-1987), criador do "monstro" Serviço Nacional de Informações e chefe do Gabinete Civil dos governos Geisel e Figueiredo. Em novembro, povo vaia José Sarney em Belém e 17 vão presos. A três dias do réveillon, 4 mil garimpeiros de Serra Pelada se rebelam, a PM reage à bala: 133 mortos" (DÓRIA, 2009, p.181-182).

nal Constituinte. Segundo Millôr, "certos líderes brasileiros nos fazem entender os hindus adorarem vacas" (*Istoé*, nº 531, p. 10, 1987 – 878).[69] Tal decepção estendia-se à Constituinte, que, deixando de ser exclusiva, como queria a oposição, abria margem para que o conservadorismo do Congresso Nacional contaminasse a nova Carta. Conforme ele, "o perigo agora não é a nova Constituição proibir o riso. Pelo caminhar da Constituinte ele pode se tornar obrigatório" (*Istoé*, nº 530, p. 10, 1987 – 877). Nesse caso, dupla possibilidade: aquilo que era censura acabaria por se tornar imposição, dado o desenrolar do processo. Para um humorista, nada pior do que a imposição do riso, um riso forçado.

Mas a realidade, se não impunha, pelo menos propiciava o escárnio milloriano, já que algumas autoridades – em processo paranoide – afirmavam, ante qualquer acusação:

> ESTA SEMANA! GRANDE CAMPANHA ORQUESTRADA CONTRA SIR NEY
>
> *Estrelando* – Mário Covas
>
> *Direção geral* – Ulysses Guimarães
>
> *Roteiro original* – Paulo Maluf e Mário Andreazza
>
> *Decupagem* – Fernando Collor e Tasso Jereissati
>
> *Produção* – Leonel Brizola
>
> *Produção executiva* – Mário Amato e Bakunin
>
> *Efeitos especiais* – Waldir Pires e Miguel Arraes
>
> *Orquestração* – Coro de 136 milhões de brasileiros
>
> *Participação especial* – Millôr Fernandes
>
> *Revelação do ano* – Jânio de Freitas
>
> (*Istoé*, nº 546, p. 11, 1987 – 8723)

69 O mesmo tema é trabalhado em uma crônica de Verissimo, *Animais sagrados*, de 05 de julho de 1989, na revista *Veja*, em que, a partir da diversidade cultural, no caso, do ponto de vista dos indianos, afirma: "Para nós, que adoramos a vaca, fica difícil aceitar que, em algumas partes do mundo, o homem é um animal sagrado" (VERISSIMO, Luis Fernando. Animais sagrados. *Veja*, São Paulo, 05 jul. 1989, p. 19).

Na configuração do espetáculo, começava a aparecer o nome dos bois, Millôr incluso, em participação especial, acompanhado pelo povo brasileiro e por Bakunin em grande concertação. Além disso, a lista de intérpretes incluía os empresários Tasso Jereissati e Mário Amato, este último tendo uma participação importante na futura eleição direta, em 1989; os políticos da velha guarda, como Maluf, Andreazza, Ulysses Guimarães, Brizola e Arraes; os nem tanto, como Covas e Waldir Pires; e o novíssimo Collor. Chamam atenção a ausência de Lula e a inclusão do combativo jornalista Jânio de Freitas.

Assim, em um país em que se pode afirmar, em resposta ao bordão governista "país do futuro", "Brasil, país do faturo" (*Istoé*, nº 547, p. 16, 1987 – 8724), uma vez que, segundo ele, "a corrupção existe em toda parte, mas no Brasil é epidêmica" (*Istoé*, nº 568, p. 14, 1987 – 8745), o descrédito quanto aos políticos ia além da anárquica declaração "as melhores formas de governo ainda não existem" (*Istoé*, nº 580, p. 06, 1988 [70]– 885). De acordo com Millôr, em resposta a esses mesmos políticos: "Congressistas e ministros continuam afirmando que é preciso diálogo. O povo acha que eles precisam é de interrogatório" (*Istoé*, nº 586, p. 18, 1988 – 8811).

Retrato do descrédito reinante é que, apesar do avanço da esquerda (PT e PDT) nas eleições municipais de 1988, que passou a governar um quarto da população brasileira – São Paulo, Porto Alegre, Vitória, Campinas, Santos e Rio de Janeiro –, o mesmo sucesso, por diversos casuísmos, não foi obtido na nova Carta, promulgada em outubro do mesmo ano. Nesse caso, ainda era visível a influência dos militares,

---

70 "**1988.** Vão-se no início do ano o cartunista Henfil, aos 43 anos, e o pintor Volpi, aos 92. [...]. José Sarney assina, como presidente, a Constituição 'cidadã' de Ulysses Guimarães; mas alinha-se ao centro-direita, o Centrão, liderado por Roberto Cardoso Alves, deputado paulista que reza pela cartilha do 'É dando que se recebe'. José Sarney acha que o Brasil é um Maranhãozão: destina apenas 10,6% do orçamento à Educação. Roraima vira Estado. José Sarney estica o mandato para cinco anos, após negociação com o Congresso, que inclui liberação de mais de mil concessões de emissoras de rádio e televisão. José Sarney derrota o aliado Magno Bacelar, em campanha para o Senado pelo PDS: o empresário, cria de José Sarney, perde a concessão da Globo para o Sistema Mirante, da família Sarney. Índia caiapó Tuíra passa facão no rosto de José Antônio Muniz Lopes, dirigente da Eletronorte, num encontro para discutir danos ambientais da construção da usina Belo Monte; a cena corre mundo e o Banco Mundial sai da parada. PT elege primeira mulher prefeita de São Paulo, a paraibana Luiza Erundina. José Sarney age como na ditadura: em 9 de novembro, 1.300 homens do Exército invadem Volta Redonda para expulsar 3 mil operários em greve por reposição salarial e turno de seis horas; com tanques, bombas de gás e fuzis, matam brutalmente três grevistas e ferem nove gravemente. Ano termina com o assassinato do líder seringueiro Chico Mendes, três dias antes do Natal" (DÓRIA, 2009, p. 182-183).

> [...] no sentido de impor a forma de governo presidencialista, a duração de cinco anos para o mandato do Presidente Sarney, a limitação da anistia aos militares de esquerda punidos ao longo do regime autoritário, e o veto a reformas sociais que poderiam provocar conflitos graves, em particular a reforma agrária[71].

O processo que se formou no período da Constituinte manifestou ainda a perda da capacidade decisória do setor público, com a dispersão do poder, minada por impasses constitucionais e dificuldades de construção de um projeto nacional, dados os extremos em choque, um conservador, liberal, outro progressista, estatizante. Segundo Lamounier (1990), o conflito entre "três utopias" na área político-institucional, a participatória (ação direta, PT, meio religioso e OAB), a parlamentarista (a Constituinte de 1987-88 afirmou provisoriamente o presidencialismo, mas previu a realização, em 1993, de um plebiscito sobre formas de governo) e a presidencialista-plebiscitária (com forte relação presidente-povo), herdeira do getulismo, atravancou a agenda política.[72]

A precariedade da situação piorou, conforme Dalmo Dallari:

> Essa inércia do Congresso Nacional e do chefe do Executivo serviu para demonstrar que não eram apenas os militares os responsáveis pela criação e manutenção do entulho autoritário. O que se viu também foi que líderes políticos eminentes, que durante vinte anos lutaram contra o autoritarismo, mudaram de atitude quando passaram a integrar o governo, omitindo-se quanto à eliminação da legislação autoritária e, mais que isso, aliando-se aos defensores tradicionais da ordem antidemocrática no momento fundamental de decidir sobre a Constituinte[73].

---

71 *In:* ARTURI, 2001, p. 24. Em uma época em que a ecologia passou a ser uma unanimidade mundial, com a criação de vários partidos verdes, inclusive no Brasil, Millôr não se iludia: "Não adianta chiar: o EXÉRCITO ainda é o maior partido verde do Brasil" (*Istoé/Senhor*, nº 1021, p. 14, 1989 – 8915).

72 Uma das conquistas da esquerda, à epoca, foi a inclusão no universo de votantes dos maiores de 16 anos. A esse respeito, manifesta-se Millôr: "Em compensação por gente que nunca votou aos 40 anos, deu-se o direito de votos a meninos de 16. Depois da reposição salarial temos a reposição etária" (*Istoé/Senhor*, nº 1040, p. 24, 1989 – 8934), o que é assim complementado, meses depois: "Como essa meninada de 16 anos vai se arrepender do que votou, quando votar com o dobro da idade" (*Istoé/Senhor*, nº 1047, p. 24, 1989 – 8941).

73 *In:* KOUTZII, 1986, p. 166-167.

E não bastasse a política estar conturbada, também o desalento em relação à economia se refletia nas ruas, já que ambas andam sempre juntas:

> Como observa com propriedade Campello de Souza [1988, p. 576-580], períodos de crise econômica aguda só não afetam negativamente o apoio da população à democracia quando se percebe possibilidades de melhoria; ora, a manipulação eleitoral da política econômica e a longa persistência da crise acabam por produzir a desconfiança em relação aos partidos políticos e ao desencanto com as instituições democráticas, pois os eleitores passam, cedo ou tarde, a descrer na possibilidade de mudança pela via eleitoral[74].

Talvez por isso mesmo, inebriado por esse descrédito, Millôr propusesse, naquele momento, uma outra possibilidade de escolha de representantes do povo. Sugeria ele:

> POR QUE NÃO TENTAR A ALECTOROMANCIA?
>
> Vocês sabem; racionalmente o Brasil não dá certo. [...]
>
> A alectoromancia funciona assim: depois de inscritos todos os candidatos traça-se um círculo no chão, escreve-se em volta dele as letras do alfabeto e põe-se em cima de cada letra um grão de milho. Aí coloca-se no centro do círculo um galo (alectoro) devidamente benzido por um padre, exorcizado por um espírita e *baixado* por um candomblista. E o galo, comendo as letras na ordem comandada lá de cima (a sibilística), decide o destino do País, apontando, agora sim, um *eleito.* Esse processo, testado largamente na mais antiga das antiguidades, ficou famoso a partir de 378, quando um galo bicou as letras t.h.e.o.d, de Theod (orus), que sucedeu o imperador romano Valens, e fez excelente governo. Bom, eu não garanto – ouvi dizer, na época.
>
> [...] A consagração do eleito será confirmada no momento em que a ave soltar um triunfal alectorofonema – mais conhecido como cocoricó.
>
> (*Istoé/Senhor*, nº 985, p. 17, 1988 – 8830).

---

74 ARTURI *in* BAQUERO, 1995, p. 25. E esse sentimento confirmava-se na configuração dos planos econômicos, que, mesmo necessários, revelavam não só o oportunismo político, como também o insucesso de suas medidas contra a inflação. O último até então tinha sido o Plano Bresser, de 1987, uma cópia amena do Plano Cruzado.

O procedimento, que guarda semelhanças com a sugestão machadiana da escolha através das bolas de cera,[75] ou mesmo da loteria zoológica do Barão de Itararé, é, enfim, a confirmação alegórica da certeza de que "mais cedo ou mais tarde todo político acaba correspondendo aos que não confiam nele" (*Istoé/Senhor*, nº 1004, p. 18, 1988 – 8849). No texto *A água lava tudo?*, o humorista observa:

> É enriquecedor observar o comportamento de alguns homens públicos. Participam de todos os fisiologismos, pragmáticas, e falcatruas. Mas, porque votam numa ou noutra lei "progressista", se acham, sinceramente, limpos e lídimos socialistas. É o mesmo que você, ao puxar a descarga depois de satisfazer suas necessidades escatológicas, acreditar que o conteúdo do vaso vira água potável (*Istoé/Senhor*, nº 985, p. 16, 1988 – 8830).

A crítica pode ser relacionada à máxima de Eça de Queiroz, de que "políticos e fraldas devem ser trocados de tempos em tempos pelo mesmo motivo"[76], mas não o impede de fazer algumas escolhas, nem que seja na base do menos pior. É o que aparece em "MILLÔR COMUNICAÇÕES SOCIAIS apresenta A POLÍTICA Princípio ½ & FIM" (*Istoé/Senhor*, nº 1003, p. 24, 1988 – 8848), em que cita como solução para o brasileiro a loteria esportiva – no mesmo espaço, sutilmente, propagandeia: "PT vote em Erundina".

A política do "é dando que se recebe", sintetizada em máxima nacional, é representada na notícia da hora:

> E depois inda tem gente aí, maus brasileiros, contra a Reserva da informática! Pois este setor tecnológico brasileiro acaba de lançar, em pioneirismo internacional,

---

75 Machado de Assis (*apud* FACIOLI, V. Aparecido. Crônica. In: BOSI, Alfredo *et al. Machado de Assis.* São Paulo : Ática, 1982, p. 125), em crônica de 24 de março de 1895, ao comparar o sistema eleitoral republicano ao jogo do bicho, propõe a utilização de pelouros ("[...] bolas de cera, onde se guardavam escritos em papel, os nomes dos candidatos à vereação; abriam-se as bolas no fim do prazo da lei, e os nomes que saíam, eram os escolhidos para a magistratura municipal". Além disso, para tornar a escolha popular, sugeria ainda que se apostasse em nome dos bichos do Jardim Zoológico ("[...] O cidadão, em vez de votar, aposta"). Como se vê, temos aí uma antecipação dos procedimentos sugeridos pelo Barão de Itararé para popularizar o zoológico do Rio de Janeiro, o que teria, segundo alguns, dado início ao jogo do bicho.

76 Citado em *Política de interesse*, no jornal *Distrito de Évora. In:* QUEIROZ, Eça de. Política de interesse. Distrito de Évora, 1897.

A SECRETÁRIA ELETRÔNICA DO CORRUPTO
ALÔ, ISTO É UMA GRAVAÇÃO:
AO OUVIR O RECADO DEIXE O SINAL.

(*Istoé/Senhor*, nº 984, p. 15, 1988 - 8829)

O escárnio, precioso em seu achado, expressa no fundo um sentimento que se generalizava: "Da repressão à abertura cada vez há menos diferença – trocamos o doze por uma dúzia" (*Istoé/Senhor*, nº 988, p. 17, 1988 – 8833). É a reafirmação de seu "In vino, veritas. In cachaça, mintchura" (*Istoé/Senhor*, nº 1025, p. 24, 1989 [77]– 8919), já que, no andar da carroça, as coisas mudavam, ou muito pouco, ou quase nada.

Dessa forma, no centenário da República, último ano do Governo Sarney, mais uma vez a cartola dos economistas governistas brindava o país com um choque heterodoxo, desta vez o Plano Verão, em janeiro de 1989, em nova tentativa de reedição do Plano Cruzado. Segundo as palavras de Alkimar Moura, em seu texto *Rumo à entropia: a política econômica, de Geisel a Collor:* "O Governo Sarney terminou, de fato, em junho de 1989, com a derrocada do Plano Verão, embora ainda lhe restasse cerca de 9 meses de mandato. Naquele mês, a taxa de inflação mais do que dobrou, em relação a maio"[78].

Isso explicava, enfim, por que

---

77 "**1989.** José Sarney corta gasto com educação a menos de metade: 4,6% do orçamento; se houvesse reeleição, conseguiria transformar o país num Maranhãozão. Em janeiro, José Sarney lança o cruzado novo, que vale mil cruzados (cortou três zeros). Em maio, PT, PCdoB e PSB lançam Lula à presidência. José Sarney finge que apoia Lula, que vence em São Luís, a 'ilha rebelde' desde 1951; sarneyzistas descarregam votos em Collor. José Sarney reaproxima-se de Collor; em segredo, preparam o confisco da poupança. Bahia: 1.600 famílias ocupam duas fazendas; em Feira de Santana, pistoleiros matam o líder camponês Olegário Dias Bispo. Greve nacional de bancários em abril; José Sarney baixa medida provisória que restringe o direito de greve. Maranhão: duzentas famílias ocupam fazenda em Victorino Freire e dois sem-terra são assassinados; em Santa Luzia, PM espanca e expulsa ocupantes de outra fazenda. Morto a tiros em Montanha líder camponês capixaba Verinoi Sossai. Em novembro, cai o Muro de Berlim e se esfacela o 'mundo socialista'. Governo José Sarney finda com recorde imbatível: maior inflação da história, 1.764,86% ao ano; nos supermercados, maquininhas de remarcar preço funcionam dia e noite. A candidatura Silvio Santos, lançada pelos Três Porquinhos, apavora o QG de Collor, composto por ele, Cleto Falcão e Renan Calheiros; só para de crescer quando o TSE a cassa por falta de base legal. [...]. Collor bate Lula e se elege presidente, o primeiro pelo voto em 25 anos. Tragédia nos últimos minutos: barco Bateau Mouche, para 62 passageiros, leva 142 que pagaram US$ 150 cada um para assistir sobre as águas a queima de fogos em Copacabana; a Capitania dos Portos liberou o barco para alto-mar sem ter condições para tanto; os donos, espanhóis, fugiram para seu país" (DÓRIA, 2009, p. 183-184).

78 *In:* LAMOUNIER, 1990, p. 54.

> [...] Ao final de 1989, com o país à beira da hiperinflação, essa capacidade [decisória do sistema político] encontrava-se no nível mais baixo de toda a história republicana brasileira, a ponto de literalmente todos os 22 candidatos à Presidência da República se proclamarem de alguma forma em oposição ao governo Sarney[79].

Diante desse quadro político, não era difícil entender, mais uma vez, a sentença milloriana acerca do presidente: "Sir Ney diz que, nas eleições, vai agir como magistrado. É nítida sua intenção de desmoralizar a Justiça" (*Istoé/Senhor*, nº 1036, p. 18, 1989 - 8930). No processo que se descortinava, com a primeira eleição direta à presidência da República, em dois turnos, mesmo sabendo que "há os que procuram fazer com que as coisas aconteçam, há os que observam tudo que acontece e há os que nem sabem o que está acontecendo" (*Istoé/Senhor*, nº 1023, p. 24, 1989 – 8917), o que remete aos inocentes do Leblon[80], Millôr se antecipava em crítica à candidatura daquele que viria a ser o próximo detentor do poder: "A diferença entre eu e o Collor é que ele coloca toda sua filosofia no extermínio dos marajás. Eu tentaria apenas acabar com os pobres" (*Istoé/Senhor*, nº 1046, p. 22, 1989 – 8940).[81]

Habitante de um país denominado

> CORRUPTELA: Com 8.511.965 km^2, limitado ao norte pelas três Guianas e a Venezuela, a oeste pela Colômbia, Peru, Bolívia e Paraguai, ao sul pela Argentina e Uruguai e a leste por um marzão besta de grande, CORRUPTELA é uma vasta planície em toda sua área não montanhosa e com vastas regiões pantanosas onde não há secas. A maior exportação do país é de corrupção, mas isso não lhe dá saldo na balança de pagamento; primeiro porque a balança é roubada cada vez que vão pesar o volume da corrupção, e segundo porque o número de turistas corruptos que entram no país equilibra perfei-

---

79 *In:* LAMOUNIER, 1990, p. 23.

80 A referência obrigatória é o poema de Carlos Drummond de Andrade, de mesmo nome, publicado em seu livro *Sentimento do mundo*, em 1940. No caso, refere-se aos burgueses, que, no entreguerras, pouco se importavam com a realidade à sua volta: "Os inocentes do Leblon/ não viram o navio entrar.// Trouxe bailarinas?/ trouxe emigrantes?/ trouxe um grama de rádio?// Os inocentes, definitivamente inocentes, tudo ignoram,/ mas a areia é quente, e há um óleo suave/ que eles passam nas costas, e esquecem".

81 A esse respeito, segundo André Singer, em seu texto *Collor na periferia: a volta por cima do populismo?*: "Note-se que o marajá é antes de mais nada a figura do rico e não necessariamente do corrupto, como às vezes se é levado a pensar. Uma pesquisa do Ibope sobre os grandes problemas nacionais, realizada em 1989, mostrava que a corrupção não era a preocupação central dos mais pobres e sim a inflação" (*Ibid.*, p. 151).

tamente o balanço. Dístico Nacional: *Pecuniae obediunt omnia:* você tem que levar vantagem em tudo (*Istoé/Senhor*, nº 1030, p. 25, 1989 – 8924),

onde a referência à Lei de Gérson (de tirar vantagem de tudo) é obrigatória, e ciente de que "No Brasil/ quem deve/ não teme" (*Istoé/Senhor*, nº 1023, p. 24, 1989 – 8917), Millôr permite-se discorrer sobre o momento político, tratando de várias práticas ético-políticas e de vários atores sociais.

Sempre tendo como fundamento a sociedade tupiniquim e suas relações, deslinda o quadro político-institucional, uma vez que, embora ao falar sobre a primeira eleição presidencial pós-ditadura militar no Brasil, refira-se ao momento como "Perigo Período Eleitoral" (*Istoé/Senhor*, nº 1019, p. 19, 1989 – 8913) e que reafirme, gato escaldado, que "o poder do Estado deve ser racionado pelo Congresso" (*Istoé/Senhor*, nº 1057, p. 24, 1989 – 8951), não se ilude com o jogo de cena do pleito. Mesmo tomando posição já no Primeiro Turno: "Acho importante declarar: voto em Mario Covas. Por 5 pontos básicos. Integridade. Experiência administrativa. Conhecimento da Constituição. Possibilidades de formar o melhor ministério. Por ser um progressista não revolucionário. Pensem" (*Istoé/Senhor*, nº 1051, p. 22, 1989 – 8945), ele o faz sem imposição ao leitor, mais como uma reflexão a ser proposta, e que teria, ora vejam, também a sua contrapartida irônica, ao postular, no alto da mesma página, o "Vote Millôr" (*Istoé/Senhor*, nº 1051, p. 22, 1989 – 8945), em uma afirmação que, por si só, relativiza a seriedade da sua declaração de voto.[82]

A relativização do voto decorre de sua concepção de que todas as opções são válidas, desde que feitas com discernimento, pois "o voto pode ser direto, indireto ou nulo" (*Istoé/Senhor*, nº 1057, p. 24, 1989 – 8951). Nessa frase, ele, além das evidentes discussões sobre a novidade do voto direto sobrepujando-se ao autoritário e centralizador voto indireto (ver Colégio Eleitoral), escancara a proposta anárquica do voto nulo ou, mais ainda, da nulidade do voto. Isso é reafirmado ainda por "a democracia começa na hora de votar. E termina na hora de contar" (*Istoé/Senhor*, nº 1018, p. 17, 1989 – 8912). À crítica a uma simulação democrática, que duraria apenas o instante do pleito, somava-se a consciência de que "[...] no fim, as forças do mal ainda não são vencidas.

---

82 Com relação a isso, no ano seguinte, em retrospectiva de 1989, afirmava: "Julho – Proponho uma troca de candidatos para salvação do País. Como sempre, não fui ouvido. <u>CO</u>LLOR X <u>MI</u>LLOR" (*Istoé/Senhor*, nº 1060, p. 19, 1990 – 902).

Continuam escondidas no Congresso, na mídia, na UDR e no anarquismo [[83]], tão bem disfarçadas que parecem humanas, trabalhando noite e dia num novo raio social capaz de convencer o povo de que o cruzado ao par é uma realidade financeira" (*Istoé/ Senhor*, nº 1054, p. 24, 1989 – 8948).[84]

O resultado do pleito, no primeiro turno, pode ser visto na análise de Arturi:

> [...] Efetivamente, os candidatos dos dois maiores partidos em 1989, PMDB e PFL – que juntos detinham mais da metade do número de cadeiras do Congresso – Ulysses Guimarães e Aureliano Chaves, não ultrapassaram, respectivamente, 4% e 2% dos votos no primeiro turno da eleição. Ora, esses candidatos eram os líderes da Aliança Democrática, que possibilitou a eleição de Tancredo no Colégio Eleitoral em 1985 e a instauração do primeiro governo civil após 1964. Por sua vez, os dois candidatos mais votados e que disputaram o segundo turno da eleição foram Fernando Collor de Mello (25% dos votos), do inexpressivo PRN, que detinha apenas 21 cadeiras na Câmara em 1989, e Luiz Inácio "Lula" da Silva, do PT. Ambos os candidatos representavam a oposição e a rejeição da maioria da população aos políticos tradicionais e ao governo[85].

Isso apenas reafirmava a fraqueza da estrutura partidária brasileira, a qual nunca recuperara o sentido que tinha antes de 1964, abrindo espaço para uma resposta messiânica, que, nesse caso, confrontou duas concepções paradoxais, sem espaço para o meio-termo. A opção Collor ou Lula tornou-se o retrato de uma cultura personalista, que, nas palavras de Pinto, assim se expressava:

> A questão do sujeito enunciador do discurso presidencial brasileiro é particularmente importante por duas características da discursividade da política contemporânea do país: a herança getulista e a inexistência de agremiações político-partidárias fortemente enraizadas na sociedade civil[86].

---

83 Não deixa de ser curiosa a citação do termo aqui, talvez um lapso de Millôr, já que assim se considera politicamente, mas, nesse caso, certamente a conotação é pejorativa.

84 O cruzado (novo), no caso, foi a moeda instituída pelo Plano Verão, em 1989, estendendo-se até março de 1990.

85 ARTURI, 2001, p. 23.

86 *In:* PINTO, Céli R. J. *Com a palavra o Senhor Presidente José Sarney* – o discurso do Plano Cruzado. São Paulo : HUCITEC, 1989, p. 83.

Reiterando a ideia, Lamounier afirma:

> [...] Primeiro, o país viveu 11 anos sob o pior dos mundos: o presidencialismo imperial consagrado pela Constituição do regime militar, até 1988; dois presidentes fracos – Figueiredo e Sarney; e uma situação econômica e social em franca deteriorização, exigindo presença mais enérgica do executivo. Havia, portanto, uma demanda reprimida por liderança[87].

A necessidade de liderança colocou frente a frente os dois candidatos, pela primeira vez, em rede nacional, o que configurou um segundo turno extremamente aguerrido, com espaço cada vez maior para o marketing, a construção de uma imagem mais do que um ideário político. Não que não o existisse, mas as armas passavam a ser outras. E nesse papel, na defesa do conservadorismo travestido em nacionalismo (a candidatura Collor) *versus* o reformismo de esquerda (a candidatura Lula), peso influente tiveram o empresariado, representado por Mario Amato, e a mídia local, representada pela Rede Globo. O empresário – presidente da Federação das Indústrias de São Paulo – ficou famoso ao expressar que, no caso de vitória de Lula, 800 mil empresários deixariam o país[88], enquanto a organização de Roberto Marinho claramente manipulava o último debate, inclusive na edição do resumo do mesmo, no *Jornal Nacional*, em prol de Collor.[89]

---

87 LAMOUNIER, 1990, p. 34.

88 Sobre esse fato, é clássica a crônica de Verissimo (1999, p. 593), *Os 800 mil*, de 16 de outubro de 1989, que afirma, jocosamente, que, em acontecendo tal fato, os empresários teriam dificuldades para se adaptar ao capitalismo, diante dos sindicatos norte-americanos, da redução da margem de lucro, etc., batendo saudades do Brasil, por sua mão de obra barata, pelos dividendos do *over*, e assim por diante.

89 Aquilo que ficou evidente aos olhos de quem acompanhava com interesse os destinos do país, tardiamente foi assumido por José Bonifácio de Oliveira Sobrinho, o Boni, em entrevista a Geneton Moraes Neto, ocasião em que admitiu que a emissora carioca – em acerto com o PRN e com alguns militares – vestiu a camisa da candidatura de Fernando Collor de Melo no debate contra Luiz Inácio Lula da Silva que antecedeu a eleição de 1989. Conforme as palavras do ex-homem forte da Rede Globo à época: "Eu achei que a briga do Collor com o Lula nos debates estava desigual, porque o Lula era o povo e o Collor era a autoridade". [...] "Então nós conseguimos tirar a gravata do Collor, botar um pouco de suor com uma 'glicerinazinha' e colocamos as pastas todas que estavam ali com supostas denúncias contra o Lula – mas as pastas estavam inteiramente vazias ou com papéis em branco". [...] "Todo aquele debate foi [*produzido*] – não o conteúdo, o conteúdo era do Collor mesmo –, mas a parte formal nós é que fizemos" (*In:* BONI ADMITE QUE REDE GLOBO MANIPULOU DEBATE ENTRE COLLOR E LULA, EM 1989. Ucho. Info, 28 nov. 2011. Disponível em: <http://ucho.info/boni-admite-que-rede-globo-manipulou-debate-entre-collor-e-lula-em-1989>. Acesso em: 11 abr. 2012.

Já se sabia que a Globo construíra um império a partir de suas relações escusas com os militares (troca de favores), e, mesmo sendo uma concessão pública, tivera um papel preponderante de defesa de interesses privados na vida brasileira. O caso Collor x Lula foi, talvez, o mais sintomático de sua atuação, mas não podemos nos esquecer do caso da Proconsult, contra Brizola, na eleição para governadores, no Rio de Janeiro, em 1982, já referido. E a escola de manipulação continuava, com um papel cada vez mais significativo da mídia, o que, diga-se de passagem, não abrangia apenas os órgãos das Organizações Marinho.

Conforme Marilia Pacheco Fiorillo, em *Sem eira nem beira nem gente que queira*:

> Assim como a política econômica não pôde desconsiderar o crescimento do parque industrial brasileiro durante os anos de milagre e arrocho, seria impensável descartar a indústria cultural implantada no país nas últimas décadas. A TV não era um meio de comunicação de massa nos anos 50, e foi a política da ditadura que criou a Embratel (em 1965) e o Ministério das (Tele) Comunicações (em 1967), propiciando a infra-estrutura necessária para o padrão global de qualidade. Como em todo capitalismo selvagem que se preze, o Estado cuidou daquelas áreas em que ninguém queria arriscar. A Embrafilme pode estar falida, como projeto – mas foi com ela que os diálogos do cinema nacional deixaram de precisar de legenda[90].

A esse respeito ainda, Koutzii, em *Por trás das antenas platinadas*, já desde a morte de Tancredo, denunciava a imposição do novo papel dos meios de comunicação de massa:

> Um aspecto marcante deste processo é que a idéia de que o Brasil havia entrado numa etapa de modificações profundas no plano social (o que é diferente e muito mais do que a importante mudança de governo militar para governo civil) era produzida, não por uma agência central de propaganda do governo, mas pelos meios de comunicação privados do país. A tevê, com seu *know-how*, com domínio profundo da psicologia do povo brasileiro, é que produz (e se trata disso, "produzir" imagens), ao ordenar à sua maneira

90 FIORILLO *in* KOUTZII, 1986, p. 119.

> a cobertura da agonia e morte de Tancredo, a grande, trágica e esperançosa novela daqueles dias[91].

A propaganda velada era reafirmada cotidianamente, em prol de figuras carismáticas que passavam por fora dos partidos políticos, maquiadas pela TV, com uma mensagem política dita em nome "de toda a nação", acabando com as diferenças sociais e fundindo toda a realidade em um bloco homogêneo, harmônico, que instala, "[...] como diz Francisco de Oliveira – a cultura da homogeneidade neste país de terríveis desigualdades [...]"[92]. Segundo ele, "não vai faltar também a dosagem dramática e emocional que deram a estas questões de economia, complicadas e áridas, a necessária carnalidade, emoção e dramaticidade para produzir – mais uma vez – um grande show televisivo"[93].

Além do fenômeno mundial do crescente acesso à informação, cada vez mais rápida, mas nem por isso mesmo digna de confiança, também outros ventos que sopravam no mundo influenciavam a política nacional. E isso aparecia no discurso de Millôr, que, em retrospectiva do ano de 1989, fazia as seguintes observações: "Outubro – Do fundo da história um espantalho assusta a Europa (Socialistas do mundo, desuni-vos! Nada tendes a perder, senão o vosso comunismo!)" (*Istoé/Senhor*, nº 1060, p. 19, 1990 – 902). A desconstrução do discurso comunista era reforçada por uma afirmação libertária, por demais poética, diante da tentativa de abertura do regime maoísta chinês: "Junho – Na Praça da Paz Celestial, na antiga Pequim, um homem faz um exercício de solidão" (*Istoé/Senhor*, nº 1060, p. 18, 1990 – 902). A imagem, clássica da época, a par da que registrara a queda do Muro de Berlim, expressava o desejo, mesmo que solitário, de uma individualidade que paralisasse os tanques de guerra. Em vez de o "soldado", o "rebelde desconhecido" era a figura exponencial que ombreava com a dos estudantes em Paris, em 1968, colocando flores nas armas dos soldados, ou da menina que fugia, nua, da guerra, em 1972, no Vietnã. Todos eles testemunhavam o momento em que a imagem adquiria, cada vez mais, uma predominância que viria a ser uma das marcas de nossa época.

---

91 KOUTZII, 1986, p. 108.

92 OLIVEIRA *in* KOUTZII, 1986, p. 109.

93 *Ibid.*, p. 110.

Um governo em (tecni)Collor

É sob o domínio da imagem que foi construída a candidatura vitoriosa de Collor, no segundo turno da eleição. Ardilosamente urdida pela mídia e com o apoio do empresariado – além, é claro, dos militares e dos conservadores de plantão –, era o apoio a um candidato que representava a elite nordestina travestida em um salvador da pátria, com discurso populista. Surpreendente é que o outro candidato, também nordestino, independentemente de ideologias, é que realmente era um nordestino, fugido da fome, que encontrou, no Sul Maravilha, a sua condição de operário, de líder sindical e, por fim, de postulante à presidência da nação. Mas isso parecia ser um mero detalhe, dado que até alguns setores progressistas viam com algum receio a candidatura Lula – por sua proposta radical –, embora soubessem que, do outro lado, se paria uma incógnita.[94]

E essa incógnita, de certa forma, revelou-se uma surpresa, tanto em termos de candidatura como de prática de governo. Em primeiro lugar, como observa André Singer:

> A eleição de Fernando Collor de Mello para a Presidência da República representou uma surpresa para os analistas do quadro político brasileiro. Embora já fosse esperada no final da campanha, dados os resultados das pesquisas de intenção de voto, a verdade é que poucos foram capazes de prevê-la quando o candidato mostrou disposição de concorrer no início de 1989"[95].

A candidatura seguia o modelo clássico do populismo latino-americano, com um discurso genérico contra as elites e com forte apoio das massas urbanas,[96] utilizando-se de expressões fortes, como os "descamisados", um símbolo do peronismo argentino, e colocando-se como um canal direto entre o líder e as massas, sem passar pela estrutura partidária.

---

94 Sobre essa situação, Millôr assim se refere, ainda na retrospectiva do ano anterior – 1989: "Dezembro – A direita light vê suas preces atendidas (Deus, vamos votar em Lula. Mas, por favor, faz o Collor ganhar!)" (*Istoé/Senhor*, nº 1060, p. 19, 1990 – 902).

95 SINGER *in* LAMOUNIER, 1990, p. 135.

96 Segundo André Singer: "Em resumo, estes dados indicam três características do eleitorado de Collor: (1) ele se concentrou entre os mais pobres e menos escolarizados; (2) é um eleitorado diferente, com relação a estes dois critérios, do dos outros quatro principais concorrentes de 1989 e (3) uma vez aderido a Collor, esse eleitorado resistiu a uma campanha que desgastou publicamente o candidato em outros setores da população" (*in* LAMOUNIER, 1990, p. 141).

E as palavras de Lamounier, em certo sentido, tornar-se-iam proféticas:

> Seria pois inconcebível que o voto de 82 milhões de eleitores fosse conduzir ao Palácio do Planalto outro governo rotineiro e timorato. Terá essa imensa carga de expectativas realmente o poder de impulsionar tamanha reestruturação econômica e cultural, nas atuais condições brasileiras? É cedo para dizer. O enredo parece grandioso, vejamos, até 1994, como se sai o elenco[97].

O que foi proferido no olho do furacão de 1990[98] só confirma a teoria hegeliana de que "a coruja de Minerva alça seu voo somente com o início do crepúsculo". Alguma perspectiva é necessária, ao analisarmos os fatos históricos. O enredo, como sabemos hoje, foi tão grandioso quanto o seu desastre, revelando uma trupe que propiciou, antes da data imaginada, um processo de coroação e destronamento[99] verde-amarelo: o *impeachment*.

Diante dos fatos, profere Millôr: "Estranho país, este vosso: aqui a história não se repete, mas também não se renova" (*Istoé/Senhor*, nº 1042, p. 26, 1989 – 8936), o que seria confirmado por uma das medidas mais radicais tomadas por um governo, tendo em vista que ("Brasil 100% movido a inflação" – *Istoé/Senhor*, nº 1069, p. 23, 1990 – 9011), para sanar as mazelas econômicas, era lançado mais um plano econômico, o Plano Brasil Novo, ou, simplesmente, o Plano Collor.

---

97 LAMOUNIER, 1990, p. 34.

98 "**1990.** Polícia Federal expulsa 45 mil garimpeiros de terras dos ianomâmis em Roraima. Morrem Luiz Carlos Prestes aos 92 e Cazuza aos 32. Povo saqueia meia centena de supermercados nos subúrbios cariocas; em Jacarepaguá, 3 mil favelados invadem condomínio abandonado havia 7 anos. José Sarney sai da presidência com hiperinflação e novo endereço eleitoral: Amapá; a barra começa a pesar no Maranhão. Collor toma posse em 15 de março e bloqueia contas correntes e poupanças; gente se suicidou. Falha projeto de fazer Sarney Filho governador; José Sarney 'elege' Edison Lobão, futuro ministro das Minas e Energia de Lula. Líderes rurais são sequestrados, feridos ou mortos no Ceará, Pará, Rio, Tocantins, Rio Grande do Sul, Pernambuco; até a CNBB denuncia a violência dos latifundiários. Brutalidade em Diadema, São Paulo: 500 peemes expulsam 700 ocupantes da Vila Socialista, matam dois, prendem 46 e decepam a mão de um vereador. Descoberta no cemitério de Perus, São Paulo, vala clandestina com 1.049 ossadas, enterradas como se fossem de indigentes; eram de presos políticos desaparecidos. Darci e Darli Alves dos Santos condenados a 19 anos pela morte de Chico Mendes. Sai o coronel, entra o coronelzinho e os gastos com educação caem mais: 2,4% do orçamento; parece que eles professam o ignorantismo. Chegam a internet e o telefone celular" (DÓRIA, 2009, p. 184).

99 Nesse processo, a realidade acabou configurando aquilo que, conforme Bakhtin (1981), é a mais importante ação carnavalesca: a coroação e o destronamento. Segundo ele: "[...] é um ritual ambivalente biunívoco, que expressa a inevitabilidade e, simultaneamente, criatividade da mudança-renovação, a alegre relatividade de qualquer regime ou ordem social, de qualquer poder e qualquer posição (hierárquica)" (p. 107).

E o Plano foi um dos maiores achaques na economia da classe média brasileira, uma vez que, dentre outras medidas, decretou uma reforma monetária com bloqueio de cerca de 70% dos ativos financeiros em poder do setor privado – a serem resgatáveis no ano posterior, em suaves 12 prestações – e uma política de congelamento de preços, salários, aluguéis, etc.

Sobre o Plano, assim se pronunciava Millôr: "POUPANÇA – O Collor é um gênio: deu ao povo uma coroa de espinhos. E ainda ficou com os trinta dinheiros" (*Istoé/Senhor*, nº 1108, p. 16, 1990 – 9050), ou ainda: "LINCOLN, À MANEIRA BRASILEIRA: Pode-se roubar algumas pessoas todo o tempo. Pode-se roubar todas as pessoas algum tempo. E pode-se roubar todas as pessoas todo o tempo" (*Istoé/Senhor*, nº 1090, p. 08, 1990 – 9032).[100] Por sinal, isso só viria a confirmar o ar *blasé* de Millôr em relação aos governantes ("Hay gobieno? Soy contra. Isso não basta. Se non hay gobierno também soy contra" — *Istoé/Senhor*, nº 1127, p. 09, 1991 [[101]] – 9117), bem como em relação aos governados ("O brasileiro é o único animal que acredita que pode se aperfeiçoar" – *Istoé/Senhor*, nº 1075, p. 08, 1990 – 9017), continuando, no fundo, a constituir uma sociedade que detinha um abismo entre as classes sociais ("O Brasil é impressionante: acabou com a Mata Atlântica, destrói sistematicamente a Amazônia, mas continua a viver na lei da selva" – *Istoé/Senhor*, nº 1106, p. 16, 1990 – 9048).

A figura polêmica de Collor – considerada por Verissimo, em *Collortur*, "um ponto de interrogação bem penteado"[102] –, e mais ainda a sua política de governo, é trucidada pela lucidez jocosa de Millôr. Em um daqueles casos em que

---

100 Emblemática desse período é a crônica de Verissimo, *Hora da reflexão*, publicada justamente no dia 1º de abril de 1990, de que se pode destacar o seguinte fragmento: "Do período que começa agora, com a esquerda perplexa, a direita indignada e as duas sem dinheiro, não sei o que diremos na hora da reflexão. Tudo está por acontecer, a primeira quinzena deste novo Brasil serve como prólogo para qualquer coisa, e a diferença entre a melhor e a pior hipótese dependerá, muitas vezes, só do ponto de vista. O que entusiasma tanta gente no Collor é justamente o que assusta outras tantas. Os sintomas de um bonapartismo nascente são fortes, mas se você comenta isso com alguém pode ouvir um 'Pois é, não é maravilhoso?' Enfim tudo ainda é prólogo" (*In:* VERISSIMO, Luis Fernando. Hora da reflexão. *Zero Hora*, Porto Alegre, 01 abr. 1990. Contracapa).

101 "**1991.** Na ressaca do réveillon, centenas de favelados saqueiam supermercados na periferia de São Paulo. Antropólogos vão pesquisar por que adolescentes guaranis e caiuás se matam: em dois anos, 74 casos; claro que só vêem desgraça pela frente. Entra em vigor o Código do Consumidor. Cemitérios clandestinos da ditadura descobertos em São Paulo e Pernambuco. Libertados 64 trabalhadores escravizados em duas fazendas de Ourilândia, Pará. Saldo dos protestos contra a primeira privatização de Collor, da Usiminas: 70 feridos e 13 presos. No centro do Rio, 3 mil se manifestam contra a matança de crianças e adolescentes de rua. Mudanças internacionais: não há mais União Soviética; mas nasce o Mercosul" (DÓRIA, 2009, p. 184-185).

102 VERISSIMO, 1999, p. 602.

a realidade supera a pior das ficções, temos comentários do tipo: "E o pobre do Collor, que falta de informação! Continua nos dando demonstrações de seu vigor físico. E nós cada vez mais preocupados com seu estado psíquico" (*Istoé/Senhor*, nº 1145, p. 08, 1991 – 9135), ou mais: "Afinal todos os auxiliares do Collor são assim mesmo ou é ele que rapidamente os reduz a esse meio metro de altura?" (*Istoé/Senhor*, nº 1156, p. 09, 1991 – 9146).

Aqui, a impetuosidade do jovem presidente é associada à falta de estatura política e moral de seu grupo político, o que é reiterado em:

> E me informam também que um ministro de Estado, envergonhado por ver seu nome envolvido numa "licitação", comprou um livro de Hara-Kiri sem mestre. Não usou, não leu, nem mesmo abriu, mas comprou. O que já foi considerado um tremendo progresso ético no governo Collor (*Istoé/Senhor*, nº 1161, p. 09, 1991 – 9151).

Um país contaminado pela corrupção, ainda autoritário ("Ô, rapaz, esse teu país não vai entrar na modernidade teimando em chamar de democracia os restos mortais da ditadura" – *Istoé/Senhor*, nº 1159, p. 13, 1991 – 9149) e assolado ainda pela "BUROCRACIA – [...] O câncer atingiu toda a humanidade, e vai destruí-la antes que seja curável" (*Istoé/Senhor*, nº 1160, p. 13, 1991 – 9150), recebe de Millôr a seguinte classificação: "Minha pátria; cheia de torturadores, carros de luxo, escravagistas, mansões, candidatos a ditadores, jatinhos, especuladores de Bolsa, crianças famintas. Por isso é o país do futuro. Só pode melhorar" (*Istoé/Senhor*, nº 1126, p. 10, 1991 – 9116).

Mas essa definição é antecedida por outra, talvez mais taxativa, em retrospectiva histórica, antropológica mesmo, a reverenciar a antropofagia:

> AS GRANDES DESCOBERTAS SOBRE AS DESCOBERTAS.
>
> Um país é descoberto. Como que um país é descoberto? O primeiro cara-de-pau, o primeiro cabral, vai chegando assim, tropeça no primeiro monte pascoal e grita: "Moçada, descobri um país!"?, ou, ainda mais específico: "Descobri um Brasil!"? Que coisa mais europocêntrica, ou melhor, mais lusocêntrica, seu! Como eles estavam *lá*, tudo que não estava lá era desconhecido, eles descobriam. E ainda chamavam brasileiros de índios, os ignorabus.
>
> [...]

> Mas, do meu ponto de vista, tudo ainda seria aceitável se os próprios descobertos não resolvessem comemorar o seu descobrimento. Durante séculos o Brasil comemorou isso com festas memoráveis. Dados os resultados que os descobridores conseguiram e nós mesmos conseguimos depois de descobertos, não seria muito mais razoável comemorarmos o nosso encobrimento, aquele tempo em que éramos felizes e não sabíamos? Já imaginaram?, não havia nem Funai.
>
> (*Istoé/Senhor*, nº 1121, p. 08, 1991 – 9111).

A realidade, em vez de propiciar momentos de festa, só fazia por validar a convicção de Millôr em "LIÇÃO DE COISAS – As principais formas de governo são as ruins e as muito piores" (*Istoé/Senhor*, nº 1172, p. 08, 1992 [103]– 9211). Um presidente cada vez mais questionado, embora mestre em criar factoides personalistas, por isso mesmo um "prato cheio" à prática humorística, talvez pudesse ter originado alguma reação salutar, se não se tornasse, no mínimo, tragicômico. Aquele que é retratado como:

> Tem homens – poucos, mas existem – que realmente se sacrificam por suas convicções, reconhecem suas limitações, ouvem os que lhe estão em volta, aprendem, em suma. Não se julgam os mais bonitos do País, nem que depois

---

103 "**1992.** Morre Jânio em 17 de fevereiro. Conselho Regional de Medicina paulista processa Harry Shibata e outros médicos que colaboraram com a tortura na ditadura. Em maio, imprensa publica dossiê de Pedro Collor, irmão do presidente, que acusa Paulo César Farias, o PC, tesoureiro da campanha de Fernando Collor, de possuir uma fortuna em contas bancárias no exterior. Eco92, encontro com 114 chefes de Estado, instala-se no Rio; pouco avança: EUA, responsáveis por um quarto das emissões de carbono, não assumem compromissos e boicotam documentos. CPI do PC Farias mostra corrupção instalada no coração do governo, com conivência do presidente; empresário Takeshi Imai diz que o esquema PC-Collor o achacou. Imprensa denuncia superfaturamento na compra de cabos de alumínio pela Eletronorte, domínios de José Sarney. Morre Herivelto Martins, aos 80, autor de dezenas de sucessos, como "Ave Maria no Morro" e "Praça Onze" (com Grande Otelo). Movimento dos caras-pintadas contra corrupção empurra Collor para o impeachment e ele renuncia; o Senado cassa-lhe os direitos políticos até 2000; assume o vice, o mineiro Itamar Franco. Morre em acidente de helicóptero o "senhor Diretas", Ulysses Guimarães. Rapaziada dos morros cariocas inaugura o arrastão: aos magotes, saem por Copacabana, Ipanema e Leblon tomando o que podem de banhistas e transeuntes. PM paulista massacra 111 presos no presídio do Carandiru, na véspera das eleições de 3 de outubro. O governador Fleury Filho chama, para novo secretário da Segurança de São Paulo, Michel Temer, futuro parceiro de José Sarney no Congresso. Um coronel venezuelano tenta depor em golpe armado o neoliberal corrupto Carlos Andrés Pérez; seu nome é Hugo Chávez. Fecho trágico, três dias antes do réveillon: ator Guilherme de Pádua, 23 anos, e sua mulher Paula Thomaz, 19, emboscam a atriz Daniella Perez e a matam com 18 punhaladas; Guilherme e Daniella faziam par amoroso na novela *De Corpo e Alma*, de Gloria Perez, mãe da atriz" (DÓRIA, 2009, p. 185-186).

deles as coisas jamais serão as mesmas. Está aí Collor para exemplo: não é um deles (*Istoé/Senhor*, nº 1172, p. 08, 1992 – 9211)

paulatinamente começa a sofrer uma série de denúncias de irregularidades, que surgiam na imprensa a partir de 1991, as quais envolviam pessoas do seu círculo próximo, como ministros, amigos e mesmo a primeira-dama.

Aliás, uma das marcas do Governo, além do folclórico caso de relacionamento amoroso entre ministros[104], era a espetacularização da política, a começar pela famosa Casa da Dinda, mansão da família Collor de Mello em Brasília, verdadeira ostentação beirando a breguice, com seus jardins e lagos suntuosos. Atração turística à época, reforçada pelo hábito marqueteiro das caminhadas dominicais do presidente, passou a ser vista como um símbolo do horror e da delícia do momento político. A esse respeito, ficou clássica a paródia da *Canção do Exílio*, feita pelo humorista Jô Soares, em 16 de setembro de 1992, na revista *Veja* (nº 1252)[105], quando já estava Collor com os dias praticamente contados:

Minha Dinda tem cascatas
Onde canta o curió
Não permita Deus que eu tenha
De voltar pra Maceió.
Minha Dinda tem coqueiros
Da ilha de Marajó
As aves, aqui, gorjeiam
não fazem cocoricó.

O meu céu tem mais estrelas
Minha várzea tem mais cores.
Este bosque reduzido
Deve ter custado horrores.

---

104 Conforme a revista *Época*: "Em 1990, Zélia [Cardoso de Mello – ministra da Economia] e o então ministro da Justiça, Bernardo Cabral, protagonizaram um romance muito famoso". Como consequência do relacionamento amoroso, além da demissão de seus cargos, ficaram folclóricos a tórrida dança dos dois, ao som de *Besame Mucho*, que durou 15 minutos, e várias outras histórias, dentre elas, o bilhete trocado pelo casal, em plena reunião de ministros, por baixo da mesa, em que Cabral descrevera a saia de Zélia como "deliciosa" (OS CASOS AMOROSOS DE ZÉLIA. Época, nº 224, 2 set. 2002. Disponível em: <http://revistaepoca.globo.com/Epoca/0,6993,EPT380537-1664,00.html>. Acesso em: 14 jan. 2012).

105 VEJA. São Paulo: Editora Abril, nº 1252, 1992.

E depois de tanta planta,
Orquídea, fruta e cipó
Não permita Deus que eu tenha
De voltar pra Maceió.

Minha Dinda tem piscina,
Heliporto e tem jardim
Feito pelas Brasil's Garden
Não foram pagos por mim.
Em cismar sozinho à noite
Sem gravata e paletó
Olho aquelas cachoeiras
Onde canta o curió.

[...]

Minha Dinda tem primores
de floresta tropical
Tudo ali foi transplantado
Nem parece natural
Olho a jabuticabeira
Dos tempos da minha avó.
Não permita Deus que eu tenha
de voltar pra Maceió.

[...]

Finalmente, aqui na Dinda,
Sou tratado a pão-de-ló
Só faltava envolver tudo
Numa nuvem de ouro em pó.
E depois de ser cuidado
Pelo PC com xodó,
não permita Deus que eu tenha
de voltar pra Maceió.

(*Canção do Exílio às avessas,* Jô Soares)

A crítica poética trazia embutida uma série de episódios conhecidos à época, depois que o próprio irmão do presidente (Pedro Collor) viera a público, através de entrevista à revista *Veja* (edição 1236),[106] em maio de 1992, desvendar um esquema de corrupção que envolvia o ex-tesoureiro da campanha Paulo César de Farias, dentre outras situações comprometedoras. E aquilo que era intriga familiar revelou uma máfia paralela instituída em pleno coração do governo, o que determinou o início do fim do Governo Collor, com a instauração, diante de tantas evidências e do clamor popular – potencializado nacionalmente pelo fenômeno jovem dos "caras-pintadas" – de uma Comissão Parlamentar de Inquérito, até então inédita no país.

Nesse interregno, contando com personagens como a cunhada (de Collor), Tereza[107], que causava *frisson* com a exibição, via Embratel, de suas pernas torneadas, o próprio PC Farias e as histrionices de Collor, não era difícil a Millôr definir o estado emocional do presidente: "Megalomania mesmo é a do Collor – compra automóvel fajuto e ainda bota placa com as iniciais do próprio nome, dia e mês do seu nascimento. Mas, depois da CPI, atingiu o máximo – dizem que está sofrendo de neurose coletiva" (*Istoé*, nº 1189, p. 09, 1992 – 9228). Ou ainda: "Uma coisa ninguém nega a Collor: não desapontou nenhum de seus inimigos" (*Istoé*, nº 1194, p. 08, 1992 – 9233).

Diante da inevitabilidade da CPI, então, a partir de uma suposta entrevista, entre dois interlocutores não nominados, Millôr sugere, tamanho o descalabro, a instituição da corrupção como norma social:

> VADE-MÉCUM DA CPI
>
> [...]
>
> P - E como se verifica se uma desculpa é esfarrapada ou não?
>
> R - Pelo poder dos convocados. As desculpas dos poderosos são sempre muito bem vestidas porque dispõem de alfaiates – advogados – competentes. Os destituídos desses alfaiates não conseguem esconder os remendos das desculpas.
>
> [...]

---

106 VEJA. São Paulo: Editora Abril, nº 1236, 1992. A própria revista *Veja* (ed. 1251), em 09 de setembro de 1992, trazia em sua matéria de capa: "O Jardim do Marajá da Dinda – As mentiras de Collor sobre a reforma de 2,5 milhões de dólares em sua casa".

107 ("A cunhadinha do Brasil" – *Istoé*, nº 1213, p. 09, 1992 - 9252).

P - Então não seria mais sábio institucionalizar a corrupção e botar a honestidade fora da lei?

R - Daria no mesmo. Teríamos de instaurar CPIs para apurar honestidade nas altas esferas. Sabe como é a natureza humana

(*Istoé*, nº 1190, p. 09, 1992 – 9229).

De natureza humana Millôr entendia bastante, sabendo que essa realidade só poderia ser expressa pela carnavalização, recurso inclusive reiterado a partir da crítica machadiana ao positivismo, com seu *O alienista*. A inversão de papéis só serviria para chegar ao mesmo resultado, já que a base cultural do processo era a mesma. Diante disso, ainda em dúvidas acerca do resultado da CPI, apesar de ser apontada uma apropriação pessoal de valores que chegavam a mais de seis milhões de dólares, questionava capciosamente: "Pergunta ociosa: Collor vai sair da cadeia de televisão pra televisão na cadeia?" (*Istoé*, nº 1194, p. 08, 1992 – 9233).

Mas tinha o cronista a convicção de que a responsabilidade cabia a todos, ou, ao menos, àqueles que vestiram a camiseta da candidatura, ao servirem à paranoia antiesquerdista criada em torno da candidatura Lula. Segundo Millôr: "Lição Primeira:/ Quem acreditou piamente/ não pode piar" (*Istoé*, nº 1195, p. 08, 1992 - 9234), complementada ainda pela ideia da existência de "OS ALAGOHUNOS — Onde eles passam só cresce grama (*Istoé*, nº 1198, p. 08-09, 1992 - 9237). A afirmação, já utilizada anteriormente em relação às elites brasileiras, vinculava ambos – elite e candidato –, dado que, desde o início do surgimento do fenômeno que foi a candidatura collorida, quem acompanhava a política sabia do que e de quem se tratava. Diante da derrocada, como é comum, poucos pareciam querer demonstrar intimidade com o já impedido presidente. A ironia, então, fotografa o momento em que "os ratos abandonam o navio" à deriva: "Todos os amigos de Collor, sem exceção, afirmam sempre que ele é um homem que se fez sozinho. Ninguém jamais quis assumir a responsabilidade" (*Istoé*, nº 1199, p. 08, 1992 – 9238).

A Collor só restou, além do apelo "Não me deixem só", a renúncia ao cargo, para não perder seus direitos políticos, fato que aconteceu em 02 de outubro, quando Itamar Franco (o vice) assumiu, interinamente, a Presidência de República. Na retrospectiva do ano, frente aos fatos, Millôr definia: "Novembro – Cada nação tem o lema que merece (NUNCA TANTOS FORAM TÃO ROUBADOS POR TÃO

POUCOS)" (*Istoé*, nº 1213, p. 09, 1992 – 9252), o que, segundo ele, fazia de nossa nação: "Brasil: condenado à esperança" (*Istoé/Senhor*, nº 1162, p. 08, 1992 – 921).

Em relação a esses fatos, Arturi comenta:

> [...] A eleição de Collor de Mello em 1989 marca tanto o início do regime democrático como a continuidade das práticas responsáveis por sua não consolidação. O processo de *impeachment* de Collor e a posse de Itamar Franco, apesar de seu forte conteúdo democrático, não afastam todavia os signos de uma ordem política ainda precária[108].

Um vice sem viço (parte 2)

E essa ordem política precária encontra novamente um vice atônito, em 1993[109], sem um projeto político claro, como fora o caso de Sarney. Tentando desvencilhar-se de um governo em franco processo de decomposição, com o país em polvorosa, chocado com as circunstâncias da renúncia do ex-presidente, Itamar Franco ainda teria de lidar com um plebiscito sobre formas de governo, debaixo do mau tempo das acusações a seu parceiro político. Sobre o momento, Millôr afirma:

---

108 ARTURI *in* PESAVENTO, 1994, p. 57.

109 "**1993.** Pesquisa da Ordem dos Advogados do Brasil apura que, de 89 cursos de Direito, apenas 7 formam advogados confiáveis! Plebiscito em abril: povo diz não à monarquia e ao parlamentarismo e sim à república e ao presidencialismo. Lula inicia a Caravana da Cidadania, entre Garanhuns e São Paulo, em dois ônibus que num mês percorrem 300 municípios. Em Arraial d'Ajuda, Bahia, a PM expulsa de suas terras 35 famílias pataxó. À paisana, 6 peemes matam a tiros 7 garotos que dormem ao pé da igreja da Candelária, no Rio. Itamar Franco cria o cruzeiro-real, prepara terreno para entrar em cena seu ministro da Fazenda FHC, Fernando Henrique Cardoso. Senado aprova até 100% de capital estrangeiro nas privatizações: vem aí com tudo o neoliberalismo – ou, como dizia Brizola, o velho colonialismo de roupa nova. PM prende dezenas e fere 25 que protestam contra a privatização da Cosipa, Companhia Siderúrgica Paulista; 50 presos e 20 feridos em Minas, em protesto contra o leilão da Açominas. Massacre em Vigário Geral, Rio: peemes assassinam 21 moradores a esmo, em represália a emboscada que vitimou quatro policiais. PC Farias preso na Tailândia. CPI instalada a pedido de Eduardo Suplicy revela corrupção sem precedentes na manipulação de verbas públicas, promovida por políticos e empreiteiras; deputados envolvidos ficam conhecidos como Sete Anões: João Alves (PPR-BA); Genebaldo Correia (PMDB-BA); Messias Góis (PFL-SE); José Geraldo Ribeiro (PMDB-MG); Cid Carvalho (PMDB-MA); Manoel Moreira (PMDB-SP); e José Carlos Vasconcellos (PRN -PE). Governador paraibano Ronaldo Cunha Lima dá três tiros no antecessor Tarcisio Burity, por críticas que fez a seu filho Cássio, superintendente da Sudene; impune. Morre o grande Grande Otelo. Operação Mãos Limpas chega ao fim com 300 peixes graúdos encaminhados a julgamento, inclusive altíssimos executivos e políticos de primeira linha – isso na Itália" (DÓRIA, 2009, p. 186).

PEQUENAS DIVAGAÇÕES

> Você alguma vez pensou que o muro de Berlim vinha abaixo no seu tempo de vida? Chegou a admitir a possibilidade de um golpe comunista de direita? Ou que, entre nós, um impotente viesse a tomar o poder? Você crê sinceramente que as nossas forças armadas estão preparadas pra defender as fronteiras do oeste quando um grupo de escoteiros bolivianos invadir o país? Bem, como eu ia dizendo antes de ser rudemente interrompido pela posse de Itamar.
>
> (*Istoé*, nº 1226, p. 08, 1993 – 9313).

Curiosa aqui é a retomada de uma fala em relação à sua declaração de voto em Brizola[110], na primeira crônica na Revista, em 1983. Mas o momento político, ainda focado na figura de quem deixava o Planalto, era muito sério, por isso mesmo se prestando ao riso. Millôr não poupava a sua verve, com material tão variado à disposição. De Collor, afirmava: "Ele bem que pediu, mais de mil vezes: 'Não me deixem sozinho!' (Senão eu roubo tudo)" – (*Istoé*, nº 1215, p. 09, 1993 – 932); ou ainda, espantado com os objetivos da empreitada: "Deus do céu, essa luta gigantesca pela conquista do poder foi só pra roubar? Olha, minha gente, o que me espanta não é a corrupção; é a mediocridade" (*Istoé*, nº 1216, p. 09, 1993 – 933).[111]

A confirmação passava por registros computadorizados, em relação à movimentação de valores, que ligavam o esquema de PC Farias à família Collor. Sobre isso, em charge em que um presidiário comum dialoga com PC, ambos na prisão, ele ironiza – o primeiro diria: "Eu sou vítima da injustiça", enquanto PC afirmaria: "Eu sou vítima da informática" (*Istoé*, nº 1216, p. 09, 1993 – 933). Vitimado pela tecnologia, em uma época em que cada vez mais se era gravado, filmado e exposto aos *voyeurs* de plantão, a PC só teria restado uma morte inexplicável, em 1996, junto com sua companheira. Fato passional ou queima de arquivo?[112]

---

110 A afirmação era: "Como eu ia dizendo, antes de ser rudemente interrompido: Brizola na cabeça!" (*Istoé*, nº 326, p. 14, 1983 – 831), razão pela qual acabou saindo da revista *Veja*. Além disso, como já referido, guarda também uma relação com o Barão de Itararé, conforme o início do Capítulo 3 deste livro.

111 Outra afirmação, em versão popular: "Decadência: Collor já está sendo esculhambado em frases de pára-choque de caminhão" (*Istoé*, nº 1216, p. 09, 1993 – 933).

112 PC Farias foi encontrado morto, junto com sua namorada, Suzana Marcolino, em Maceió. Até hoje o laudo da morte é considerado contraditório: para alguns, crime passional; para outros, assassinato.

Diante de mais indícios de irregularidades, que praticamente envolviam toda uma cultura política, cabia a Millôr a paz da descrença: "Cético é um sujeito que quer ver para não crer" (*Istoé*, nº 1216, p. 08, 1993 – 933), reiterando ainda a ideia de ser a "política – a mais antiga das profissões" (*Istoé*, nº 1216, p. 08, 1993 – 933), pois, segundo ele, "os políticos brasileiros não plantam coisa alguma. Mas como colhem!" (*Istoé*, nº 1218, p. 08, 1993 – 935), o que é repetido em: "Ou a saúva acaba com o Brasil. Ou o Congresso" (*Istoé*, nº 1219, p. 09, 1993 – 936).

Em um período em que já pairava o descrédito em relação à punição aos responsáveis[113], voltava Millôr a bater na tecla do mais novo presidente: "Já há dúvidas quanto a se Collor e PC vão pegar alguns anos de cadeia. E todos nós já pegamos dois anos de Itamar" (*Istoé*, nº 1223, p. 12, 1993 – 9310). No fundo, restava ao povo conformar-se, uma vez que, em sendo agente de transformação, também o podia ser de resignação, pois competia a ele, enfim, julgar. E quem julgaria o povo? Millôr preferia julgar uma cultura, tendo em vista que, no tocante a escolhas, apesar da suposta democracia, na verdade, o voto pouco podia fazer, dado que, ao fim e ao cabo, de um jeito ou outro a maioria dos poderosos se mantinha incólume.

Em relação ao plebiscito que se aproximava, ele manteve seu papel crítico, ciente de que a forma de governo também era reflexo dessa mesma cultura política degradada. Por isso, seu tom era de desconfiança:

> O NASCIMENTO DE VÊNUS
>
> À MODA DA CASA (E DE SHAKESPEARE)
>
> [...] daí, dessa gosma fétida, dessa espuma ebuliente, amarela e putrefacta, desse poderoso material cívico, vai nascer, límpido e puro, o PARLAMENTARISMO. Cada país tem o nascimento da Vênus de Botticelli que merece.
>
> (*Istoé*, nº 1201, p. 06, 1992 – 9240)[114]

113 Por falta de provas, Fernando Collor de Mello e PC Farias foram inocentados da acusação de corrupção passiva. Collor continuou inelegível e respondeu a outras 35 ações judiciais. Em agosto de 1995, mudou-se para Miami e, em 2006, voltou ao cenário político nacional ao ser eleito senador por Alagoas.

114 O que encontraria uma outra versão, sobre a Nova República, em: "O NASCIMENTO DE VÊNUS, DE BOTTICELLI, À MODA DA CASA - [...] daí, dessa gosma fétida, dessa espuma ebuliente, amarela e putrefacta, desse poderoso material cívico, vai nascer, límpido e puro, O PARLAMENTARISMO" (*Istoé/Senhor*, nº 1172, p. 09, 1992 – 9211).

E o Plebiscito, que aconteceu em 21 de abril de 1993, viria a escolher entre três formas de governo: o parlamentarismo, o presidencialismo e (pasmem!) a monarquia. O resultado não surpreendeu, embora alguns acreditassem na via parlamentarista, como Millôr. O presidencialismo como cultura política foi reiterado, o que talvez possa ser explicado nas palavras de Lamounier:

> [...] A fonte da legitimidade nessa utopia é a conexão direta do Presidente da República com o povo, com o eleitorado, por meio da eleição direta e dos meios de que ele dispõe para exercer uma liderança simbólica de alcance nacional. Para os adeptos desta utopia, a autoridade assim constituída tem uma legitimidade maior que a dos outros poderes, por estar ela baseada não somente nas leis, mas também em amplo substrato social – na própria cultura política do país [...]. Se ele é forte, é justamente porque uma parcela apreciável da sociedade vê no presidente plebiscitário não apenas ou primordialmente um fator de equilíbrio, mas sim uma maneira de desequilibrar os poderes, tendo em vista a implementação de amplas reformas, por um caminho mais curto que o da competição política normal[115].

"Deus nos salve de nossos salvadores", poderia ter dito Millôr. Acreditava ele no papel fundamental da cidadania, mesmo que torta, mas não se conformava com as possibilidades de escolha. Aquilo que para alguns era a democracia, para outros reforçou "[...] um traço secular do sistema político brasileiro, caracterizado pela combinação de uma 'lógica liberal' com uma 'práxis autoritária', e que é, em parte, responsável por uma cultura política que resiste à democratização da esfera pública e à expansão da cidadania"[116].

O'Donnell emprega o conceito de "cidadania de baixa intensidade", para descrever as sociedades em que "[...] se respeitam os direitos participativos e *democráticos* da poliarquia, mas se viola o componente *liberal* da democracia. [...] Essa bifurcação constitui o reverso da moeda da complexa mescla de componentes democráticos e autoritários nesses estados"[117].

---

115 LAMOUNIER, 1990, p. 26.

116 ARTURI *in* REIS, Elisa; ALMEIDA, Maria Hermínia de; FRY, Peter (Orgs.) *Política e cultura:* visões do passado e perspectivas contemporâneas. São Paulo : HUCITEC, 1996, p. 146. (Ciências Sociais Hoje)

117 ODONELL, 1993, p. 173.

Sobre o mesmo tema, se pergunta Lamounier: "[...] terá a transição impulsionado (como querem alguns) ou comprometido irremediavelmente (como querem outros) o desenvolvimento da democracia brasileira?" (p. 10), o que talvez não tenha uma resposta objetiva, embora o mesmo autor advirta que há

> [...] países onde o regime democrático demonstra capacidade de perdurar, mas deixa a desejar – segundo uma percepção amplamente disseminada na sociedade –, no tocante a seu funcionamento cotidiano, a sua eficácia decisória e às ações que é capaz de empreender com vistas à eqüidade social. Perdura, mas não desfaz a *malaise* subjacente. Há uma tensão sempre latente, que às vezes se expressa sob a forma de desapreço pelas regras do jogo, e sobretudo pelos partidos e pelo legislativo. Estas expressões de desapreço não necessariamente significam risco de ruptura [...] mas tampouco permitem que se dê a democracia como verdadeiramente "consolidada"[118].

É esse quadro que Millôr satiriza, ao se referir às possibilidades de escolha do povo brasileiro, neste caso, no Plebiscito. Em uma quase retrospectiva histórica – um pouco confusa, é certo, mas verdadeira –, afirma:

> Já estivemos entre a cruz e a espada, entre o mar e o rochedo, entre a subversão e a repressão, entre diretas e indiretas. Mas agora, na hora do plebiscito, nos encurralaram (valha a etimologia) entre a monarquia e o presidencialismo. Isto é, entre o tampax e o supositório (*Istoé*, nº 1227, p. 08, 1993 – 9314).

O mote, captado na voz de um representante da família real inglesa, em relações libidinosas e extraconjugais com uma plebeia[119], bem podia estar na fala dos seus correspondentes monárquicos brasileiros, aristocratas *démodés*. Nunca o alto e o baixo estiveram tão perto. E a combinação de um e outro não poderia deixar de terminar em festa. Sim, mas festa para quem?

---

118 LAMOUNIER, 1996, p. 03.

119 Em escândalo que veio a público em 1993, o jornal *The Sun* publicou trechos de uma conversa íntima entre Charles e Camilla, na qual o príncipe diz que gostaria de ser o Tampax da amante. Camilla ainda era casada com Andrew Parker-Bowles, de quem viria a se separar em 1995; Charles, com Lady Di, de quem se separaria em 1996.

E a festa continuou, ou se manteve o suficiente para originar, em 1994[120], mais um plano econômico (o Plano Real), mais um dos vários escândalos, este de uma ironia quase à altura da monarquia britânica: o presidente Itamar, com fama de sedutor, deixava-se fotografar, ingenuamente, em pleno camarote presidencial, no Carnaval, acompanhado por uma dama com a genitália à mostra. Por essa, nem Millôr esperava, ou sim. O certo é que o samba-enredo histórico continuou: em setembro do mesmo ano, poucos dias antes das eleições que viriam a suceder o Governo Itamar, em conversa vazada via antena parabólica, o Ministro da Fazenda, Rubens Ricupero, confidenciava em pleno ar: "Eu não tenho escrúpulos; o que é bom a gente fatura, o que é ruim a gente esconde". O escândalo, que ficou conhecido como "da parabólica", apesar de denunciado à época pela oposição, pouco influenciou nos resultados, com a eleição para Presidência da República do que fora o ministro da Economia no Governo anterior. Começava a era Fernando Henrique Cardoso. Seguia seu curso o trem da história do *Samba do crioulo doido*[121] nacional:

> Foi em Diamantina
> Onde nasceu JK
> Que a Princesa Leopoldina
> Arresolveu se casá

---

120 "**1994.** Revolta indígena-camponesa zapatista em Chiapas, sul do México; tomam cidades. No Dia do Trabalho, 1°. de maio, morre o piloto Ayrton Senna da Silva, em Ímola, Itália, aos 34 anos, ao bater no muro de uma curva. Escândalo da gráfica do Senado; Roseana está entre os políticos que ilegalmente imprimem ali material de propaganda eleitoral. José Sarney elege 'no braço' a filha Roseana governadora do Maranhão, reeleita em 1998. Lançado Plano Real, mais um passo rumo à eleição de FHC, ministro da Fazenda de Itamar. Governo devolve à União Nacional dos Estudantes, UNE, terreno tomado pela ditadura militar. No 7 de Setembro, 1°. Grito dos Excluídos, com apoio da CNBB, Conferência Nacional dos Bispos do Brasil. Aeroportuários, petroleiros e metalúrgicos em greve. Vexame no Rio: Exército e Marinha ocupam favelas, prendem, torturam, apreendem umas armas, trouxinhas de maconha, e caem fora. Lula perde eleições presidenciais pela segunda vez, agora para FHC. Nelson Mandela é o primeiro presidente negro da África do Sul; fim do racista Apartheid. Aos 67, em 8 de dezembro, se vai o genial Tom Jobim, que disse: 'O Brasil é um país de ponta-cabeça'" (DÓRIA, 2009, p. 187).

121 *O Samba do Crioulo Doido* é uma paródia composta pelo escritor e jornalista Sérgio Porto, sob pseudônimo de Stanislaw Ponte Preta, em 1968, para o Teatro de Revista, em que ironiza a obrigatoriedade imposta às escolas de samba de retratarem, nos seus sambas-enredos, somente fatos históricos. Famosa à época pelas gravações dos Demônios da Garoa e pelo Quarteto em Cy (GOMES, Lu. O fabuloso Stanislaw Ponte Preta. Revista Brasileiros, nº 13, 31 jul. 2008. Disponível em: <http://www.revistabrasileiros.com.br/2008/07/31/o-fabuloso-stanislaw-ponte-preta-2/>. Acesso em: 10 mar. 2011).

Mas Chica da Silva
Tinha outros pretendentes
E obrigou a princesa
A se casar com Tiradentes

Lá iá lá iá lá ia
O bode que deu vou te contar

Joaquim José
Que também é
Da Silva Xavier
Queria ser dono do mundo
E se elegeu Pedro II
Das estradas de Minas
Seguiu pra São Paulo
E falou com Anchieta
O vigário dos índios
Aliou-se a Dom Pedro
E acabou com a falseta

Da união deles dois
Ficou resolvida a questão
E foi proclamada a escravidão
Assim se conta essa história
Que é dos dois a maior glória
Da. Leopoldina virou trem
E D. Pedro é uma estação também

O, ô , ô, ô, ô, ô
O trem tá atrasado ou já passou

(*Samba do crioulo doido,* Stanislaw Ponte Preta)

(Des)Considerações finais...

"No princípio era o verbo. Defectivo, naturalmente."[1] A afirmação, que poderia ser a epígrafe de *A Bíblia do caos*, de Millôr, além de princípio geral de obra marcada por um agnosticismo militante, é a pedra fundamental de uma poética criativa, questionadora, de espírito iconoclasta e sardônico. E a mesma obra que destrói ícones também os constrói, na medida em que – homem de seu tempo – a imagem tem uma força determinante para estabelecer parâmetros de que a linguagem escrita, mesmo em toda a sua complexidade, nem sempre consegue dar conta.

No caso de Millôr, palavra e imagem se fundem, constituindo um amálgama difícil de ser separado, suscitando o debate sobre quem nasceu primeiro: o ovo ou a galinha. A gênese, sob esse aspecto, não importa, mas é necessário dizer que, do ponto de vista aqui explorado, a palavra vem em primeiro lugar. Em primeiro lugar, porque é com ela que construímos os nossos pensamentos, como diria Lacan; em segundo lugar, porque mesmo Millôr, que opera com as duas linguagens, diz:

> São cinco bilhões de pessoas neste mundo falando, criando na palavra. Só na palavra, tem cinco bilhões de pessoas criando permanentemente. Por mais pintores que existam, por mais músicos, por mais que a música tenha

1 Em *Istoé/Senhor*, nº 1141, p. 09, 1991 – 9131.

atingido a classe média, não tem tanta gente desenvolvendo um produto como a palavra. Se você estuda a palavra, se você se empolga pela palavra, você fica assustado com a coisa gigantesca que é a palavra. [...] Agora, para ver um [...] ou para ver um [Jackson] Pollock [(1912-1956), pintor norte-americano, expoente máximo do expressionismo abstrato], o cara precisa ler muito antes, porque senão ele chega lá e passa por aquela borralheira toda. Mas eu te dou um exemplo mais clássico de todos. *Os chineses têm uma frase que se repete aí cansativamente: "Uma imagem vale mil palavras". E eu sempre digo: "diz isso sem palavras!"*

[grifos nossos] (FERNANDES, 1989).

Podemos encontrar, na definição milloriana, uma crítica a seu tempo, em que o suceder de imagens parece colá-las umas às outras, compondo um discurso teleimagético que satura o olhar, muitas vezes sem dar a perceber esse excesso luminoso, ofuscante pela artificialização da realidade. Do outro lado está a palavra, a trabalhar com o claro e o escuro do discurso, com seus múltiplos sentidos, que, ainda mais no caso de uma prosa irônica, abre espaço para várias vertentes interpretativas. Se somarmos a isso a fragmentação do texto, teremos o discurso milloriano a pleno, verdadeiro "jogo da amarelinha", entre a terra e o céu.

É o que nos autoriza a proclamar que a obra de Millôr acaba se sustentando sobre esse vértice, ora pendendo mais para um lado, ora mais para o outro. Entre palavra e ilustração, uma reforça a outra, não sendo excludentes, mas sempre complementares. Cabe lembrarmos aqui, na íntegra, a já referida definição de caligrama, a qual poderia designar a poética milloriana, nessa mistura de texto e imagem, um o limiar da outra. Segundo Foucault (1989):

Acuando duas vezes a coisa de que fala, ele [o caligrama] lhe prepara a mais perfeita armadilha. Por sua dupla entrada, garante essa captura, da qual não são capazes o discurso por si só ou o puro desenho. Conjura a invencível ausência da qual as palavras são incapazes de triunfar, impondo-lhes, pelas astúcias de uma escrita que joga no espaço, a forma visível de sua referência: sabiamente dispostos sobre a folha de papel, os signos invocam, do exterior, pela margem que desenham, pelo recorte de sua massa no espaço vazio da página, a própria coisa de que falam. E, em retorno, a forma visível é cavada pela escrita, arada pelas palavras que agem sobre ela do interior e, conjurando a presença imóvel, ambígua, sem nome, fazem emergir a rede

> de significações que a batizam, a determinam, a fixam no universo dos discursos. Duplo alçapão; armadilha inevitável: por onde escapariam, daqui para a frente, o vôo dos pássaros, a forma transitória das flores, a chuva que escorre? (p. 23-24).

Na fricção da pedra lascada de seu discurso, ele ilumina as palavras e as frases com sentidos inusitados, novos, velhos, antagônicos, oferecendo uma linguagem viva, cheia de contradições e brechas, assim como o homem, componente central de sua prosa. Sua prosa estilhaçada, ageométrica, no fundo vasculha a alma humana, mesmo que, muitas vezes, o que mostre é, justamente, a sua lama. Entre os dois pontos, em uma escatologia toda própria, investiga as relações entre os homens, do ponto de vista do poder. E aqui os micro e os macropoderes se equivalem, porque, sabe ele, ninguém nasce ditador nem mistificador, a não ser que alguém ou uma sociedade o autorize.

Talvez isso seja o que mais lhe cause espanto: em um mundo cada vez mais tecnológico, com a informação cruzando fronteiras recém-derrubadas (tanto geográfica quanto politicamente), a sacudir consciências, lá está o homem domesticado, à espera do seu algoz da hora. Talvez por isso, ele, um dos artistas plásticos que logo aderiu à criação eletrônica, servindo-se do computador para criar outras paisagens, experimentar novas linguagens, tenha aberto sua série "Arte é intriga"[2] com uma representação de *O grito*, de Munch. A ele continuava inexplicável que os homens se submetessem, tão servilmente, a outros homens ou instituições.[3] A constatação não o impedia, porém, de solidarizar-se com esse homem, visto que se declara:

> Sou um humanista. Isso não significa ser bonzinho ou acreditar que o ser humano é bonzão. Significa apenas que aceito o ser humano como ele é: medroso, primário, invejoso, incapaz, acertando por acaso e errando por vaidade, incompetência e cobiça: meu irmão.
>
> (*Istoé*, nº 1182, p. 08, 1992 – 9221)

Mas essa fraternidade não o desobriga de fazer a crítica que considerar necessária, tanto à estrutura da sociedade – esmiuçando suas relações de poder –

---

2 Em *Istoé*, nº 560, p. 10, 1987 – 8737. Originalmente, o quadro teve o nome de ***O desespero***.

3 "DEFINIÇÕES SUBJETIVAS: Todos os homens nascem iguais perante a lei – Isto é, fracos, famintos, prontos para serem usados pelo poder vigente (qualquer que seja o poder e qualquer que seja o vigente)" (*Istoé*, nº 405, p. 12, 1984 – 8439).

quanto aos comportamentos, mesmo que se mostrando cético em relação a esse "meu" irmão: "Tenho um amigo que, esse sim!, conhece a verdadeira natureza humana – é um patologista"[4], ou "Cinco sentidos – a prova biológica da estupidez humana"[5]. A provocação encontra o seu sentido integral ao ser relacionada a si mesmo: "A minha maior decepção comigo mesmo foi no dia em que descobri que também tinha natureza humana"[6].

O riso, sua arma mais contundente, corta como uma navalha, inclusive a ele mesmo, porque não descolado da mesma natureza de que faz parte, talvez um pouco distanciado para permitir uma avaliação crítica, mas os respingos caem em seus pés, por humano. Assim ele descreve as relações humanas de seu tempo, ciente de que o intelectual deve provocar perguntas mais do que encontrar respostas, até porque a resposta que serve a um não serve, necessariamente, a todos. Mas, líquida e certa, nessas relações cada vez mais cambiantes e transitórias, a sua intervenção sempre propicia a reflexão, aí no sentido de refletir a si mesmo e aos seus semelhantes.

O discurso de Millôr, ao retrabalhar a sua realidade, no caso, a brasileira, em processo político de transição, evidencia as contradições da sociedade, aparecendo na forma de pequenas explosões, como a marcar a passagem do tempo. A forma encontrada para tanto remete às ideias de Umberto Eco (1971), em relação ao papel do artista de vanguarda e à reprodução do mundo contemporâneo em crise:

> Então o mundo está muito longe de ser como desejaria reproduzi-lo o sistema de linguagem que, justamente, é recusado pelo artista de "vanguarda"; pois acha-se cindido e deslocado, desapossado das coordenadas da velha ordem, tal como está despojado das coordenadas canônicas o sistema de linguagem que o artista adota (p. 253).

Além disso, segundo o mesmo Eco,

> Nesse sentido, o artista que protesta quanto às formas realizou uma dupla operação: recusou um sistema de formas, sem contudo anulá-lo nessa rejeição, mas agiu no interior dêle (inclusive acompanhando algumas tendências

4 Em *Istoé*, nº 367, p. 11, 1984 – 841.
5 Em *Istoé/Senhor*, nº 1024, p. 16, 1989 – 8918.
6 Em *Istoé*, nº 546, p. 10, 1987 – 8723.

> à desagregação que já vinham se mostrando inevitáveis), e portanto, para subtrair-se a tal sistema e modificá-lo, teve de aceitar uma alienação parcial nêle, uma concordância com suas tendências internas; por outro lado, adotando uma nova gramática feita menos de módulos de ordem que de um projeto de desordem permanente, aceitou justamente o mundo em que vive nos têrmos de crise em que se encontra. Portanto, mais uma vez, êle se *comprometeu* com o mundo em que vive, ao usar uma linguagem que êle próprio – artista – crê ter inventado mas que, na realidade, lhe foi sugerida pela situação na qual se encontra; e contudo esta era a única escolha que lhe restava, pois uma das tendências negativas da situação em que se encontra é justamente ignorar que a crise existe e tentar continuamente redefini-la conforme aquêles módulos de ordem, de cujo desgaste nasceu a crise[7].

A crise referida tanto pode ser do homem universal como do brasileiro dito "cordial". O artista procura nos escombros – no caso, da ditadura – uma linguagem à altura do momento e de sua sensibilidade. Novamente, nas palavras de Eco:

> Assim, paradoxalmente, enquanto se acredita que a vanguarda artística não está relacionada com a comunidade dos demais homens, em cujo seio vive, e com a qual se julga estar relacionada a arte tradicional, na realidade acontece justamente o contrário: entrincheirada no limite extremo da comunicabilidade, a vanguarda artística é a única a manter relações de real significado com o mundo em que vive.

No processo, a antena da raça poundiana pode responder à lógica de que ser "[...] vanguarda seja hoje o único modo de reingressar na tradição"[8]. Para Millôr, caberia considerar as posições de Eco sobre o uso da ordem, da desordem e da mídia:

> [...] tornar-se "vanguarda" é, decerto, o modo mais evidente para enfrentar uma situação constituída a fim de derrubá-la e "desordená-la", mas não é o único modo de combater essa situação. Existe outro modo, aparentemente "interno" à ordem que se nega, e é o do aproveitamento parodístico dessa ordem, de seu emprego irônico [...]. Em outras palavras podemos combater um lugar-comum expressivo, desgastado e alienante, dissociando as modalidades de comunicação em que se baseia; mas podemos também exorcizá-lo

---

7 ECO, 1971, p. 253.
8 *Ibid.*, p. 254.

empregando-o ironicamente. Delineia-se pois, aqui, uma teoria da paródia e da ironia como operação clandestina que se contrapõe ao ímpeto revolucionário, "de rua", da vanguarda propriamente dita. Finalmente, terceira possibilidade perigosa mas considerável – a adoção, seja como fôr, das modalidades de expressão relacionadas com uma ordem, usando-as, porém, para comunicar algo que possa promover atos de consciência capazes de, um dia, pôr essa ordem em crise. Trata-se da possibilidade, condenada por muitos, de utilizar em sentido crítico os *mass media* para estabelecer-se um começo de tomada de consciência, ali onde o subversor ato de vanguarda se arriscaria a permanecer incomunicável, e, se repetido, caracterizaria uma provocação aristocrática[9].

Se a presença no *mass media* fosse a opção, no caso de Millôr, a relação aristocrática dar-se-ia como "o inimigo do rei", do tirano, do conservador de plantão. Ampliando a tomada de consciência de seu público, pode ele reafirmar sempre: "Corrompo, logo existo"[10].

No desenvolvimento de sua análise histórica, a configuração plástica da palavra, também ela corrompida, é o sinal de seu ceticismo – e, mais que isso, talvez de seu niilismo –, de que a construção convencional não parece dar conta. Dessa forma,

> No momento em que o artista percebe que o sistema comunicativo é estranho à situação histórica de que quer falar, deve compenetrar-se de que é impossível expressar-se a situação através da exemplificação de um assunto histórico, e de que sómente poderá expressá-la através da adoção e invenção de estruturas formais capazes de estabelecer-se como modêlo dessa situação.
>
> O verdadeiro *conteúdo* da obra torna-se seu *modo de ver o mundo* e de julgá-lo, traduzido em *modo de formar*, pois é nesse nível que deverá ser conduzido o discurso sôbre as relações entre a arte e o mundo"[11].

Assim como a própria crônica de Millôr não é crônica em sentido estrito, também a sociedade brasileira parece não se reger por padrões necessariamente universais. Mesmo que não sejamos originais em nossas diferenças, mesmo que

---

9 ECO, 1971, p. 254-255.
10 Em *Istoé*, nº 349, p. 12, 1983–8324.
11 *Op. cit.*, p. 258.

não sejamos os únicos que se enquadrem nas palavras de Goethe, de que "ninguém vive sob palmeiras impunemente", só a nós cabe a expressão do nosso *Brazilian way of life*: o jeitinho brasileiro.

No fundo, aos olhos do mundo, com esse jeito de ser, causávamos um estranhamento, que facilmente pode ser constatado nas palavras de Roger Bastide:

> Assim, o sociólogo que estuda o Brasil não sabe mais que sistema de conceitos utilizar. Todas as noções que aprendeu nos países europeus ou norte-americanos não valem aqui. O antigo mistura-se com o novo. As épocas históricas emaranham-se umas nas outras. [...] Seria necessário, em lugar de conceitos rígidos, descobrir noções de certo modo líquidas, capazes de descrever fenômenos de fusão, de ebulição, de interpretação, noções que se modelariam conforme uma sociedade viva, em perpétua transformação. O sociólogo que quiser compreender o Brasil, não raro precisa transformar-se em poeta[12].

Sendo o país talhado na tradição carnavalesca, nada melhor do que buscarmos nas formas da carnavalização da literatura uma leitura de sua mesma cultura. O Brasil passa a ser visto como o local onde tudo é possível, onde, decididamente, não há divisão entre atores (políticos) e espectadores (votantes) — todos no mesmo barco, uma vida às avessas, um mundo invertido — para não dizer pervertido — quer dizer, uma vida desviada da sua ordem habitual — com suas "ideias fora do lugar" [13]– a eternização de um modo de vida decididamente carnavalesco. A eterna procura pelo tom do país, entre a *Aquarela* e as "querelas" do Brasil, encontra ambiente propício de dessacralização na crônica milloriana.

A valorização da ginga, do nosso jeitinho, da nossa originalidade, possui várias explicações, sendo bastante curiosa a do senador e economista Roberto Campos (1966), em seu ensaio *A técnica e o riso*, na qual faz uma comparação entre as sociedades de origem anglo-saxônica e as latinas. Para o termo "jeitinho", os anglo-saxões nem mesmo têm um designativo linguístico. Ele refere a existência da rua, não como lugar de passagem apenas, mas também como lugar de sociabilidade.

---

12 BASTIDE, Roger. *Brasil terra de contrastes*. São Paulo : Difusão Européia do Livro, 1964, p. 15.

13 *In:* SCHWARZ, Roberto. *Ao vencedor as batatas*. São Paulo : Duas Cidades, 1988, p. 13.

Segundo Campos, o jeitinho não seria uma instituição legal ou ilegal – seria simplesmente *paralegal*, com raízes ligadas a três fatores principais, nas palavras de Lívia Barbosa[14]: o primeiro, de origem histórica, pela vigência de maior tempo nos países latinos das relações feudais; o segundo, em relação à diferença de atitude em relação à lei e ao fato social: para os anglo-saxões, a lei (*common law*) é uma cristalização do costume, enquanto, para os latinos, a mesma é um sistema apriorístico e formal de relações, criando um descompasso entre norma e comportamento – uma tensão social; o terceiro envolveria a questão religiosa, que, entre os latinos, produz dogmas rígidos e intolerantes, o que gera, em contrapartida, a relatividade do jeitinho, enquanto nos países de tradição protestante a norma tem um caráter mais utilitário e prático, sendo revisada quanto à ética quando a situação o exigir. E, como conclusão, conforme Barbosa:

> [...] Roberto Campos reconhece que há raízes sociológicas mais profundas; mas, que se amputada "essa instituição paralegal, dado ao irrealismo de nossas formulações legais, a tensão social poderia levar-nos a duas extremas posições; a da sociedade paralítica, por obediente, e a da sociedade explosiva, pelo descompasso entre a lei, o costume e o fato. 'Daí, irmão, conclui a essencialidade do jeito'".[15]

Salta aos olhos a contaminação da informalidade na análise do crítico — a expressão "irmão" também utilizada por Millôr em relação a seu semelhante — que, ideologias à parte, constitui-se em uma identidade, como se fôssemos uma grande família, de tios, sobrinhos e, por que não?, governantes e governados. Perdoaríamos os nossos pecados, jogaríamos para debaixo do tapete da história questões que ficariam para sempre em aberto – como os desaparecidos pela repressão militar, por exemplo, hoje tema ainda discutido à boca pequena pelas "Comissões da Verdade", a questão ecológica de Belo Monte, a questão da reforma agrária, dos direitos humanos, etc. É como se, realmente, a lentidão do processo de transição tivesse incorporado à democracia um fechar de olhos ao passado como garantia de futuro, tendo, como fruto, uma cidadania de "segunda classe". Essa "cidadania de baixa intensidade", no dizer de O'Donnell (1993), é a confirmação de uma transição que

---

14 BARBOSA, Lívia. *O jeitinho brasileiro*. Rio de Janeiro, Campus, 1992, p. 14-15.
15 *Ibid.*, p. 15.

> [...] Reforçou, assim, um traço secular do sistema político brasileiro, caracterizado pela combinação de uma "lógica liberal" com uma "práxis autoritária", e que é, em parte, responsável por uma cultura política que resiste à democratização da esfera pública e à expansão da cidadania.[16]

Nessa perspectiva, segundo Przeworski (1992),

> [...] toda transição bem-sucedida para a democracia seria basicamente conservadora, pois implica acordos e pactos, quer sejam públicos quer sejam implícitos, que garantam a propriedade privada, assegurem os dirigentes autoritários e os militares de que eles não serão perseguidos no novo regime democrático e, como no caso brasileiro, terão garantida sua sobrevivência política[17].

Na produção fragmentária de Millôr Fernandes, vemos a constatação de uma série de cenas do cotidiano político, ou da coisa pública brasileira, nas quais aparecem as marcas do livre contato familiar, da excentricidade, das *mesalliances* e, por fim, a profanação – todos conceitos dados como característicos do universo carnavalesco. Nesse sentido, o caso da família Collor é um exemplo clássico: nunca o privado havia decidido tanto os destinos públicos do país, nunca uma briga entre dois irmãos traria tantas repercussões em nossa história política.

Mesmo que o enredo fosse outro, nada garantiria, *a priori*, na primeira eleição presidencial pós-ditadura, que os resultados, por diferentes caminhos, não fossem os mesmos, ou pior, por diferentes interesses, não tivessem sido abortados – como o foram em 1964 – antes de sequer começarem. O ponto de vista benjaminiano do "refazer histórico" pela perspectiva dos vencidos[18] seria uma possibilidade, mas não uma garantia, o que, pelo menos, propiciaria uma alternativa.

Como vemos, o exposto por Bakhtin no campo do cômico-sério encontra aqui uma ressonância que nos serve para constatar que vivemos em um mundo de parâmetros invertidos. Assim, podemos, com certeza, "fotografar" o pico desse

---

16 ARTURI *in* REIS; ALMEIDA; FRY 1996, p. 146.

17 PRZEWORSKI, 1992 *apud* ARTURI, 2001, p. 21.

18 Segundo Benjamin (1994), o anjo da história é retratado na obra *Angelus Novus*, de Klee, em seu papel de, impelido ao futuro, afastar-se de algo (o passado) que encara fixamente. Segundo o autor, a tarefa do materialista histórico seria a de "escovar a história a contrapelo", resultando de seu método "[...] que na obra o conjunto da obra, no conjunto da obra a época e na época a totalidade do processo histórico são preservados e transcendidos" (p. 231).

movimento transicional da ditadura à democracia como um grande cenário em que os atores principais, no final do processo, Lula e Collor, poderiam ser um o duplo do outro. Como complemento à cena, viria a plateia (os votantes) de um grande circo Brasil de eleições, entre militares e inocentes do Leblon.

Nesse caso, a Constituição da República se confirmaria como o grande espaço da festa, reiterando a ideia, presente nas palavras de Frei Vicente de Salvador[19], de, mais do que vivermos no paraíso, habitarmos o nosso próprio inferno. Coisas da democracia, coisas do demo...

A Millôr, em sua sutileza certeira, o processo inteiro poderia ser definido – como é de seu estilo – simplesmente por uma de suas pérolas. Ao invés de recomeçarmos de um novo começo, confirmávamos nossa tradição de avançar para o futuro sem dar conta do passado. Segundo ele, além do já referido "trocamos o doze por uma dúzia", mais grave ainda é que: "perdeu-se uma ética a caminho de uma democracia"[20].

E, em sua *SÍNTESE DEFINITIVA*, que, em vez da política e de seus folclóricos fatos e falsos atores, o que valia era a vida real em tom malandramente acariocado, o que tanto podia valer para o calor dos trópicos, a nossa Palmeirolândia, quanto para as gélidas partes do globo ou onde o homem se fizer presente:

> Se você conseguir juntar todo o material existente sobre psicologia, psicanálise e psiquiatria já publicado pelos mais sábios, mais respeitados e mais responsáveis especialistas do mundo; [...].
>
> Se, uma vez feito isso, você reunir os analistas mais frios, mais simples, honestos e mais capazes, e reduzir todo esse material ao que é existencialmente essencial, você obterá uma definição clássica na sua simplicidade, possível de ser transmitida a todo mundo, capaz de ser compreendida por qualquer um:
>
> VIVER NÃO É BISCOITO.
>
> (*Istoé*, nº 557, p. 11, 1987 – 8734)

---

19 Em *História do Brasil*, de Frei Vicente do Salvador (1627), segundo o D.O. Leitura, 1999: "[...] antes que a multissecular destruição da mata atlântica fosse posta em marcha, a terra possuía enorme quantidade de tal madeira vermelha [o pau-brasil], para tristeza do frei Vicente do Salvador, que lamentou a troca de nome da Terra de Santa Cruz para *Brasil*, aludindo à proximidade desta palavra com brasa, que vem do fogo e pode levar ao inferno..." (p. 02-03).

20 Em *Istoé*, nº 1091, p. 12, 1990 - 9033.

■ ■ ■

DECÁLOGO MILLORIANO[21]

1. Só existe um modo de ser livre: ser o opressor.

2. O escravo quase sempre é colaborador de sua escravidão.

3. A Constituição, que institui que todo homem tem direito à liberdade, não conhece o homem-padrão. Ele tem que ser obrigado à liberdade.

4. A liberdade absoluta só existe em momentos-limite, quando não se tem mais nada a perder.

5. A satisfação de nosso ego (liberdade) só é alcançada em detrimento de algum outro (ou de muitos outros) ego. Portanto a liberdade mesmo utópica só poderá ser a média da satisfação de todos os egos. Uma insatisfação. Uma *medio*cridade.

6. Deve-se exigir toda liberdade dos que estão acima. E ser leniente na exigência de contrapartida dos que estão abaixo. Mas o contrário é mais factível.

7. O carcereiro não pode vigiar o prisioneiro o tempo todo. O encarcerado pode fugir a qualquer descuido. Donde o prisioneiro ser (filosoficamente) mais livre do que o carcereiro.

8. As prisões mais sujas, todos sabem, são as mais livres.

9. Ninguém pode nos dar liberdade. Mas qualquer um pode tirar, a começar pelos pais, trazendo-nos ao mundo em condições inadequadas.

10. Com liberdade total o mais forte domina o mais fraco em nome de sua liberdade, o mais inteligente espezinha o mais ignorante em nome de sua inteligência, o mais belo seduz mais em detrimento do fisicamente destituído. Franklin, ao fazer o lema da Revolução Francesa, *Liberdade, Igualdade e Fraternidade*, usou o elemento conciliador e humanístico *Fraternidade* para sugerir um equilíbrio impossível no paradoxo *Liberdade x Igualdade*.

---

21 Em FERNANDES, 1999.

"Millôr Fernandes lançou um desafio através de uma pergunta: Qual a diferença entre um político e um ladrão? Chamou a atenção a resposta de um leitor:

– Caro Millôr, após longa pesquisa cheguei a esta conclusão: a diferença entre o ladrão e o político é que um eu escolho, o outro me escolhe. Estou certo?

Fábio Viltrakis, Santos-SP

Puxa, Viltrakis, você é um gênio. Foi o único que conseguiu achar uma diferença! Abrassão. O Millôr." (*)

(*) Ver: <http://www2.uol.com.br/millor/aberto/email/060.htm>. Acesso em 01.03.2010.

Referências

ALBERTI, Verena. *O riso e o risível na história do pensamento.* Rio de Janeiro : Zahar, 2002.

ALMEIDA, Marcos Stulzer de. *Humor e ideologia em Millôr Fernandes.* 2004. Dissertação (Mestrado em Letras) – Universidade Federal do Espírito Santo, 2004.

ALZER, L. André. *Almanaque anos 80.* Rio de Janeiro : Ediouro, 2004.

ANDRADE, Ana Maria. Crônica fotográfica do Rio de Janeiro na primeira metade do século XX. CANDIDO, Antonio (Org.) *A Crônica:* o gênero, sua fixação e suas transformações no Brasil. Campinas, SP : Editora da UNICAMP; Rio de Janeiro : Fundação Casa de Rui Barbosa, 1992.

ANDRADE, Carlos Drummond de. *Sentimento do mundo.* São Paulo : Companhia das Letras, 2012.

ANTELO, Raúl. João do Rio = Salomé. In: CANDIDO, Antonio (Org.) *A Crônica:* o gênero, sua fixação e suas transformações no Brasil. Campinas, SP : Editora da UNICAMP; Rio de Janeiro : Fundação Casa de Rui Barbosa, 1992.

ARISTÓTELES. *A política.* 2ª ed. São Paulo : Martins Fontes, 1998.

ARISTÓTELES. *Da alma (De anima).* Lisboa : Edições 70, 2001.

ARTURI, Carlos S., As eleições no processo de transição à democracia no Brasil. In: BAQUERO, Marcello (Org.) *Brasil:* opinião pública, transições e eleições no Brasil. Porto Alegre : Editora da Universidade/UFRGS, 1995.

ARTURI, Carlos S. As incertezas da consolidação da democracia no Brasil. *In:* PESAVENTO, Sandra Jatahy (Org.) Golpe de 64. Porto Alegre, UE, 1994. (Cadernos Porto & Vírgula, n. 5).

ARTURI, Carlos S., O debate teórico sobre a mudança de regime político: o caso brasileiro. *Revista de Sociologia e Política,* Curitiba : UFP, nº 17, p. 11-31, nov. 2001

ARTURI, Carlos S. Transição política e consolidação da democracia: notas a partir da experiência brasileira. *In:* REIS, Elisa; ALMEIDA, Maria Hermínia T. de; FRY, Peter. *Política e cultura:* visões do passado e perspectivas contemporâneas. São Paulo : Hucitec, 1996.

ASSIS, Machado de. *Crônicas.* Rio de Janeiro : Jackson, 1974.

AUERBACH, Erich. *Mimeses:* a representação da realidade na literatura ocidental. São Paulo : Perspectiva, 1971.

BAKHTIN, Mikhail. *A cultura popular na Idade Média e no Renascimento:* o contexto de François Rabelais. São Paulo : Hucitec; Brasília : Ed. UNB, 1999.

BAKHTIN, Mikhail. *Estética da criação verbal.* São Paulo : Martins Fontes, 1992.

BAKHTIN, Mikhail. *Problemas da poética de Dostoiévski.* Rio de Janeiro : Forense Universitária, 1981.

BAQUERO, Marcello (Org.) *Brasil:* opinião pública, transições e eleições no Brasil. Porto Alegre : Editora da Universidade/UFRGS, 1995.

BARBOSA, Lívia. *O jeitinho brasileiro.* Rio de Janeiro, Campus, 1992.

BASTIDE, Roger. *Brasil terra de contrastes.* São Paulo : Difusão Européia do Livro, 1964.

BAUDELAIRE, Charles. Sobre a essência do riso. *Oeuvres complètes.* Paris: Gallimard, 1961, p. 975-987.

BAUDRILLARD, Jean. *A sociedade de consumo.* Lisboa : Edições 70, 2007.

BAUMAN, Zygmunt. *Modernidade líquida.* Rio de Janeiro : Jorge Zahar, 2001.

BELLI, Vânia. *O prazer anônimo:* uma abordagem psicanalítica do riso na literatura. 1999. Tese (Doutorado em Letras) – Pontifícia Universidade Católica do Rio de Janeiro, 1999.

BENJAMIN, Walter. *Obras escolhidas.* São Paulo : Brasiliense, 1994.

BERGSON, Henri. *O riso.* Rio de Janeiro: Zahar, 1978.

BERMEO, N. Democracy and the Lessons of Dictatorship. *Comparative Politics,* v. 24, n. 3, p. 273-292, Apr 1992.

BOBBIO, Norberto. *Direita e esquerda:* razões e significados de uma distinção política. São Paulo : Editora da Universidade Estadual Paulista, 1995.

BOBBIO, Norberto. *Igualdade e liberdade.* Rio de Janeiro : Ediouro, 1996.

BOBBIO, Norberto. *Teoria geral da política:* a filosofia política e as lições dos clássicos. Rio de Janeiro : Elsevier, 2000.

BONI ADMITE QUE REDE GLOBO MANIPULOU DEBATE ENTRE COLLOR E LULA, EM 1989. Ucho. Info, 28 nov. 2011. Disponível em: <http://ucho.info/boni-admite-que-rede-globo-manipulou-debate-entre-collor-e-lula-em-1989>. Acesso em: 11 abr. 2012.

BOSI, Alfredo. *História concisa da literatura brasileira.* São Paulo: Cultrix, 2006.

BRAIT, Beth. *Ironia em perspectiva polifônica.* Campinas : Editora da Unicamp, 1996.

BREMMER, J.; ROODEMBURG, H. (Orgs.) *Uma história cultural do humor.* Rio de Janeiro : Record, 2000.

BUARQUE, Chico. Pelas tabelas. *In:* CHICO BUARQUE. Chico Buarque. [S.l.] : [S.n.], 1984b. 1 disco sonoro.

BUARQUE, Chico. Vai passar. *In:* CHICO BUARQUE. Chico Buarque. [S.l.] : [S.n.], 1984a. 1 disco sonoro.

CADERNOS DE LITERATURA BRASILEIRA: *Millôr Fernandes.* São Paulo : Instituto Moreira Salles, nº15, jul. 2003.

CANDIDO, Antonio (Org.). *A crônica:* o gênero, sua fixação e suas transformações no Brasil. Campinas, São Paulo : Editora da Unicamp; Rio de Janeiro : Fundação Casa de Rui Barbosa, 1992.

CANDIDO, Antonio. *Literatura e sociedade.* São Paulo: Nacional, 1985.

CANDIDO, Antonio. A vida ao rés-do-chão. CANDIDO, Antonio (Org.) *A Crônica:* o gênero, sua fixação e suas transformações no Brasil. Campinas, SP : Editora da Unicamp; Rio de Janeiro : Fundação Casa de Rui Barbosa, 1992.

CHALHOUB, Sidney; NEVES, Margarida de S.; PEREIRA, Leonardo Affonso de M. (Orgs.) *História em cousas miúdas:* capítulos de história social da crônica no Brasil. Campinas: Editora da Unicamp, 2005.

CHOMSKY, Noam. *Notas sobre o anarquismo.* São Paulo : Imaginário, 2004.

COMPANHIA DAS LETRAS. Disponível em: <http://www.companhiadasletras.com.br/trecho.php?codigo=12259>. Acesso em: 23 out. 2010.

CORDOVANI, Gloria Maria. *Millôr Fernandes, uma voz de resistência.* 1997. Tese (Doutorado em Letras) – Universidade de São Paulo, 1997.

DALLARI, Dalmo. Como nos velhos tempos. KOUTZII, Flavio (Org.) *In: Nova República:* um balanço. Porto Alegre : L&PM, 1986.

DAMATTA, Roberto. *O que faz o brasil, Brasil?* Rio de Janeiro : Rocco, 1991.

DEBORD, Guy. *A sociedade do espetáculo.* Rio de Janeiro: Contraponto, 1997.

DE MASI, Domenico. *A sociedade pós-industrial.* São Paulo : SENAC, 2000.

DETALHES. *O Globo,* Rio de Janeiro, p. 7, 06 jan. 2011.

DIMAS, Antônio. Ambigüidade da crônica: literatura ou jornalismo? *Littera,* Rio de Janeiro: Grifo Edições , v. 4, nº 12, 1974.

D.O. Leitura, São Paulo, v. 17, nº 3, jul. 1999. Caderno Paulista, 3; 500 anos de Brasil, p. 2-08. Encarte.

DÓRIA, Palmério. *Honoráveis bandidos:* um retrato do Brasil na era Sarney. São Paulo : Geração Editorial, 2009.

DREIFUSS, René. *O jogo da direita na Nova República.* Rio de Janeiro : Vozes, 1989.

DUPRAT, Françoise. *L'anné 82 au Brésil: le regard critique de Millôr Fernandes* (O ano de 82 no Brasil: o olhar crítico de Millôr Fernandes). 1987. Thèse. Université de Toulouse-Le Mirail II, France, 1987.

ECO, Umberto. *A estrutura ausente.* São Paulo : Perspectiva, 1991.

ECO, Umberto. *Apocalípticos e integrados.* 5ª ed. São Paulo : Perspectiva, 1993.

ECO, Umberto. *O nome da rosa.* Rio de Janeiro : O Globo ; São Paulo : ***Folha de S. Paulo,*** 2003.

ECO, Umberto. *Obra aberta.* São Paulo : Perspectiva, 1971.

ÉPOCA. Rio de Janeiro : Globo. Disponível em: <http://revistaepoca.globo.com/Epoca/0,6993,EPT741449-1666-1,00.html>. Acesso em 12 out. 2010.

FACIOLI, V. Aparecido. Crônica. *In:* BOSI, Alfredo ***et al.*** *Machado de Assis.* São Paulo : Ática, 1982.

FALCÃO, Rui. A República que fez plástica. *In:* KOUTZII, Flavio (Org.) *Nova República:* um balanço. Porto Alegre : L&PM, 1986.

FERNANDES, Millôr. *Crítica da razão impura ou O Primado da Ignorância.* Porto Alegre : L&PM, 2002.

FERNANDES, Millôr. Quero posar nu. Entrevistador: Luís Antônio Giron. Época, nº 317, 14 jun. 2004. Disponível em: <http://revistaepoca.globo.com/Epoca/0,6993,EPT741449-1666-1,00.html>. Acesso em: 12 out. 2010.

FERNANDES, Millôr. *Um nome a zelar.* Rio de Janeiro : Desiderata, 2008.

FERNANDES, Millôr. Disponível em: <http://www2.uol.com.br/millor/aberto/email/060.htm. Acesso em 01 mar. 2010>.

FERNANDES, Millôr. [Programa Roda Viva]. São Paulo, 02 abr. 1989. Entrevista concedida à TV Cultura.

FERNANDES, Millôr. In: MILTON, John. *Areopagítica:* discurso pela liberdade de imprensa ao parlamento da Inglaterra. Rio de Janeiro: Topbooks, 1999.

FERREIRA, A. B. de Holanda. *Novo dicionário da língua portuguesa.* Rio de Janeiro : Nova Fronteira, 1986.

FIORILLO, Marília P. Sem eira nem beira nem gente que queira. *In:* KOUTZII, Flavio (Org.) *Nova República:* um balanço. Porto Alegre : L&PM, 1986.

FLORES, Elio Chaves. *República às avessas:* narradores do cômico, cultura política e coisa pública no Brasil contemporâneo (1993-1930). Tese (Doutorado em História) – Universidade Federal Fluminense, 2002.

FOUCAULT, Michel. *Isto não é um cachimbo.* Rio de Janeiro : Paz e Terra, 1989.

FOUCAULT, Michel. *Vigiar e punir:* nascimento da prisão : Petrópolis, Vozes, 1995.

FRADIQUE, Mendes. *História do Brasil pelo método confuso.* São Paulo : Companhia das Letras, 2004.

FREUD, Sigmund (1905). *Os chistes e sua relação com o inconsciente.* Rio de Janeiro : Imago, 1995. (Edição Standard Brasileira das Obras Psicológicas Completas de Sigmund Freud, v. 08).

FREUD, Sigmund (1913). *Totem e tabu.* Rio de Janeiro : Imago, 1980. (Edição Standard Brasileira das Obras Completas de Sigmund Freud, 13).

GOMES, Lu. O fabuloso Stanislaw Ponte Preta. Revista Brasileiros, nº 13, 31 jul. 2008. Disponível em: <http://www.revistabrasileiros.com.br/2008/07/31/o-fabuloso-stanislaw-ponte-preta-2/>. Acesso em: 10 mar. 2011.

GRANATIC, Branca. *Os recursos humorísticos na obra de Millôr Fernandes.* 1987. Dissertação (Mestrado em Letras) – Universidade de São Paulo, 1987.

GURJÃO, Maria Inês. *A 'tragédia brasileira' narrada com muito bom humor.* 1994. Dissertação (Mestrado em História) – Pontifícia Universidade Católica do Rio de Janeiro, 1994.

HARVEY, Paul. *Dicionário Oxford de literatura clássica:* grega e latina. Rio de Janeiro: Jorge Zahar, 1987.

HELENA, Lúcia. Clarice Lispector: a função desalienante da sua criação literária**.** *Encontros com a Civilização Literária,* Rio de Janeiro, nº 5, p. 193-200, 1978.

HELENA, Lúcia. *Uma literatura antropofágica.* Fortaleza : UFC, 1983.

HOBSBAWN, Eric. *A era das revoluções:* Europa 1789-1848. Rio de Janeiro : Paz e Terra, 2009.

HOBSBAWN, Eric. *A era do capital:* 1848-1875. São Paulo: Paz e Terra, 2010.

HOBSBAWN, Eric. *A era dos extremos:* o breve século XX, 1914-1991. São Paulo, Companhia das Letras, 1995.

HOBSBAWN, Eric. *A era dos impérios:* 1875-1914. São Paulo : Paz e Terra, 2008.

HUBERMAN, Leo. *História da riqueza do homem.* Rio de Janeiro : Zahar, 1981.

HUIZINGA, Johan. *Homo ludens.* São Paulo : Perspectiva, 2008.

HUTCHEON, Linda. *Teoria e política da ironia.* Belo Horizonte : Editora da UFMG, 2000.

INSTITUTO ESTADUAL DO LIVRO. *Luis Fernando Verissimo.* Porto Alegre: IEL, 1986. (Coleção Autores Gaúchos).

ISTOÉ. São Paulo : Editora Três, nº 326 - 601; 1177-1228.

ISTOÉ/SENHOR. São Paulo : Editora Três, nº 982-1175.

JAKOBSON, Roman. *Lingüística e comunicação.* São Paulo : Cultrix, 1995.

JAMESON. Fredric. *A virada cultural.* Civilização Brasileira : Rio de Janeiro, 2006.

JAMESON, Fredric. *Pós-modernismo:* a lógica cultural do capitalismo tardio. São Paulo : Ática, 2007.

JANKO, Richard. *Aristotle on Comedy:* towards a reconstruction of Poetics II. London : Duckworth, 2002.

JARDON, Denise. *Du comique dans les textes litteraires.* Bruxelas : De Boeck-Wesmael; Paris : Éditions J. Ducolot, 1988.

KARL, T. L. & SCHMITTER, P. Les modes de transition en Amérique Latine, en Europe du Sud et de l'Est. *Revue Internationale des Sciences Sociales,* Paris, n. 128, p. 285-302, mai. 1991.

KIERKEGAARD, S. A. *O conceito de ironia:* constantemente referido a Sócrates. Petrópolis : Vozes, 1991.

KOUTZII, Flavio. Por trás das antenas platinadas. *In:* KOUTZII, Flavio (Org.) *Nova República:* um balanço. Porto Alegre : L&PM, 1986.

KOUTZII, Flavio (org.) *Nova República:* um balanço. Porto Alegre : L&PM, 1986.

KUCINSKI, Bernardo. *O fim da ditadura militar.* São Paulo : Contexto, 2001.

KUPERMANN, D.; SLAVUTZKY, A. (Orgs.) *Seria trágico se não fosse cômico.* Rio de Janeiro : Civilização Brasileira, 2005.

LAMOUNIER, Bolívar. A democracia brasileira no limiar do século 21. *Pesquisas,* nº 5, 1996. São Paulo.

LAMOUNIER, Bolívar. Antecedentes, riscos e possibilidades do governo Collor. In: LAMOUNIER, Bolívar (Org.) *De Geisel a Collor*: o balanço da transição. São Paulo : Sumaré, 1990.

LAMOUNIER, Bolívar (Org.) *De Geisel a Collor:* o balanço da transição. São Paulo : Sumaré, 1990.

LAMOUNIER, Bolívar. *Partidos e utopias:* o Brasil no limiar dos anos 90. São Paulo : Loyola, 1989.

LAMOUNIER, Bolívar; FARIA, Eduardo (Orgs.) *O futuro da abertura:* um debate. São Paulo, Cortez: IDESP, 1981.

LAMPEDUSA, Giuseppe T. *O leopardo.* São Paulo : Difusão Européia do Livro, 1961.

LIPOVETSKY, Gilles. *A era do vazio:* ensaio sobre o individualismo contemporâneo. Lisboa : Relógio Dágua, 1983.

LYOTARD, Jean-François. *A condição pós-moderna.* Lisboa : Gradiva, 1989.

MACHADO DE ASSIS, J.M. *A reforma pelo jornal. O Espelho,* Rio de Janeiro, 23 out. 1859. *In:* COUTINHO, Afrânio (Org). *Obra completa.* Rio de Janeiro : Nova Aguilar, 1977.

MAYA, Alcides. *Machado de Assis:* algumas notas sobre o *humour.* Rio de Janeiro : Livraria Editora Jacinto Silva, 1912.

MARCUSE, Herbert. *A ideologia da sociedade industrial.* Rio de Janeiro : Zahar, 1982.

MARTINS, Dileta. *História e tipologia da crônica do Rio Grande do Sul.* 1984. Tese (Doutorado em Letras) – Pontifícia Universidade Católica do Rio Grande do Sul, 1984.

McLUHAN, Herbert M. *A Galáxia de Gutemberg:* a formação do homem tipográfico. São Paulo : Companhia Editora Nacional, Universidade de São Paulo, 1972.

MENDES, Cleise F. *A gargalhada de Ulisses:* a catarse na comédia. São Paulo : Perspectiva / Salvador : Fundação Gregório de Mattos, 2008.

MEYER, Marlyse. *Folhetim:* uma história. São Paulo : Companhia das Letras, 1996.

MIELI, Silvio Roberto. *Disparação:* a informação na fronteira entre arte e tecnologia. 1992. Dissertação (Mestrado em Artes) – Universidade Estadual de Campinas, 1992.

MIKEVIS, Dayanne. Millôr processa revista e pede R$ 500 mil na ação. R7, Notícias, 18 nov. 2009. Disponível em: <http://noticias.r7.com/brasil/noticias/millor-fernandes-processa-veja-e-pede-r-500-mil-de-indenizacao-20091118.html>. Acesso em: 02 jun. 2010.

MILLÔR Online. Disponível em: <http://www2.uol.com.br/millor/>. Acesso em 01 mar. 2010.

MILTON, John. *Areopagítica.* Rio de Janeiro : Topbooks, 1999.

MINOIS, Georges. *História do riso e do escárnio.* São Paulo : Editora UNESP, 2003.

MOOG, Vianna. *Heróis da decadência:* Petrônio, Cervantes, Machado de Assis. Rio de Janeiro : Civilização Brasileira, 1964.

MOTA, Lourenço Dantas. *A Nova República:* o nome e a coisa. São Paulo : Brasiliense, 1985.

MOURA, Alkimar R. Rumo à entropia: a política econômica, de Geisel a Collor. *In:* LAMOUNIER, Bolívar (Org.) *De Geisel a Collor:* o balanço da transição. São Paulo : Sumaré, 1990.

MURAT, Luiz. Resposta a Humberto de Campos. *In:* CAMPOS, Humberto. *Antologia da Academia Brasileira de Letras.* Rio de Janeiro : W. M. Jackson, 1951.

NETO, J. C. de Melo. *Obra Completa.* Rio de Janeiro : Nova Aguilar, 1994.

NEVES, Margarida de S. Uma escrita do tempo: memória, ordem e progresso nas crônicas cariocas. *In:* CANDIDO, Antonio (Org.) *A Crônica:* o gênero, sua fixação e suas transformações no Brasil. Campinas, SP: Editora da UNICAMP; Rio de Janeiro: Fundação Casa de Rui Barbosa, 1992.

NIETZSCHE, Friedrich. *Humano, demasiado humano.* São Paulo : Companhia das Letras, 2000.

O'DONNELL, G. Acerca del Estado, la democratización y algunos problemas conceptuales. Una perspectiva latinoamericana con referencias a países poscomunistas. *Desarollo Económico,* Buenos Aires, v. 33, nº 130, p. 163-184, jul.-sept.1993.

O'DONNELL, G. Transições, continuidades e alguns paradoxos. *In:* REIS, F. W.; O'DONNELL, G. (Orgs.) *A democracia no Brasil: dilemas e perspectivas.* São Paulo : Vértice, 1988.

O'DONNELL, G. 1994. Delegative Democracy. *Journal of Democracy,* Baltimore, v. 5, n. 1, p. 55-69, Jan. 1994.

OLIVEIRA, Shirlane Ferro de. *Os haicais e as ilustrações de Millôr Fernandes:* "um escritor de quadros e pintor de escrituras". 2005. Dissertação (Mestrado em Letras) – Universidade Federal Fluminense, 2005.

ONOFRE, José. Um alegre domingo em Camelot. In: KOUTZII, Flavio (Org.) *Nova República:* um balanço. Porto Alegre : L&PM, 1986.

ORTIGA, Odília Carreirão. *O riso e o risível em Millôr Fernandes:* o cômico, o satírico e o "humor". 1992. Tese (Doutorado em Letras) – Universidade de São Paulo, 1992.

OS CASOS AMOROSOS DE ZÉLIA. Época, nº 224, 2 set. 2002. Disponível em: <http://revistaepoca.globo.com/Epoca/0,6993,EPT380537-1664,00.html>. Acesso em: 14 jan. 2012.

PASSETTI, Edson. *Anarquismos e sociedade de controle.* São Paulo : Cortez, 2003.

PEIXOTO, Afrânio. *Humour:* ensaio de breviário nacional do humorismo. São Paulo, Companhia Editora Nacional, 1936.

PELLEGRINO, Hélio. Pacote & comportamentos. *In:* KOUTZII, Flavio (Org.) *Nova República:* um balanço. Porto Alegre : L&PM, 1986.

PEREIRA, Thaís Pacheco. *Millôr Fernandes e PIF PAF:* o humor e as imagens no contexto cultural brasileiro. 2008. Dissertação (Mestrado em Artes) – Universidade Federal do Rio de Janeiro, 2008.

PESAVENTO, Sandra Jatahy (Org.) *Golpe de 64.* Porto Alegre, Unidade Editorial, 1994. (Cadernos Porto & Vírgula, nº 5).

PESSANHA, José A. Motta. *Os pré-socráticos:* vida e obra. São Paulo : Nova Cultural, 1996.

PINTO, Céli R. J. *Com a palavra o Senhor Presidente José Sarney* – o discurso do Plano Cruzado. São Paulo : HUCITEC, 1989.

PINTO, Henrique Rodrigues. *Millôr Fernandes:* a vitória do humor diante do estabelecido. 2002. Dissertação (Mestrado em Letras) – Pontifícia Universidade Católica do Rio de Janeiro, 2002.

PROPP, Vladimir. *Comicidade e riso.* São Paulo : Ática, 1992.

QUEIROZ, Eça de. *Política de interesse.* Distrito de Évora, 1897.

REIS, Elisa; ALMEIDA, Maria Hermínia de; FRY, Peter (Orgs.) *Política e cultura:* visões do passado e perspectivas contemporâneas. São Paulo : HUCITEC, 1996. (Ciências Sociais Hoje)

RODRIGUES, Newton. Uma nova estagnação institucional. *In:* KOUTZII, Flavio (Org.) *Nova República:* um balanço. Porto Alegre : L&PM, 1986.

ROUQUIÉ, A.; LAMOUNIER, B.; SCHVARZER, J. (orgs.) *Como renascem as democracias.* São Paulo : Brasiliense, 1985.

SÁ, Jorge de. *A crônica.* São Paulo : Ática, 1985.

SAID, Edward W. *Representações do intelectual:* as Conferências Reith de 1993. São Paulo : Companhia das Letras, 2005.

SCHWARZ, Roberto. *Ao vencedor as batatas.* São Paulo : Duas Cidades, 1988.

SCHWARZ, Roberto. *Cultura e política.* São Paulo : Paz e Terra, 2001.

SERAFINI, Breno Camargo. *O último vagão versus a locomotiva:* a crônica de Luis Fernando Verissimo e a eleição presidencial do ano de 1989. 2000. Dissertação (Mestrado em Letras) – Universidade Federal do Rio Grande do Sul, 2000.

SINGER, André. Collor na periferia: a volta por cima do populismo? *In:* LAMOUNIER, Bolívar (Org.) *De Geisel a Collor:* o balanço da transição. São Paulo : Sumaré, 1990.

SINGER, Paul. Os impasses econômicos da Nova República. *In:* KOUTZII, Flavio (Org.) *Nova República:* um balanço. Porto Alegre : L&PM, 1986.

SOUSA, Afonso Félix de. *Máximas e mínimas do Barão de Itararé.* Rio de Janeiro : Record, 1985.

SUDJIC, Deyan. *A linguagem das coisas.* Rio de Janeiro : Intrínseca, 2010.

SÜSSEKIND, Flora. *Cinematógrafo de letras:* literatura, técnica e modernização no Brasil. São Paulo : Companhia das Letras, 1987.

TREVISAN, Armindo. Ivan Pinheiro Machado: pinturas. Disponível em: <http://armindotrevisan.blogspot.com/2011/05/ivan-pinheiro-machado-pinturas.html>. Acesso em 27 jun. 2011.

ULTRAJE A RIGOR. *Inútil. In:* ULTRAJE A RIGOR. Nós vamos invadir sua praia. [S.l.]: [S.n.], 1985. 1 disco sonoro.

VEJA. São Paulo: Editora Abril, nº 744, 1982.

VEJA. São Paulo: Editora Abril, nº 1236, 1992.

VEJA. São Paulo: Editora Abril, nº 1251, 1992.

VEJA. São Paulo: Editora Abril, nº 1252, 1992.

VERISSIMO, Luis Fernando. Animais sagrados. *Veja,* São Paulo, 05 jul. 1989.

VERISSIMO, Luis Fernando. *Detalhes. O Globo,* São Paulo, 6 jan. 2011. 1º Caderno, Opinião, p. 7.

VERISSIMO, Luis Fernando. Hora da reflexão. *Zero Hora,* Porto Alegre, 01 abr. 1990. Contracapa.

VERISSIMO, Luis Fernando. *Todas as comédias:* Comédias da vida privada, Novas comédias e Comédias da vida pública. Porto Alegre : L&PM, 1999.

VERISSIMO, Luis Fernando. *Vago. In:* KOUTZII, Flavio (Org.) *Nova República:* um balanço. Porto Alegre : L&PM, 1986.

VIRILIO, Paul. *A bomba informática.* São Paulo : Estação Liberdade, 1999.

WYNNE, Frank. Eu fui Wermeer: a lenda do falsário que enganou os nazistas. Disponível em: <http://www.companhiadasletras.com.br/trecho.php?codigo=12259>. Acesso em: 23 out. 2010.

Sobre o autor

Breno Camargo Serafini (em foto acima, de Rejane Serafini), nascido em Santiago-RS, em 14 de março de 1961, atualmente reside na capital gaúcha. Com doutorado em Letras pela UFRGS, desenvolve pesquisa sobre a temática humor & ideologia. Ex-professor da rede privada de Porto Alegre, é técnico (revisor de língua portuguesa) do Centro de Documentação e Difusão de Informações da Fundação de Economia e Estatística Siegfried Heuser (FEE). É autor de três livros de poemas – *Mosaico Laico* (2010) e *Geração Pixel* (2011) – e *Bichos de todos os reinos* (no prelo), infantil, em parceria com o cartunista MOA.

Mais informações sobre o autor, você pode obter no **blog Deleituras** ou em **www.brenoserafini.com.br.**

Outros títulos da Série Libretos Universidade

Narrativas Contemporâneas
Recortes críticos sobre Literatura Brasileira
Org. Gínia Maria Gomes
Com 18 autores

Entrevista
Na prática jornalística e na pesquisa
Org. Beatriz Marocco
Com 13 autores

Percursos Críticos
em História da Literatura
Org. Maria Eunice Moreira
Com 10 autores

Rupturas Instáveis
Entrar e sair da música pop
Fabrício Silveira

Libretos
UNIVERSIDADE